人類命運演進的終極目標

中國必勝

徐是雄 編著

灼見名家
MASTER-INSIGHT.COM

「人類社會發展史，就是一部
戰勝各種挑戰和困難的歷史。」

習近平

（2020 年 9 月 22 日，
第七十五屆聯合國大會）

目 錄

作者簡介

徐是雄教授,生物學家,學術和研究成就昭著,為北京師範大學—香港浸會大學聯合國際學院（UIC）榮休教授。曾任 UIC 副校長,香港大學生物學教授、生物學系主任及理學院副院長。也曾擔任過中國多所大學的客座教授及研究院的客座研究員。2003 年獲香港特別行政區政府頒銀紫荊星章。歷任香港《基本法》諮詢委員會委員、港事顧問、香港特別行政區籌備委員會委員、香港特別行政區第一屆政府推選委員會委員,香港區第七、八屆全國人大代表,第九、十及十一屆全國政協委員,香港臨時市政局議員,香港南區區議員,及珠海市榮譽市民。

前　言

　　從 2018 年開始，我編著了一系列有關人類命運的演變和進化這一專題的書。初心是想解決達爾文的「生物進化論」(The Theory of Evolution or The Evolution of Biological Species，即達爾文在他 1859 年出版的 *The Origin of Species* 一書中所提出的生物進化理論) 裏，並沒有詳細解決的，有關人類這最高等動物的命運，在進化過程中 (the evolution of human fate) 所依循的軌跡、規律和機制等問題。由於要講清楚這一個問題，我大量引用了擁有世界人類總人口五分之一的中華民族的命運的演變和進化過程作為例子，試圖說明其中所涉及的各種問題，特別是在中華人民共和國自改革開放至今，這 40 多年之內所涉及的問題。因為在這 40 多年的時間內，中國所經歷的翻天覆地的演變和進步，不但大大的改變了中國及中國人民的面貌和命運，同時還影響了全世界人類的進化步伐、未來的發展方向和文明形態等。

　　在我編著這系列的第一本書《人類命運演進的動力—選擇和抉擇》時，我試圖說明中國在治國理政方面，曾經犯過一些在決策方面的錯誤選擇和抉擇，但總的來說，卻並沒有犯過像蘇聯那樣無法糾正或不能逆轉的巨大錯誤。而特別關鍵的是，在實行改革開放的四十多年內，在戰略和決策上都作出了正確的選擇和抉擇，使中國的發展道路及「中國模式」，成為和創造了人類歷史發展史上從未有過的世界奇蹟。故此，驅動人類命運進化的動力，雖然是必須來自人類作出的選擇和抉擇，但重要的是所作出的選擇和抉擇必須是正確的。這一點，中國是做到了。

　　我在這系列的第二本書《人類命運的演進印跡和路程》(修

訂版）中，為首次提出的「人類命運進化論」，提供了一些實質性的論據。

在這系列的第三本書《人類命運進化的基石及元素》裏，我為人類進入新時代，推動人類命運進化的基石及元素作出了分析。

在這系列的第四本書《誰是驅動人類命運演進的未來力量：中國模式+話語權 vs 西方模式+話語權》裏，我嘗試提供有力的論據，說明「中國模式」在驅動人類命運的演進上，是會比「西方模式」更具力量。

在這系列的第五本書《人類命運演進的終極目標：中國必勝》中，我將提供論據，闡明人類命運進化的最終目標，並不是走向什麼虛構的「天國」，或是追求美國自我界定的什麼「普世價值」，或是唯美國獨尊、唯美國是真理的「強權世界」，而只可能是中華民族歷來追求和希望在這地球上建立的「大同世界」。而這一「大同世界」能否實現，主要是看地球上的人（特別是美國人），能否認同、容忍、尊重和接受現今中國所走的道路，和中國所創建的發展模式（包括社會、文化、科技、政治、經濟、生態、文明體制等各方面），以及「人類命運共同體」的理念。

在編著這一系列的書時，我發現中國基本上已看通透及弄明白一個治國理政的重要道理，那就是任何外來有關治國理政的理論、概念、經驗、方法等，都必須予以「中國化」，與時俱進地作出創新，實事求是地貫徹落實，才容易在中國踐行成功，並可以持續發展。這一條就是中國的必勝之路。

我編著這一系列書的另一個目的，是想給香港的中學生和大學生閱讀和作為參考，從而提高他們對事物的認知能力，增強他們對複雜問題的理解力和分析能力，從而開闊他們的知識視野。由於我在書中大量引用了許多有關中國的原始資料，我相信這都會有助學生，更正確地了解和認識自己國家的現狀、發展情況、願景和目的，以及現今中國在國際上所處的地位和重要性，從而增進學生對國家的熱愛，和身為中國人的認同感和自豪感，讓他們可以更有

自信地把中國的故事講好，把中國的文化繼續發揚光大，把中國的文明光耀四海，讓人類的命運可以朝正確的方向逐步邁進、持續發展和不斷進化。

　　在編著過程中，我得到許多人的幫助和鼓勵，在此衷心表示感謝。

徐是雄

2021 年 6 月

第 1 章

大變局、新國際關係及中美的博弈

　　2018 年 6 月 22 日，習近平在中央外事工作會議上的講話，指出：「縱觀人類歷史，世界發展從來都是各種矛盾相互交織、相互作用的綜合結果。我們要深入分析世界轉型過渡期國際形勢的演變規律，準確把握歷史交匯期我國外部環境的基本特徵，統籌謀劃和推進對外工作。既要把握世界多極化加速推進的大勢，又要重視大國關係深入調整的態勢。既要把握經濟全球化持續發展的大勢，又要重視世界經濟格局深刻演變的動向。既要把握國際環境總體穩定的大勢，又要重視國際安全挑戰錯綜複雜的局面。既要把握各種文明交流互鑒的大勢，又要重視不同思想文化相互激盪的現實。」(1) 近年來，為了更好推動中國對外工作，開創新局面，邁上新台階，中國作出了以上的分析、推斷、布局，着重「運籌好大國關係，推動構建總體穩定，均衡發展的大國關係框架」(1)，與西方及中國周邊的國家，「推動更加友好、更加有利」(1)，合作共贏、攜手共進、共同發展的新局面；並同所有非洲等的發展中國家，進一步團結合作，構建各種類型，讓人類可以和平依存和共存、持續發展的「人類命運共同體」。

　　但中國作為一個大國，要運籌好與其他大國的關係，「推動構建總體穩定，均衡發展的大國關係框架」，並與中國周邊的國家，以及所有的國家建立睦鄰友好、合作互惠的關係，就得先清晰地確立中國自身的發展規劃及戰略目標。下面就讓我們來看一下，這些目標是什麼。

決勝全面建成小康社會，開啟全面建設
社會主義現代化國家

習近平在 2017 年，中國共產黨第十九次全國代表大會上的報告指出：「改革開放之後，我們黨對我國社會主義現代化建設作出戰略安排，提出『三步走』戰略目標。」[2]

「從現在到 2020 年，是全面建成小康社會決勝期。從十九大到二十大，是『兩個一百年』奮鬥目標的歷史交匯期。我們既要全面建成小康社會、實現第一個百年奮鬥目標，又要乘勢而上開啟全面建設社會主義現代化國家新征程，向第二個百年奮鬥目標進軍。」[2]

「從 2020 年到本世紀中葉可以分兩個階段來安排。

第一個階段，從 2020 年到 2035 年，在全面建成小康社會的基礎上，再奮鬥 15 年，基本實現社會主義現代化。

第二個階段，從 2035 年到本世紀中葉，在基本實現現代化的基礎上，再奮鬥 15 年，把我國建成富強民主文明和諧美麗的社會主義現代化強國。」[2]

中國除了要完成「三步走」的戰略目標之外，還希望能夠與世界各國共同推動構建「人類命運共同體」。至於中國為什麼要倡議和堅持推動構建「人類命運共同體」呢？習近平解釋說，這是因為「中國人民的夢想同各國人民的夢想息息相通，實現中國夢離不開和平的國際環境和穩定的國際秩序。必須統籌國內國際兩個大局，始終不渝走和平發展道路、奉行互利共贏的開放戰略，堅持正確義利觀，樹立共同、綜合、合作、可持續的新安全觀，謀求開放創新、包容互惠的發展前景，促進和而不同、兼收並蓄的文明交流，構築尊崇自然、綠色發展的生態體系，始終做世界和平的建設者、全球發展的貢獻者、國際秩序的維護者。」[2]

習近平在中國共產黨第十九次全國代表大會發言。（亞新社）

　　除此之外，中國還在積極為經濟全球化，推動形成全面開放格局。習近平在第二屆中國國際進口博覽會開幕式的主旨演講，指出：「經濟全球化是歷史潮流。世界經濟發展面臨的難題，沒有哪一個國家能獨自解決。各國應該堅持人類優先的理念。而不應把一己之利凌駕於人類利益之上。我們要以開放的心態和舉措，共同把全球市場的蛋糕做大、把全球共享的機制做實、把全球合作的方式做活，共同把經濟全球化動力搞得越大越好、阻力搞得越小越好。」(3) 為此，習近平倡議要：「第一，共建開放合作的世界經濟。第二，共建開放創新的世界經濟。第三，共建開放共享的世界經濟。」(3) 值得注意的是，在習近平所提出的倡議中，他特別強調了「開放」這兩個字。這是有針對性的，是針對現今世界上吹得頗勁的一股歪風。這股歪風，傾向於搞民粹式的「鎖國政策」、「單邊主義」、「孤立行徑」，或用以美國為中心的「結盟式」的所謂「民

主國家同盟」的政策來圍堵其他國家（特別是中國），抵制和反對世界經濟自由化、全球化、全方位的「多邊主義」。而在美國拜登總統上台之後，有跡象顯示，美國仍然沒有真正的想實現全方位的「多邊主義」和放棄打壓中國的戰略；而只是想借「多邊主義」來聯合一些歐洲和亞洲的所謂民主國家（例如：英國、日本、澳洲、印度等國家），增強力量來共同圍堵中國。換言之，美國想搞的，實質上是一種限制中國發展的「包圍圈」（包括軍事、意識形態、經濟貿易、科技發展等方面）戰術，而不是真正的想與中國共同踐行自由、開放的「多邊主義」。說得白一些，美國要的是，由美國領導的「多邊主義」（實質上是「霸權主義」）；其目的就是要來對付俄羅斯和中國對美國在安全、經濟、科技等方面的所謂「威脅」（threat）及競爭（competition）。

對於這一個問題，我在下面還會談到。但在談之前，讓我們先來看一下中國對「多邊主義」的看法和做法。

中國只會把開放的大門愈開愈大。堅持對外開放，已是中國的基本國策。中國會繼續以「開放促改革、促發展、促創新，持續推進更高水平的對外開放」，包括：「第一，繼續擴大市場開放；第二，繼續完善開放格局；第三，繼續優化營商環境；第四，繼續深化多雙邊合作；第五，繼續推進共建『一帶一路』。」[3]

習近平在第二屆中國國際進口博覽會開幕式的主旨演講中強調說：「中華文明歷來主張天下大同、協和萬邦。希望大家共同努力，不斷為推動建設開放型世界經濟，構建人類命運共同體作出貢獻。」[3]

從以上習近平的講話，可以看到，中國在推動建設全球化的開放型世界經濟的態度，是非常清晰和堅定的。但遺憾的是，以美國為首的一些西方國家，在冷戰結束之後，見到中國的快速崛起，開始焦慮和恐懼起來。特別是美國，怕中國影響到它經濟大國的一哥地位和世界霸主地位，逐步有意識、有計劃地，用盡一切打壓方法，來遏制中國的崛起及經濟社會的發展。特朗普上台之後，就更

變本加厲，作出各種明的和暗的部署，意圖全面遏制中國的發展，以及在各個領域，特別是要在科技發展領域內打垮中國，置中國於死地。而在 2020 年競選美國總統期間，更是用盡各種卑鄙、無恥、齷齪、惡毒、造謠、撒謊等手段，妖魔化中國，攻擊抹黑中國，粗暴干涉中國內政，來欺騙迷惑美國選民，搶奪選票。這種美國式的所謂「民主選舉」或「民主政治」，實質上是一種「流氓政治」、「民主霸權」。其行徑不但可惡和不理性，而且是在開人類進步倒車，做着人類社會完全無法接受和認同的破壞道德文明之事。

中美關係的問題所在

下面就讓我們深入一點來看一下，中美關係到底出了什麼問題？

2020 年 8 月 30 日中國國務委員兼外長王毅曾在法國國際研究院演講，並回答現場嘉賓提問時說：「中方一貫主張並相信，這個世界將走向多極化，國際關係也需要實現民主化。一個健康、穩定的世界不應該只由一、兩個國家說了算。各國主權平等是《聯合國憲章》的基本原則。美國作為世界強國，更應採取包容的態度對待其他國家的發展，更應意識到其他國家的人民和美國人民一樣，都有權利過上美好的生活。如果全球 70 億人民都能走向現代化，這將是人類社會的巨大進步。美國可能不願意放棄世界主導地位，但是歷史潮流滾滾向前，不可阻擋。我們堅信，人類共同發展的一天終會到來。中方從來不想跟任何人打什麼『新冷戰』，而且在全球化時代，也搞不成什麼『冷戰』，不可能把世界分成兩、三個陣營。各國已經相互交融，成為利益共同體，未來應該共同構建習近平主席所倡導的人類命運共同體。」[4]

王毅在特朗普執政時期，對中美關係還有過這樣的看法，他曾經說：「關於中美關係，我想談三點基本看法。首先，中美之間

的分歧或者矛盾，不是權力之爭，不是地位之爭，也不是社會制度之爭。而是堅持多邊主義還是單邊主義，倡導合作共贏還是零和博弈。這才是目前中美關係面臨問題的本質。相信世界各國都已看得十分清楚，美國現在是站在歷史的錯誤一邊。第二，美國現在的外交似乎只剩下單邊制裁和抹黑攻擊。面對美國對中國的無端指責，中方必須把事情講清楚，必須做出必要的回應。作為一個獨立自主國家，我們有權利這樣做。我們不僅是在維護中國的國家利益和民族尊嚴。也是在維護國際關係的基本準則。第三，中美對話的大門是敞開的。我們隨時願意就共同關心的問題同美方坦誠深入交換意見。我們相信，美國國內總還是有願意講道理的人，雙方還是能夠談出並談成共識。」(4)

　　以上是王毅針對當時特朗普總統執政時期，對中美關係出現的情況的看法，現今美國新總統拜登上台之後，會否較為理性地坐下來與中國談並談成新的共識，我認為可能性是存在的。因為在 2021 年 2 月 4 日，拜登在國務院首份外交政策演說中，清楚地說：「中美是最重要的關係，中國是美國最主要的競爭對手，但只要符合美國國家利益，美國會與中國合作。」不過另一方面，我相信美國要遏制中國發展的戰略目標，也是不會這麼輕易就改變的：因為美國不會放棄要雄霸世界的思想；美國的優越感，不會這樣容易就會消失；美國對中國的偏見（譬如在意識形態、社會發展、經濟理論、哲學思想、文化、信仰、生活習慣等方面），也不會這麼快就改變；而美國繼續維護其美元的霸權地位，也不會輕易放棄（大家應注意到，美國要雄霸世界的思想，是美國民主和共和兩黨的共識）。美國的政客對美國民眾實行愚昧性、欺騙性和蠱惑人心的宣傳及洗腦，一定不會停止，因為這是美國民主選舉的法寶（即忽悠選民，找假想敵來指責和攻擊，而中國就是他們要的假想敵！）。美國的保守派民粹思潮、「特朗普主義」的美國優先（America First）和右翼的政治力量，將會長期在美國存在下去。

改善中美關係要借助歐盟國家

　　未來一個有可能可以改善中美關係的辦法，就是中國要說服歐盟國家，希望他們能踐行真正的多邊主義（包括要共同反對美國拜登有可能會搞扭曲式的多邊主義的圖謀）。王毅 2020 年 8 月在法國國際研究院演講時，曾提出冀同歐方共護多邊體系，並提出四點建議：「首先，要堅決維護和平發展，共同反對分裂世界。第二，要堅定捍衛多邊主義，共同反對單邊霸凌。第三，要繼續拓展互利合作，共同反對隔絕脫鈎。第四，要攜手應對全球挑戰，共同反對以鄰為壑。」(4) 而在與法國外長舉行會談時，王毅更希望中法：「一要採取多邊理念。雙方應利用各種場合積極倡導多邊主義，抵制單邊主義行徑，讓堅持多邊主義成為國際社會的共識。二要採取多邊行動。中方支持法方在應對氣候變化問題上繼續發揮領先作用。中方已提前實現 2020 年減排目標，正積極研究下一步計劃。雙方要相互支持辦好 2021 年，昆明《生物多樣性公約》第十五次締約方大會和馬賽世界自然保護大會。三要遵守多邊協議。到處退群毀約等單邊主義行徑不得人心。中法應在國際事務中加強協調合作，維護好伊朗問題全面協議等國際協議和多邊外交重要成果。四要強化多邊機構。聯合國是支持和踐行多邊主義最重要的平台，雙方應支持聯合國在國際事務中發揮應有的核心作用。」(5)。而我認為最重要的是法國應多採用「戴高樂主義」的思想，有自己的獨立主張和自主戰略，不要經常跟從美國來打壓中國，影響中法的合作以及全球化的進程。

　　很高興見到於 2019 年 8 月 27–30 日，法國馬克龍總統在與使節開的一次 Conference des Ambassadeurs et des Ambassadrices 會議上，對當今世界時局的變化所作出的分析，他說：「國際秩序正在被一種全新的方式給顛覆，而且我敢肯定的說，這是我們歷史上經歷的一次重大顛覆，它在幾乎所有地區都有

深遠影響。它是一次國際秩序的轉型，一次地緣政治的整合，更是一次戰略重組。是的，我必須承認，西方霸權或許已近終結。我們已經習慣了一種自 18 世紀以來，以西方霸權為基礎的國際秩序。這是一個源自 18 世紀受到啟蒙運動啟動的法國。這是一個源自 19 世紀受到工業革命引領的英國。這是一個源自 20 世紀兩次大戰崛起的美國。法國、英國、美國，讓西方偉大 300 年。法國是文化，英國是工業，美國是戰爭。我們習慣了這種偉大，它讓我們對全球經濟和政治掌控着絕對的支配權。但事情正在起變化。我們須承認，中國和俄羅斯在不同的領導方式下，這些年取得了巨大的成功。開始尋找屬於他們自己的『哲學和文化』。他們不再迷信西方的政治，而是開始追尋自己的『國家文化』。這和民主不民主無關。他們就會逐漸擺脫西方霸權過去灌輸給他們的『哲學文化』。而這正是西方霸權終結的開始。西方霸權的終結，不在於經濟衰落，不在於軍事衰落，而在於文化衰落。當你的價值觀無法對新興國家輸出時，那就是你衰落的開始。我認為目前這些新興國家的政治想像力，是高於我們的。政治想像力很重要，它具有強大的凝聚力內涵，能夠引出更多政治靈感。」而法國需要做的是希望能夠「重建歐洲的主權，經濟主權，國防主權，邊界主權，唯有這樣才能真正的加強歐洲的一體化而不受外界其他國家的干擾。在目前西方霸權受到挑戰的時刻，我們更應發揮各自的政治想像力。掌控歐洲人自己的命運，將控制權還給我們的人民。」我對這些話的理解，就是馬克龍很希望歐洲能擺脫美國的控制，而看來法國正是在朝這一方向走的。

　　2020 年 12 月 30 日習近平同德國、法國和歐盟領導人舉行視頻會晤，共同宣布如期完成《中歐全面投資協定》(China-EU Comprehensive Agreement on Investment，簡稱 CAI)。這對中歐關係來說是具有重要里程碑意義的。這似乎是歐洲在試圖擺脫美國控制的一步很聰明的棋，對這一個問題，稍後我在下面還會談到。這裏我只想指出一點，就算最終未能成功完成中歐投資協定的

簽署，但法、德等歐盟國家明顯的是在向美國表示其獨立自主性。
而這一新的取態，對將來歐美、歐中和中美關係的影響和變化，將
非常重要。而更有一些新的跡象顯示，法國的態度比從前是愈來愈
明確，因為法國總統馬克龍 2021 年 2 月 4 日，在美國智庫「大西
洋理事會網上研討會」上公開表示：「即使歐盟因共同價值觀而與
美國走得更近，也不應與美國『拉幫結派』圍堵中國，否則極可能
引發衝突，結果適得其反。」德國總理默克爾也有相同看法，而且
意志要比馬克龍還堅定，多次向拜登喊話，希望美國給德國更多自
主權，不要逼迫德國在中美博弈中選邊站。

　　現在回來再說說中美關係問題。

　　2020 年 8 月 31 日，《人民日報》評論員鐘聲為文分析指出：
「發展中美關係，最忌因短視和淺見導致戰略誤判。遺憾的是，一
段時間以來，美方對中美關係的刻意誤判展現得淋漓盡致。從 2017
年 12 月的《美國國家安全戰略》報告到 2018 年 1 月的《國防戰
略》報告，再到 2020 年 5 月的《美國對中華人民共和國的戰略方
針》，美方一再蓄意歪曲中國的政治制度和發展目標，大肆渲染所
謂『中國威脅』，並以此為藉口鼓吹對中國採取全方位施壓的強硬
政策，牽制和遏制中國發展的用心昭然若揭。」[6]

　　「是取中美合作之『兩利』，還是取中美對抗之『俱傷』，這
本是一個很簡單的問題。可惜，美國一些政客憑藉其讀不懂歷史、
把不準現實、望不到未來的短淺目光，偏執於『中國之所得，必是
美國之所失』的迷思，把合作夥伴當成戰略對手甚至敵手，把推動
進步的競爭看作『你死我活』的『戰爭』，滿腦子落後陳腐的冷戰
思維、零和博弈和根深蒂固的意識形態偏見。他們試圖對華挑起所
謂『新冷戰』的衝動越來越瘋狂，以其狹隘的政治私利綁架中美關
係的危害越來越明顯。」[6]

　　我認為，鐘聲的分析點到了美國的一個關鍵及極其敏感的政
治穴位，那就是：「中國之所得，必是美國之所失」的「迷思」。這
迷思並不只存在美國好一些政客的腦子裏，遺憾的是，已被長期固

存在好些美國民眾的腦子裏（這就是為什麼有這麼多美國選民要支持選美國「民粹主義」的特朗普為總統），並且還引發美國許多民眾（包括很多政治精英）心裏對中國產生一種莫明的「恐懼感」。而美國的許多政客（包括民主和共和兩黨的）就是利用美國長年累月刻意製造出來的對中國的「恐懼」氛圍，來達致他們的政治目的及私利。所以大家應不會覺得奇怪，每當美國選舉總統時，民主和共和兩黨都要拿「中國威脅」論來大事炒作及肆意惡毒地攻擊中國一番！

　　為什麼美國許多民眾的心裏對中國會產生莫明的「恐懼感」呢？這我認為很有可能與美國的宗教信仰文化有關。因為信奉天主或基督的宗教信仰者，認為任何不信神的人都是壞人。中國人基本沒有宗教信仰，而共產黨又是無神論者。所以美國人（特別是一些清教徒）對中國人及共產黨，心底裏都有一種不信任感。這種不信任感，很容易會被一些宗教狂熱份子，以及一些別有用心的美國政客利用來抹黑中國（對於這一個問題，我在拙著《中國模式+話語權 vs 西方模式+話語權》一書中有詳細的論述，這裏不贅）。

　　但順便提一下，在香港同樣有這問題存在。因為香港的許多學校在英殖民地時代，都被宗教團體控制，培養了大批「宗教精英份子」；他們被英殖民地主義者和宗教思想長期洗腦後，對中國的社會主義都很缺乏信任感。這就是為什麼香港的年輕人和社會精英，會這樣容易被西方那一套所謂民主政治思想所影響，被西方國家所操控。要扭轉這一局面，中國必須把在香港的「話語權」全面奪回來。這就需要先從教育和傳媒着手，把他們引領上正軌。假如不盡快解決這一個問題，讓香港政府繼續拖拉下去，那麼要想把「一國兩制」建設好、引領好，是不可能的事。

　　而我也奉勸一些控制香港教育的宗教界人士，不要再沉迷在西方神話及虛構的寓言故事的世界裏了。人類現今已進入智能時代，是時候醒醒了，面對現實吧！在未來的世界，我們中國需要培養的是愛國、有自信、睿智和具創新思維的下一代，而不是迷信和

滿腦子充斥着西方神話的下一代。而這次美國在總統輪替交接政權所表現出來的美國民主的脆弱性、暴力和醜態，應是一個很好的警示。不要再慫恿和煽動香港的年輕人去追隨美國式的民主，因為美國式的民主是建基於製造政治仇恨，搞黨爭及暴力政治，煽動選民情緒來達致操控選民的目的（美其名曰為向選民負責，downward accountability）。而我們中國的體制則不像美國的體制，是建基於政治協商、包容及和平之上（即採用執政黨與人民雙向負責的辦法，也就是說政府要向人民負責，而人民也要向政府負責，downward and upward accountability）。

　　不過在此我想對中國的執政黨也提一點意見：是時候我們應對「宗教」及西方所說的「宗教自由」，要有一個明確的態度。從各民族、國家、以及人類命運演進的歷史軌跡來看，我有以下的觀察及建議供參考：

　　一、中國的文化傳統（或中華文化）基本上是沒有宗教信仰的（佛教是外來的宗教，所謂道教並無影響力，儒教不是宗教而是一種哲學，天主教、基督教、回教更是外來的信仰，與中國的傳統文化無關）。對神是否存在，有的人信有（或覺得有），有些人則不信有（或不覺得有）；有些人懷疑神的存在，而好些人覺得信神是一種迷信。

　　二、中國共產黨是無神論者，但據我的了解，他們對宗教信仰是持開放和包容態度的。他們相信，好的宗教都是導人向善、有大愛精神的，所以中國共產黨容忍宗教的存在，並不排斥宗教。

　　三、中國的宗教政策似乎趨向採取寬鬆的做法，但不希望宗教涉及政治（更不允許干預政治），不要強迫人去信教（說得白一點，即是如果鼓勵宗教信仰自由，當然也應鼓勵不信宗教的自由，這樣才是真正的公平和自由。西方國家只鼓勵宗教信仰自由，但卻不鼓勵不信宗教的自由。中國不希望在中國的宗教機構，勾結外國的宗教等勢力來反華，同時反對一切邪教（或邪教活動），希望在中國的宗教能「中國化」，即是說，宗教要持開放、包容的態度，

要支持中國政府，要宗教能堅持和諧相處，要讓宗教能融入中國的文化傳統和特色社會主義文明之內。

我個人認為，只要有人類存在，就會有宗教迷信。要完全消滅宗教迷信，是頗困難的一件事。因為人的身心都是很脆弱的（這可以說是人類的一種先天性缺陷），難以依靠人自身的力量，去面對和解決所有困擾人類的問題和困難的；而且人的智能又有很大的局限性，是無法去認識所有與世間及宇宙有關的事物。因此，有許多人是需要宗教的力量來賦愛和支撐的。不過，假如社會的力量發揮得好，總的來說，人類對宗教的需求會愈來愈趨淡化。假如中國政府能說服有宗教信仰的人士，多做善事（特別是多參與各種慈善活動），不要搞宗教霸權、惡鬥及恐怖主義，那對中國的社會及世界未來的發展，都會是一件萬幸之事。

事實擺在眼前，如果「宗教集團」和「非宗教集團」或「有宗教信仰的人」和「無宗教信仰的人」，在這地球上不尋求和平共存，那麼兩者必定會繼續不停地鬥爭和戰爭下去，最終走上全人類滅絕之路，這是肯定的。但問題是，人類有必要一定要選擇走這樣一條死路嗎？

中國必須聯合歐洲共同來對付美國

下面繼續談中美關係。如真的想要有效地解決好中美關係這一個問題，單靠中國去面對被美國惡化了的中美關係，去制止美國喜歡經常抹黑中國，遏止美國對中國的無理謾罵和指責是不行的。上面提過，中國必須聯合歐洲共同來對付美國，特別是一些想維護歐洲主權獨立，不想過分依靠美國的一些歐洲大國，例如法國和德國，才會有成效，看來中國正是在這樣做的。

2020 年 8 月底到 9 月初，王毅的歐洲五國之行，我認為就是想達此目的。他說：「我同五國領導人和外長就雙邊關係和國際

局勢進行了坦誠深入溝通，達成了廣泛共識，其中最主要有三點：

一是要堅持多邊主義，抵制單邊主義行徑。此次歐洲之行，各國最強烈的呼聲就是要堅決捍衛多邊主義，我們就此達成了一致。概括起來就是，中歐要加強協調，堅持多邊理念，採取多邊行動，遵守多邊協議，強化多邊機構。

二是要加強團結合作，反對分裂『脫鈎』。我們都主張，要加強中歐抗疫合作，盡快重啟雙方人員往來和務實合作，為世界經濟恢復增長作出『中歐貢獻』。我們都同意，要本着對人類前途命運負責任的態度，共同抵制煽動分裂、『脫鈎』和對抗的逆流，避免世界重回『叢林法則』。

三是要維護中歐關係大局，妥善管控分歧。我們都認為，要堅持中歐全面戰略夥伴關係定位，把握好中歐關係向前發展的主導面。對於中歐之間存在的分歧，要通過平等對話加深了解，通過坦誠溝通增進互信，通過互惠合作實現共贏，通過建設性方式加以管控。」[7]

在 2020 年 5 月 24 日王毅在十三屆全國人大三次會議新聞發布會回答記者提問時說：「中歐之間的交往應當是相互成就的正循環。而不是你輸我贏的淘汰賽。中歐關係歷經國際風雲變幻，總體保持合作的主基調，展現出強大的生命力，我們首先要肯定這一點。一路走來，雙方積累的最重要經驗是，我們完全可以通過平等對話來增進信任，完全可以通過建設性溝通來處理分歧。中歐之間並不存在根本利害衝突，開展互利合作的空間越來越廣。支持多邊主義的共識越來越多。從人類發展進程的寬廣角度看中歐不應是制度性競爭對手，而應是全方位戰略夥伴。」[8] 在面對新冠肺炎疫情這場空前的危機，王毅說：「中歐之間應該超越意識形態的差異，擺脫自我實現的猜忌，發出團結一致、攜手抗疫的共同聲音。」[8] 至於歐洲會否在疫後，採取或堅持較為獨立的政治態勢而少依靠美國，暫時還難預測，因為歐洲內部的政治非常複雜，經常會出現搖擺不定的政治取態。但從維護多邊主義和世界和平，中

國無論如何都得想方設法，和歐洲建立長期友好的合作關係。這對中國來說是太重要了，而在美國新總統拜登全面掌權之後更為重要，因為拜登有可能會比特朗普更重視美歐關係，很想重塑被特朗普「破壞」的美歐關係，更懂得怎樣拉攏歐洲國家來對付俄羅斯和中國（說得直白一些，拜登是更狡猾、更老謀深算）。中歐完成了中歐投資協定談判（但還未簽署），而法國馬克龍總統又似乎是在設法擺脫美國的控制。假如法國及德國能更獨立自主地走自己的路，那麼中美關係將可能會有所改變，且讓我們靜觀其變吧！

　　很明顯的，單靠做好與歐洲的合作，還是難以抵擋美國無底線的攻勢的，中國還得充分利用聯合國的平台來〈加強多邊主義，共創美好未來〉，這是王毅 2020 年 9 月 1 日，在紀念聯合國成立 75 周年國際研討會高級別會議上講話的題目。在講話中，王毅表示：「聯合國成立 75 年來，以對話談判消弭分歧，用斡旋調解定紛止爭，已成為絕大多數國家的共識。面對下一個 75 年，國際社會應共同行動起來，堅決捍衛多邊主義，維護人類發展進步正確方向。」他提出五點倡議：「一是堅持聯合國的核心地位。二是聯合國憲章的宗旨和原則。三是堅持和平發展。四是堅持合作共贏。五是堅持構建人類命運共同體。」[9]

　　以上王毅提出的第五點倡議「堅持構建人類命運共同體」特別重要，因為這是有利於調整聯合國運作的一項重要舉措。當聯合國成立之時，其運作制度都是依西方國家為中心的理念而設計的，因此在推進世界和平的進程上，是有着很大的局限性。如果聯合國可以充分吸納構建人類命運共同體，作為一種維護國際秩序，促進世界和平的基本理念，那對未來世界文明的可持續發展，將會帶來很大的好處。

　　至於拜登會否願意與中國共同來構建人類命運共同體，現今仍然是一個未知之數。不過，中國顯然對拜登是有期待和寄予希望的。因為在 2020 年 11 月 25 日，習近平致拜登祝賀他當選的賀信中，習近平指出：「推動中美關係健康穩定發展，不僅符合兩國人

民根本利益，而且是國際社會的共同期待。希望雙方秉持不衝突不
對抗、相互尊重、合作共贏的精神，聚焦合作，管控分歧，推動中
美關係健康穩定向前發展，同各國和國際社會攜手推進世界和平
與發展的崇高事業。」(10) 在同一日（2020 年 11 月 25 日），全國
人大外事委員會副主任傅瑩在美國《紐約時報》刊登了一篇文章，
題為〈中美構建競合關係是可能的〉。傅瑩在文章中表示：「中美關
係在過去四年受到嚴重受損。重新激活中美關係時，重要的是準確
判斷對方的意圖，中國無意取代美國在世界的主導地位，也毋須擔
心美國改變中國的制度。中美兩個強大國家若因誤判而滑向衝突，
那將是歷史悲劇。」(11)

　　傅瑩認為：「兩國即使競爭不可避免，也有可能通過解決彼此
關切來發展某種競爭與合作關係。在經濟和技術領域，規則和法律
須得到遵守，北京要更好地保護知識產權、網絡安全和私隱，華盛
頓則應該為中國企業提供公平環境。在政治領域，美國『早該放棄
干涉他國內政的習慣』，美國指責中國制度或者針對中國的國內政
策採取行動令中方反感，中方也需要更加主動地向外部世界提供
第一手信息。」(11)

　　傅瑩還在文中劃下中美關係紅線：「美方需要尊重中國人對
國家統一的信念，不要在台灣等問題上挑戰中方，或是介入南海領
土爭議。」(11)

　　在未來中美合作的空間上，傅瑩也指出：「中美合作的空間和
需求很大，最緊迫的是對抗新冠肺炎疫情的合作，如果兩國能夠攜
手提高全球疫苗的可獲得性和可負擔性，整個世界都會因此而獲
益。」(11)

　　以上中國向美國遞出的橄欖枝，拜登會怎樣回應？我們暫時
還無法完全清楚看得出來。但拜登一再表示，他們在這方面有戰略
耐心，那就讓我們也耐心地等，看拜登是否真的有一套完整和具突
破性的對華新政策吧（在下面還有進一步的有關討論）。

小　結

2020 年 9 月 2 日的《人民日報》撰文指出：「75 年後的今天，和平與發展仍然是人類不變的追求。與此同時，世界正處於百年未有之大變局，面臨重重挑戰。如何維護來之不易的和平成果，推動人類共同發展，成為各國共同面對的時代命題。」(12)

「構建人類命運共同體，實現共贏共享」，是中國給出的響亮回答。這一順應歷史潮流的中國理念日益深入人心，為各國人民攜手跨越阻礙、共同開創發展繁榮的新未來照亮了前路。」(12)

「構建人類命運共同體，實現共贏共享」是中國首次提出的理念，那麼這一理念又是怎樣提出來的呢？回顧一下近幾年發生的事：「2013 年 3 月，中國國家主席習近平在俄羅斯莫斯科國際關係學院發表重要演講，呼籲國際社會樹立『你中有我、我中有你』的命運共同體意識；2017 年 1 月，在日內瓦萬國宮，習近平就這一理念作出進一步闡釋：構建人類命運共同體，建設一個持久和平、普遍安全、共同繁榮、開放包容、清潔美麗的世界。」(12)

多年來，「從眾多個國家分別構建的雙邊命運共同體，到周邊命運共同體、亞太命運共同體，從中歐命運共同體到中非命運共同體、中拉命運共同體、中阿命運共同體。中國致力於在世界範圍內建立平等相待、互商互諒的夥伴關係，為各方共享和平、安全與繁榮探索路徑。」(12) 由於可以構建的人類命運共同體的類型眾多，所以我在拙著《人類命運的演進印跡和路程》（修訂版）一書中，我把構建人類命運共同體分成三種類別：一、社會發展人類命運共同體；二、地區性發展人類命運共同體；三、功能性發展人類命運共同體。現今，構建人類命運共同體的倡議，已「多次被寫入聯合國文件，突顯現實意義和時代價值。」(12) 而我在另一拙著《人類命運進化的基石及元素》一書中，更進一步建議，我們應考慮把構建人類命運共同體，視作為我們人類最終要建立的「大同世界」這樣的一個概念。假如這一概念可被接受，那麼借用評論員高祖貴的

一句話，這就「需要各國順應時代發展潮流，增強人類命運共同體意識，開展全球性協作，實現共同發展。」(13) 如真的能做到這樣，那麼人類未來發展的方向、演化路程、及最終要達到的目的，將會更加明朗化及清晰。

其次，我很同意高祖貴在 2020 年 9 月 3 日《人民日報》上撰寫的一篇文章中，闡釋中國正在積極推動建立的未來的新國際關係。他說中國將「高舉和平、發展、共贏的旗幟，積極開展中國特色大國外交，推動建設相互尊重、公平正義、合作共贏的新型國際關係，推動構建人類命運共同體。」(13) 他還說：「我們始終做世界和平的建設者，堅定走和平發展道路，無論國際形勢如何變化，無論自身如何發展，永不稱霸、永不擴張、永不謀求勢力範圍。我們始終做全球化發展的貢獻者，堅持走共同發展道路，繼續奉行互利共贏的開放戰略，同世界各國分享中國發展的經驗和機遇。我們始終做國際秩序的維護者，堅持走合作發展的道路，維護以聯合國為核心的國際體系、以國際法為基礎的國際秩序、以世界貿易組織為基石的多邊貿易體制，其次維護國際公平正義。」(13)

怎樣去維護好多邊主義，顯然是非常重要和迫切的。楊潔篪在 2020 年 9 月 4 日接受新華社記者書面採訪時指出：「多邊主義是二次世界大戰後多邊機制運作和發展的重要基礎，是推進全球治理的必然要求，是維護世界和平、促進共同發展的有效途徑。中方一貫主張，國際秩序絕不是一些國家凌駕於其他國家之上的秩序。主權平等、多邊主義仍然是當今世界的主流。我們應當堅定維護多邊主義，堅定捍衛以聯合國為核心、以《聯合國憲章》宗旨和原則為基礎的國際秩序和國際體系。一些國家內存在貧富分化、社會不公、治理不力等問題，這是其內部發展成果分配不公造成的。把自身存在的問題歸咎於全球化，甚至諉過於人，甩鍋推責，煽動冷戰思維，製造隔閡和對立，這是完全錯誤的，這種企圖也絕不會得逞。」(14)

在 2020 年 9 月 14 日，習近平與歐盟輪值主席國德國總理

默克爾等舉行了一次視頻會議。大家「一致同意加強溝通協調合作，確保今後中歐之間一系列重大政治議程取得成功，深化互信，實現互利共贏，堅持維護多邊主義，共同應對全球性挑戰，推動中歐關係邁向更高水平。」(15)

　　在會上習近平分析指出：「當前，新冠肺炎疫情全球大流行使百年未有之大變局加速演進。人類面臨許多共同挑戰，正站在新的十字路口。中歐作為世界兩大力量、兩大市場、兩大文明，越是面對這樣的形勢，越要牢牢把握相互支持、團結合作的大方向，越要堅定不移推動中歐全面戰略夥伴關係健康穩定發展，為國際社會抗擊疫情、恢復經濟、維護正義注入更多正能量。」(15)

　　習近平還希望中歐能做到「四個堅持」：

　　「一是堅持和平共處。世界上沒有完全相同的政治制度模式，不同文明文化多元共生才是常態。中歐和平共處的力量堅定一分，世界和平繁榮就多一分保障。

　　二是堅持開放合作。中國致力於逐步形成以國內大循環為主體、國內同國際雙循環相互促進的新發展格局。中方將通過不斷挖掘內需潛力，實現中歐兩大市場、兩方資源的更好聯通、更大效益，推動中歐共同發展更加強勁、更可持續。

　　三是堅持多邊主義。中方願同歐方在雙邊、地區、全球層面加強對話和協作，堅持共商共建共享的全球治理觀，維護以聯合國為核心的國際秩序和國際體系，推動政治解決國際和地區熱點問題，推動構建人類命運共同體。

　　四是堅持對話協商。中歐要把握好中歐關係合作發展的主流，以對話化解誤解，以發展破除難題，妥善管控分歧。」(15)

　　習近平希望中歐能做到以上的四個堅持，即：堅持和平共處，堅持開放合作，堅持多邊主義，和堅持對話協商。我認為，事實上這也適用於中國與其他國家的關係的建立和各種交往。

　　此外，在該會上習近平對人權問題，又一次強調了中國的看法和立場。而這一點特別是值得注意，因為人權是西方各國，特別

是美國 (尤其是美國的民主黨)，最喜歡用來打壓中國、污蔑中國的話題。習近平在會上強調指出：「世界上沒有放之四海而皆準的人權發展道路，人權保障沒有最好，只有更好。各國首先應該做好自己的事情。相信歐方能夠解決好自身的人權問題。中方不接受人權『教師爺』，反對搞『雙重標準』。」(15)

習近平以上的這一番話，同樣可以 (或可能更適合) 用於針對美國在人權方面的所作所為。美國對自己國內眾多非常惡劣、醜陋的人權問題 (例如種族歧視問題、警察暴力問題、虐待移民問題等) 不去好好解決，而是把人權的理念無止境的理想化、概念化、抽象化、擴大化、個人化、政治化、超現實化、萬能化，並利用人權在各國扮演『教師爺』的角色，利用人權搞『雙重標準』及各種忽悠群眾的把戲，利用人權作為武器來打壓中國及其他國家，利用西方狹隘的法律觀點及具有特定歷史背景和文化局限的話語霸權，來威脅和壓制其他國家在人權方面的發展及話語權。美國為什麼要這樣做？其目的很清楚，就是要維護其人權霸權及全球霸權的地位。

《人民日報》的一篇綜合報道，針對性地指出，人類已進入 21 世紀，大家都在問：「新冠肺炎疫情肆虐全球，世界經濟萎縮滑坡、全球化進程遭遇逆風，霸權主義、單邊主義陰霾陣陣。『世界怎麼了，我們怎麼辦』，面對這一時代之問、命運之問，多少人感到傍徨迷茫。合作還是孤立，團結還是分裂，拉手還是鬆手，人類社會面臨重大抉擇。」(16)

習近平在多次講話中，對以上的問題，給出了肯定有力的答案，我相信這些答案可以讓大多數人釋懷。

習近平說，「世界問題多得很、大得很，全球性挑戰日益上升，應該也只能通過對話合作解決，大家商量着辦，一國的事情由本國人民做主，國際上的事情由各國商量着辦。

世界的前途命運必須由各國共同掌握。世界各國一律平等，不能以大壓小、以強凌弱、以富欺貧。

　　我們要堅持多邊主義、不搞單邊主義；要奉行雙贏、多贏、共贏的新理念，扔掉我贏你輸、贏者通吃的舊思維。

　　各國關係和利益只能以制度和規則加以協調，不能誰的拳頭大就聽誰的。

　　我們要摒棄一切形式的冷戰思維、樹立共同、綜合、合作、可持續安全的新觀念。」[16]

　　從以上習近平的答案，大家可以看到，中國是希望與各國共同建立一個相互尊重、和平、可持續發展及公平正義的國際社會，一個以合作共贏為核心的新國際關係和秩序，一個以「和平發展、開放發展、合作發展、共同發展」[16]、和全球發展為基礎的，具有新的理念、和新的世界觀的全球性「人類命運共同體」。為達到此目的，中國是願意負起更大的國際責任的。譬如中國所倡議的，與「一帶一路」及「中歐班列」經過的沿線周邊國家地域，特別是歐亞大陸（Eurasia）國家（引用瑪薩艾斯的概念[17]）的共同開發和建設，就是很好的具體例子，即是積極利用和平的方式，建立一種「更現代、更理性、更能引領未來變革」[17]的新的全球化和建立世界新秩序的方案。

通過中歐班列，中國生產的貨物經鐵路運往歐洲。（Shutterstock）

　　中國除了要與歐洲國家搞好和夯實關係之外（這在下面還有進一步的討論），更重要的是要與東盟國家搞好關係。2020 年 11 月 27 日習近平在第十七屆中國–東盟博覽會和中國–東盟商務與投資峰會開幕式上的致辭中説：「中國和東盟山水相連、血脈相親，友好關係源遠流長。2013 年我提出願同東盟國家共建 21 世紀海上絲綢之路，攜手共建更為緊密的中國–東盟命運共同體。我高興地看到，七年來，雙方互聯互通不斷加速，經濟融合持續加深，經貿合作日益加快，人文交往更加密切，中國–東盟關係成為亞太區域合作中最為成功和最具活力的典範，成為推動構建人類命運共同體的生動例證。」[18]

　　「中方願同東盟一道，在《中國–東盟戰略伙伴關係 2030 年願景》指導下，推進各領域合作，維護本地區繁榮發展良好勢頭，建設更為緊密的中國–東盟命運共同體。為此，我願提出四點倡議。

　　第一，提升戰略互信，深入對接發展規劃。中方願同東盟一道，按照《落實中國–東盟戰略關係聯合宣言的行動計劃（2021–2025）》，推進未來五年各領域合作；落實《中國–東盟關於「一帶一路」倡議同（東盟互聯互通總體規劃 2025）對接合作的聯合聲明》，依托陸海新通道建設，加強鐵路、公路、港口、機場、電力、通信等基礎設施互聯互通合作，加快推進現有經濟走廊和重點項目建設，積極構建中國–東盟多式聯運聯盟。

　　第二，提升經貿合作，加快地區經濟全面復甦。中方願同東盟各國加強協作，以中國–東盟自由貿易區建成 10 周年為契機，進一步實施好中國–東盟自由貿易協定。中方歡迎《區域全面經濟夥伴關係協定》（Regional Comprehensive Economic Partnership，簡稱 RCEP）完成簽署，並希望盡早生效。中方願同東盟攜手努力，暢通貿易、促進投資，相互開放市場，推動雙方產業鏈、供應鏈、價值鏈深度融合。

　　第三，提升科技創新，深化數字經濟合作。今年是中國–東盟數字經濟合作年，中方願同東盟各國攜手合作，抓住新一輪科技革

命和產業變革機遇，發揮互補優勢，聚焦合作共贏，在智慧城市、5G、人工智能、電子商務、大數據、區塊鏈、遠程醫療等領域打造更多新的亮點，加強數據安全保護和政策溝通協調，為雙方經濟社會發展培育更多新功能。中方願同東盟一道建設中國－東盟信息港，推動數字互聯互通，打造『數字絲綢之路』。

　　第四，提升抗疫合作，強化公共衛生能力建設。中方願同東盟開展公共衛生領域政策對話，完成合作機制，攜手抗擊新冠肺炎疫情，加強信息分享和疫苗生產、研發、使用合作。共同構建人類衛生健康共同體。」[18]

　　中國與東盟所建立的良好經貿關係，除了對維護區域經濟一體化(Regional Economic Integration 或 Coherent Trading Zone)的建立十分重要外，對重新整合被特朗普破壞的經濟全球化秩序的重建，更為重要，並且將對人類命運共同體 (a community of shared future)的構建會有很大的促進作用，對加快構建以中國國內大循環為主體、國內國際雙循環相互促進的新發展格局 (dual circulation strategy in boosting self-sufficiency and diversification into global markets。另一種描述方法為「以中國國內大迴圈為主體、國內國際雙迴圈相互促進的新發展格局」)，也會有很大的好處。

　　而當今最重要的是要加大力度建立中美互信，解決好中美關係。在 2020 年 12 月 7 日，王毅在北京與美中貿易全國委員會董事會代表團進行視頻交流時指出：「中美關係正處於關鍵的歷史當口，應一同努力排除各種干擾阻力，爭取重啟對話、重回正軌及重建互信。中美有廣泛共同利益和廣闊合作空間，未來中美關係何去何從，有待美方作出正確選擇。」[19]

　　王毅還指出：「中美關係之所以呈現建交以來最嚴峻的局面，根本原因在於美方一些人，固守陳舊的冷戰思維和意識形態偏見，從零和博弈角度看待中國發展和中美關係，把中國視為對手甚至敵人，攻擊中國人民選擇的制度和道路，對中國進行全方位遏制，

甚至鼓吹搞『脫鈎』和『新冷戰』。這是犯了歷史性、方向性及戰略性的錯誤。」[19] 王毅更強調說：「中國不干涉美國的內政，不對外輸出發展模式，不搞意識形態的對抗，美方也應遵守國際關係準則，不動輒插手中國的內部事務，不阻擋中國人民追求美好生活的權利。對於認知不同出現的分歧，雙方要通過積極溝通尋求並擴大共識，對於一時解決不了的問題，要本着建設性態度加以管控，避免激化升級影響中美關係大局。」[19] 王毅最後對中美關係發展提出五點建議：「端正戰略認知，不要把中國視為對手甚至敵人；開啟各層級對話，任何問題都可以拿到桌面上來談；拓展互利合作，在應對疫情、推動經濟復甦、應對氣候變化等方面找到合作切入點；控矛盾分歧，尊重彼此的歷史文化傳承、核心利益和重大關切；改善民意氛圍，鼓勵兩國立法機構、工商界、商界、智庫、院校、媒體、青年之間加強友好交往。」[20]

拜登總統是否願意重塑中美關係，與中國共同來構建全球化的新國際關係和新秩序，攜手共創更加繁榮美好的未來？球是在美方的一邊場內。而當今客觀的現實是，中國除與東盟各國完成簽署《區域全面經濟夥伴關係協定》（RCEP）外，上面已經提過中國還在 2020 年 12 月 30 日與歐盟通過視頻會議，共同宣布如期完成中歐投資協定談判。在視頻會議上習近平指出：「中歐迎難而上，攜手努力，推動中歐關係取得豐碩成果。雙方如期實現年內完成中歐投資協定談判的預期目標，達成了一份平衡、高水準、互利共贏的投資協定，展現了中方推進高水平對外開放的決心和信心，將為中歐相互投資提供更大的市場進入，更高水準的營商環境、更有力的制度保障、更光明的合作前景，也將有力拉動後疫情時期世界經濟復甦，增強國際社會對經濟全球化和自由貿易的信心，為構建開放型世界經濟作出中歐兩大市場的重要貢獻。」[21]「中歐作為全球兩大力量、兩大市場、兩大文明，應該展現擔當，積極作為，做世界和平進步的合作建設者。雙方應該加強對話，增進互信，深化合作，妥處分歧，攜手育新機、開新局。」[21]

　　而在 2021 年 2 月 9 日，習近平在中國－中東歐國家領導人峰會上的主旨講話中還指出：「中國－中東歐國家合作已經走過九年歷程。九年來，中國－中東歐國家合作經歷了時間和國際形勢複雜變化的考驗，形成了符合自身特點並為各方所接受的合作原則。一是有事大家商量着辦。二是讓合作方都有收穫。三是在開放包容中共同發展。四是通過創新不斷成長。」(22) 習近平進一步指出中國－中東歐國家合作是具有重要影響力的跨區域合作平台，而在新形勢下，中國－中東歐國家合作如何發展？習近平提出了四點建議：「第一，直面疫情挑戰，堅定共克時艱的合作信心。第二，聚焦互聯互通，暢通聯動發展的合作動脈。第三，堅持務實導向，擴大互惠互利的合作成果。第四，着眼綠色發展，打造面向未來的合作動能。」(22) 習近平更希望「中國與中東歐國家合作堅持科技創新。中國將繼續擴大開放，着力推動規則、規制、管理、標準等制度型開放，持續營造市場化、法制化、國際化營商環境。中國將更加積極參與雙邊、多邊和區域合作，同各國實現更高水準的互利共贏。中國持續發展和開放將為世界經濟復甦和增長注入強大動能，也將為中國－中東歐國家合作開闢更廣闊空間。」(22)

　　我殷切希望美國的拜登政府能與歐盟一樣，如習近平所建議的，大家一齊努力，盡快做好以下工作：「一是協調抗疫行動；二是共促經濟復甦；三是對接發展戰略；四是加快綠色發展；五是推動多邊合作」(21)，重新建立一個和平、開放、公平、包容、普惠、平衡、共贏的國際營商環境和全球性的新發展格局。除此之外，試問還有其他更好的路可供選擇嗎？

　　最後，我更希望美國能認清中國的核心利益，特別是有關台灣和南海問題，不要繼續犯特朗普的錯誤，用台灣和南海問題來挑釁中國，因為這是一條死路。

　　中美關係是當今世界最重要的雙邊關係。美國應該看到，中美共同利益遠大於分歧。所以，在 2021 年 2 月 5 日，外交部發言人汪文斌說：「中方致力於同美方發展不衝突不對抗、相互尊重、

合作共贏的關係，同時將繼續堅定維護國家主權安全發展利益。希望美方順應兩國民意和時代潮流，客觀理性看待中國和中美關係，採取積極、建設性的對華政策，同中方相向而行，聚焦合作，管控分歧，推動中美關係健康穩定向前發展，同各國和國際社會攜手推進世界和平與發展的崇高事業。」[23]

　　但從美國國務卿布林肯在 2021 年 2 月 6 日與楊潔篪的電話通話中，則可以看到美國長期對華的強硬政策並不會輕易改變。布林肯雖説「美方將繼續奉行一個中國政策，遵守中美三個聯合公報，這一政策立場沒有變化」[24]，但他又説「美國將繼續捍衛包括新疆、西藏與香港在內的人權和民主價值，並將與盟友及夥伴捍衛共同價值和利益。」[25] 而楊潔篪則強調：「中美雙方應該相互尊重彼此核心利益和各自選擇的政治制度與發展道路，各自辦好自己國家的事，中國將堅定不移沿着中國特色社會主義道路走下去，中華民族實現偉大復興是任何人都阻擋不了的。台灣問題是中美關係中最重要最敏感的核心問題，事關中國主權和領土完整。美方應當嚴格恪守一個中國原則和中美三個聯合公報。涉港、涉疆、涉藏等事務均為中國內政，不容任何外部勢力干涉。任何污衊抹黑中國的圖謀都不可能得逞，中方將繼續堅定維護國家主權、安全和發展利益。」[25]

美國仍然會利用人權作為武器來挑釁中國

　　從以上布林肯與楊潔篪針鋒相對的談話中，有一點是可以清楚的看得出來，那就是布林肯仍會延用奧巴馬的外交政策，考慮用人權作為武器來不斷打壓中國。因此依我看，美國也必定還會利用人權(事實上是一種我命名為「人權霸道主義」)來干涉香港事務。所以我認為中港首先應做的，是要着重把這個問題的話語權掌握住，並不斷精準地揭發美國在人權方面的虛偽性、雙重標準和欺騙

性。這對教育和喚醒許多香港的年輕人，也將會起到積極的作用。

有關西方國家用「人權霸道主義」來干涉其他國家內政的例子，我在拙著《中國模式＋話語權 vs 西方模式＋話語權》一書中，已有所涉及，在這裏我再舉幾個例子說明一下：

一、大家都知道，美國為了要保護美國自己的安全，已訂立了各種國安法，但當中國要訂立香港的國安法時，美國卻批評中國違反民主、自由、人權，可見美國的雙重標準。

二、當香港的暴徒衝擊和搗毀香港立法會時，美國政客認為這是一道美麗的風景線，但當美國白人衝擊和搗毀他們自己的國會山莊時，相同的美國政客則說他們是暴徒，可見美國是多麼的虛偽。

三、當中國用較為嚴厲，但科學有效的措施來控制新冠肺炎疫情時，美國和許多西方國家則認為這是違反人權、自由、民主的做法，而事實上，他們自己卻因不用這些措施，而使成千上萬的國民染疫和死亡，並且更把責任推諉給中國。這可見西方民主國家當政者不人道、無人性和殘暴的本質，更完全違反了《公民權利和政治權利國際公約》（ International Covenant on Civil and Political Rights ）的第六條：「人人皆有天賦的生存權，任何人的生命不得無理被剝奪」（ Everyone has the inherent right to life. No one shall be arbitrarily deprived of his life ）。

西方國家還經常批評一些發展中國家不民主和做着許多違反人權之事。但他們從不考慮到，要發展中國家搞好民主和人權，是要那些國家擁有成熟的治國理政條件，以及文化融合和轉型的能力，才會容易成功的。假如條件不成熟和脫離現實地去插手搞什麼民主、人權，就容易把這些國家陷入社會混亂、內戰和人道災難的境況。但為什麼西方國家（特別是美國）又這麼熱衷於用「人權霸道主義」（包括「民主霸道主義」和「自由霸道主義」）作為手段來顛覆發展中國家呢？道理很簡單，因為美國除了要滿足其高傲的意識形態偏見之外，更重要的是要從中獲得利益和可以有效的

控制所有的發展中國家（包括中國）。美國還希望通過不斷揮舞其「人權霸道主義」的指揮棒，來鞏固其全球霸權地位，以及利用「人權外交」、「西方價值觀」等手法，與少數盟國訂立「功利至上」、「人權價值」等規則，強制地來制約其他國家的發展權及阻擾新國際秩序的建立。

明乎此，中國必須未雨綢繆，採取一切辦法和有效的措施，來應對及戰勝這一中美之間的人權持久戰（請參考我的拙著《中國模式+話語權 vs 西方模式+話語權》一書中有關人權等方面的討論）。同時中國也必須堅持，把中國對人權的看法講清楚。很高興見到 2021 年 2 月 22 日王毅在出席聯合國人權理事會高級別會議時，就人權問題明確提出了中國的看法和立場。他說：「面對百年未有之大變局和百年未遇之大疫情，如何促進和保護人權？中國主張：第一、堅持以人民為中心的人權理念；第二、堅持人權普遍性與各國實際相結合；第三、堅持系統推進各類人權；第四、堅持國際人權對話與合作。中國政府始終把每一個人的安全和健康放在第一位，全力捍衛生命價值和尊嚴，人民的健康權、生存權和發展權。中國反對借人權問題干涉別國內政。」(26)

而特別重要的是，在香港這一國際城市，我們必須盡快把人權的話語權，從那些受西方人權思想影響非常深重的所謂「人權律師」那裏奪回來。不能讓這些「人權律師」在香港，或讓西方國家的反華政客，借人權問題來干涉香港的國安法。同時我們也必須盡快把國務院港澳事務辦公室主任夏寶龍在 2021 年 2 月 22 日，在「完善『一國兩制』制度體系，落實『愛國者治港』的根本原則」專題研討會上，所說的「愛國者治港」的原則和制度全面落實好（夏寶龍所指的「愛國者」，其標準是：真心維護國家的主權、安全、和發展利益，尊重和維護國家的根本制度和特別行政區的憲制程序，及全力維護香港的繁榮穩定）(27)。此外，還要求「肩負重要管治責任的人士」（即特首、政府高層官員、各級法院法官、司法人員、議員、和公職人員等）必須做到全面準確貫徹「一國兩制」

的方針，堅持原則，敢於擔當；胸懷「國之大者」，精誠團結。從而保證香港的治權和人權，不會被一些不在愛國者之列的人士竊奪去。(所謂「國之大者」，我的理解是那些清楚自己的職責定位，對世界大勢及國之大事要心中有數；以開闊的視野掌握全球的變化、細察形勢、謀求發展、推動創新意識；深入把握中央精神，並與中央保持高度的一致。「始終站在國家根本利益和香港整體利益的立場上，把握正確方向，堅守原則底線」(27) 的人。)

中美關係以後到底應怎樣恢復和發展？

在 2021 年 2 月 11 日習近平與拜登通了電話。在電話中，習近平指出：「過去半個世紀，國際關係中一個最重要的事件就是中美關係恢復和發展。中美合則兩利、鬥則俱傷，合作是雙方唯一正確選擇。中美合作可以辦成許多有利於兩國和世界的大事，中美對抗對兩國和世界肯定是一場災難。」(28) 習近平還說：「你說過，美國最大的特點是可能性。希望現在這種可能性朝着有利於兩國關係改善的方向發展。」而拜登則表示：「美方願同中方本着相互尊重的精神，開展坦誠和建設性對話，增進相互理解，避免誤解誤判。」(28)「避免誤解誤判」是一種較為消極的態度，我希望美國能採取更為理性積極的態度，尊重中國的核心利益，承擔更多國際責任和義務，順應世界潮流，與中國「共同維護亞太地區和平穩定，促進世界和平發展作出歷史性貢獻」(28)。事實上，擺在拜登面前的是一個很簡單的問題 (無論是從短期還是長期來看)，那就是美國到底是要與中國和平競爭，還是對抗性競爭？哪一種選擇會對美國最有利？哪一種選擇會對建立中美的友好和睦關係最有利？哪一種選擇會對促進世界和平最有利？

當下拜登政府還在審視評估對華政策，停留在一個似乎舉棋不定的階段。所以，2021 年 2 月 22 日王毅在參加外交部「藍廳

論壇」開幕式致辭時，一再向拜登政府喊話並提四點意見，冀美國能推動對華政策回歸理性：「一、相互尊重，不干涉彼此內政；二、相向而行，重啟兩國互利合作；三、加強對話，妥善管控矛盾分歧；四、掃除障礙，恢復中美各領域交流。」(29) 拜登政府是否願意重回中美關係正軌，暫時我們還不清楚，關鍵是要看拜登政府是否有這勇氣和智慧，推動對華政策回歸理性。

　　但在 2021 年 2 月 24 日拜登却「簽署行政命令對半導體晶片、電動車大容量電池、稀土礦物、醫藥用品四大領域的供應鏈展開檢討，並在一百天內提交報告，以強化美國關鍵產業供應鏈。」(30) 可見拜登並沒有放棄「特朗普主義」，仍在制定長期政策，將以全國之力，促使中美長期在科技發展方面脫鈎，進一步遏制中國的科技發展進程。假如真的如此，那當然是非常不明智的做法。不過，中國早已預料到美國會有此一着，所以不斷的在強調，中國在科技發展方面必須採取高水準的自力自強、自主創新的舉措來對付美國才能勝出。同時，「中國還必須全面推進深化改革，加強改革系統集成，加強改革整體統籌、進度統籌、效果統籌，發揮改革整體效應。堅持問題導向，立足新發展階段，解決影響貫徹新發展理念、構建新發展格局的突出問題，解決影響人民群眾生產生活的突出問題，以重點突破引領改革縱深推進。」(31) 而這我有信心中國肯定是可以做得到。因為，只要我們細讀一下習近平在 2021 年 2 月 19 日，主持召開的中央全面深化改革委員會第十八次會議的講話(31)，以及今年人大通過的《國民經濟和社會發展第十四個五年規劃和 2035 年遠景目標》綱要(32)，就一清二楚了。

　　另一方面，在 2021 年 3 月 3 日，美國國務卿布林肯發表的重要外交政策演說中，就形容「中國是美國本世紀最大地緣政治考驗，亦是唯一有經濟、外交、軍事和科技實力，對現有國際秩序構成挑戰的國家，並將中國列為美國外交八大優先事項之一」(33)；並指出「中國是唯一能挑戰國際體系的競爭對手，強調須建立聯盟，加強民主的重要性；從而對未來的中美關係在『應該競爭時競

爭，可以合作時合作，必要對抗時對抗』」[33]，呈現出一派極為高傲和鷹式的博弈態勢。

　　當然大家都清楚知道，中美之間的博弈並不是一種擺擺姿態的博弈，而是一塲政治體制的競爭（有人説是世紀之爭），其程度之劇烈和所需時間之長，暫時還難以知道。但有一點是可以肯定的，那就是中國的制度優勢，最終必定可以讓中國勝出（不過我們要有歷史耐心）。因為中國的制度比美國的制度更為先進和人性化（這在抗新冠肺炎疫情中已充分得到證明），更有利於人的存活，更有利於推動人類命運的進化。

　　其次，從這次新冠疫情，我們還可以看到中國的政治制度比美國的政治制度更能體現民主的真諦，更好實現人民當家作主。我在拙著《中國模式+話語權 vs 西方模式+話語權》一書中指出，這是因為中國的民主是一種「民主協商政治制度」（即「協商+選舉」混合制。具體一點來説，就是：[執政黨依法協商+選舉]+[人民代表大會制度的選舉民主+人民政協制度的政治協商民主] = 中國民主協商政治制度）；而美國的民主則是一種「抗爭性的民主政治制度」。美國的這種「抗爭性的民主政治制度」，只會為人民和社會帶來撕裂。而中國的「民主協商政治制度」（ = 中國的特色社會主義民主政治體制，也 = 中國的人民民主制度），則能做到「民意、民智、民力的彙聚」，及「執政黨的主張、人民意願、國家意志的交融」[34]。其結果是這種「中國式民主」，能「體現出中國共產黨的領導、人民當家作主、依法治國三者的有機統一」，能「用來解決人民要解決的問題」，是一種「實質的民主」[34]。我深信「隨着中國特色社會主義政治制度的顯著優勢不斷轉化為更多治理效能，中國能夠為人類政治文明進步不斷作出新的重要貢獻」[34]。

　　在 2021 年 3 月 18 日至 19 日，楊潔篪、王毅在安克雷奇同美國國務卿布林肯及總統國家安全事務助理沙利文舉行中美高層戰略對話時，一再強調：「任何人不能剝奪中國人民追求美好生活的權利。中國始終重視保護和促進人權，把改善民生、促進人的全

面發展作為重點。中國特色社會主義民主是全民民主、協商民主，其核心是人民當家作主。中國不會將自己的民主制度和價值觀強加給其他國家，同時堅定維護自身政治制度和價值觀念，反對動輒拿人權問題作幌子對中方指責抹黑，干涉中方內政。中國的根本發展目標，對內就是滿足人民群眾對美好生活的嚮往，對外就是通過自身發展為全人類的發展進步作出貢獻。中國無意干涉美國的政治制度，無意挑戰或取代美國地位和影響。同時美方應當正確看待中國的政治制度和發展道路，正確看待中方一系列大政方針，正確看待中國對世界的影響。中國共產黨的領導作用，黨的領袖的核心地位，是在艱苦卓絕的實踐中產生的，得到 14 億中國人民的衷心擁護，這一集體意志堅如磐石，毫不動搖。」(35)

參考資料

1. 習近平，〈努力開創中國特色大國外交新局面〉，《習近平談治國理政》，第三卷。2020 年，外文出版社，第 428 頁。

2. 習近平，〈決勝全面建成小康社會，奪取新時代中國特色社會主義偉大勝利〉，《習近平談治國理政》，第三卷。2020 年，外文出版社，第 20、22–23 頁。

3. 習近平，〈開放合作，命運與共〉，《習近平談治國理政》，第三卷。2020 年，外文出版社，第 209–212 頁。

4. 2020 年 8 月 30 日，中國國務委員兼外長王毅在法國國際研究院演講並回答現場嘉賓提問。2020 年 9 月 1 日，《文匯報》。

5. 2020 年 8 月 29 日，王毅晤法外長，籲中法倡導踐行多邊主義。2020 年 8 月 31 日，《大公報》。

6. 鐘聲，〈對華遏制戰略蓄患積害—正確看待和妥善處理中美關係(4)〉。2020 年 8 月 31 日，《人民日報》。

7. 〈王毅談歐洲之行的三點重要共識〉。2020 年 9 月 1 日，《文匯快訊》。

8.   2020 年 5 月 24 日，王毅在十三屆全國人大三次會議新聞發布會上回答記者的提問。2020 年 5 月 24 日，《人民網－國際頻道》。

9.   〈加強多邊主義，共創美好未來〉。2020 年 9 月 1 日，王毅在紀念聯合國成立 75 周年國際研討會高級別會議上的講話。2020 年 9 月 2 日，《人民日報》。

10.   2020 年 11 月 25 日，習近平致電祝賀拜登當選美國總統。2020 年 11 月 26 日，《人民日報》。

11.   2020 年 11 月 24 日，傅瑩在美國《紐約時報》刊登題為〈中美構建競合關係是可能的〉的文章。2020 年 11 月 27 日，《星島日報》。

12.   〈人類命運共同體理念之光照亮世界前行之路〉。2020 年 9 月 2 日，《人民日報》。

13.   高祖貴，〈站在歷史正確的一邊〉。2020 年 9 月 3 日，《人民日報》。

14.   2020 年 9 月 4 日，楊潔篪接受新華社記者的書面採訪。2020 年 9 月 6 日，《人民日報》，第 3 版。

15.   2020 年 9 月 14 日，習近平與歐盟輪值主席國德國總理默克爾等舉行視頻會議。2020 年 9 月 15 日，《人民日報》。

16.   〈記習近平主席出席聯合國成立七十五周年系列高級別會議〉。2020 年 10 月 3 日，《人民日報》。

17.   布魯諾·瑪薩艾斯著，劉曉果譯，《歐亞大陸的黎明：探尋世界新秩序》。2020 年，社會科學文獻出版社，〈導語〉，第 27 頁。

18.   2020 年 11 月 27 日，習近平在第十七屆中國－東盟博覽會和中國－東盟商務與投資峰會開幕式上的致辭。2020 年 11 月 28 日，《人民日報》。

19.   2020 年 12 月 7 日，王毅在北京與美中貿易全國委員會董事會代表團進行視頻交流時的談話。2020 年 12 月 7 日，《星島日報》。

20.   2020 年 12 月 7 日，王毅在北京與美中貿易全國委員會董事會代表團進行視頻交流時的談話。2020 年 12 月 8 日，《星島日報》。

21.   2020 年 12 月 30 日，習近平與歐盟通過視頻會議，共同宣布如期完成中歐投資協定談判。2020 年 12 月 31 日，《人民日報》。

22.   〈凝心聚力，繼往開來，攜手共譜合作新篇章〉。2021 年 2 月 9 日，習近平在中國－中東歐國家領導人峰會上的主旨講話。2021 年 2 月 10 日，《人民日報》。

23.   〈中美共同利益遠大於分歧〉。外交部發言人汪文斌 2021 年 2 月 5 日的發言。2021 年 2 月 6 日，《人民日報》。

24. 楊潔篪應約同美國國務卿布林肯通電話。2021 年 2 月 7 日，《人民日報》。

25. 楊潔篪向美卿重申台港疆藏不容干涉。2021 年 2 月 7 日，《星島日報》。

26. 2021 年 2 月 22 日，王毅在出席聯合國人權理事會高級別會議時的講話。2021 年 2 月 24 日，《人民日報》。

27. 2021 年 2 月 22 日，夏寶龍在「完善『一國兩制』制度體系，落實『愛國者治港』的根本原則」專題研討會上的講話。2021 年 2 月 23 日，《文匯報》。

28. 2021 年 2 月 11 日，習近平同拜登通電話。2021 年 2 月 12 日，《人民日報》。

29. 2021 年 2 月 22 日，王毅在參加外交部藍廳論壇開幕式的致辭。2021 年 2 月 23 日，《香港經濟日報》。

30. 2021 年 2 月 24 日，拜登簽令檢討半導體稀土大電池供應鏈。2021 年 2 月 26 日，《星島日報》。

31. 〈完整準確全面貫徹新發展理念　發揮改革在構建新發展格局中關鍵作用〉。2021 年 2 月 19 日，習近平主持召開的中央全面深化改革委員會第十八次會議的講話。2021 年 2 月 20 日，《人民日報》。

32. 《「十四五」規劃及 2035 年遠景目標綱要》。十三屆全國人大四次會議 2021 年 3 月通過。

33. 2021 年 3 月 5 日，《香港經濟日報》，〈社論〉。

34. 〈感知社會主義民主政治的生命力 (和音)〉。2021 年 3 月 5 日，《人民日報》。

35. 〈任何人不能剝奪中國人民追求美好生活的權利〉。2021 年 3 月 21 日，《文匯報》。

第 2 章

中國政治經濟發展的現代化及願景

　　習近平 2015 年 11 月 23 日在十八屆中央政治局第二十八次集體學習的講話中，強調指出：「我們政治經濟學的根本只能是馬克斯主義政治經濟學，而不能是別的什麼經濟理論。」[1] 馬克斯主義政治經濟學的重要之處，在於「揭示了人類社會特別是資本主義社會經濟運動規律」[1] 及其許多弊端。近期，法國學者托馬斯·皮凱蒂撰寫的《21 世紀資本論》，從分配領域分析（但沒有多從「更根本的所有制問題」[1] 去考慮），進一步得出的結論顯示「美國等西方國家的不平等程度，已經達到或超過了歷史最高水平，認為不加制約的資本主義，加劇了財富不平等現象，而且將繼續惡化下去。」[1]

　　從實際出發來觀察，也可以清楚看到，自從國際金融危機發生之後，「許多資本主義國家經濟持續低迷、失業問題嚴重、兩極分化加劇、社會矛盾加深。事實說明，資本主義固有的生產社會化和生產資料私人佔有之間矛盾依然存在，但表現形式、存在特點有所不同。」[1]

　　香港學者何順文在 2020 年 8 月 25 日的撰文指出：「以私有產權、自由與法治為基礎的西方資本主義，經常被視作為去弱留強和適者生存的制度，人類的私慾和自由競爭產生了成功的資本家。資本主義激勵人們主動創新、發揮潛能和勤奮工作以創造更多財富。」[2] 但遺憾的是，現今以私有產權，西方的自由經濟模式，以及所謂西式的法治為基礎的資本主義，在治國理政方面是愈

來愈失效，頻頻陷入各種無法解決的政治經濟困境。從前有人認為「激勵人們主動創新、發揮潛能和勤奮工作以創造更多財富」[2] 等，只有資本主義制度才能做得到和發揮得好。但現今事實告訴我們，資本主義制度並不是唯一能激勵人類經濟活動及提高人類生活質素的制度。

　　譬如中國沒有實行資本主義制度，但這並沒有阻礙中國的經濟高速發展和社會的繁榮。相反地事實證明，中國所實行的經濟社會制度，卻更能「激勵人們主動創新、發揮潛能和勤奮工作以創造更多財富」[2] 等。(現今的生產的方式愈來愈複雜—高度的自動化和數字化，只單靠個人的努力獨鬥，已難以創造財富，而是要靠社會和國家的大規模的投入、協作、建立起各種供應鏈，才能產生財富。由於這樣，在一些資本主義國家，財富便被少數的大企業和大資本家所壟斷，而造成貧富兩極化現象的出現。)

　　下面就讓我們具體一點來看一下，中國是怎樣創造財富的？

　　回顧中國的情況，我們可以見到，中國有效地利用和不斷開拓、發展馬克斯主義政治經濟學的理論，把馬克斯主義政治經濟學的「基本原理和中國社會主義實踐相結合」[1]，並汲取了西方資本主義經濟理論的合理成分，及關於「金融、價格、貨幣、市場、競爭、貿易、匯率、產業、企業、增長、管理等方面的知識」[1]，不斷通過實踐，並經歷許多失敗的嘗試和教訓後，逐步把各種理論中國化，建立了一套獨特的「中國政治經濟學」(這可被看作為一種三合一模式，即：馬克斯主義經濟學＋資本主義經濟學＋中國化經濟學 ＝ 中國社會主義市場經濟學)。這一套「中國政治經濟學」的獨特之處，在於它擁有多方面及極其豐富的、具發展性、創新性、探索性、前瞻性、社會化大生產、和市場經濟＋規劃經濟一般規律等的成功經驗、理論和具體內容。這包括：

　　一、毛澤東創造性提出的「新民主主義經濟綱領」。這綱領「在探索社會主義建設道路過程中，對發展我國經濟提出了獨創性的觀點，如提出社會主義社會的基本矛盾理論，提出統籌兼顧、注意

綜合平衡，以農業為基礎、工業為主導、輕重協調發展等重要觀點。」[1]

二、隨着改革開放不斷深入，中國又積累了許多「中國化的政治經濟學」方面的實踐、理論、經驗和成果。譬如：

1. 關於社會主義本質的理論；
2. 關於社會主義初級階段基本經濟制度的理論；
3. 關於樹立和落實創新、協調、綠色、開放、共享的發展理念的理論；
4. 關於發展社會主義、市場經濟、使市場在資源配置中起決定性作用，和更好發揮政府作用的理論；
5. 關於我國經濟發展進入新常態的理論；
6. 關於推動新型工業化、信息化、城鎮化、農業現代化相互協調的理論；
7. 關於農民承包的土地具有所有權、承包權、經營權屬性的理論；
8. 關於用好國際國內兩個市場、兩種資源的理論；
9. 關於促進社會公平正義、逐步實現全體人民共同富裕的理論；等等。(以上 1–9 的例子綜合了參考資料（1）及其他的有關資料。)

以上的這些經驗和理論成果，「馬克思主義經典作家沒有講過，改革開放前我們也沒有這方面的實踐和認識，是適應當代中國國情和時代特點的政治經濟學。不僅主力指導了我國經濟發展實踐」[1]，而更重要的是，開拓了中國自身的政治經濟學，以及把世界性的未來的政治經濟學，豐富了其內容，並推上一個新的境界。

除了以上的政治經濟學方面的實踐和創新成果之外，中國還在繼續不斷打造一系列重大的，影響中國自身的，具有中國特色社會主義的經濟體系，以及世界經濟發展格局的舉措。而這些舉措，只有中國特色社會主義的政治經濟制度，才能做得到做得好；其他

的制度，特別是西方式的資本主義政治經濟制度，就很難做得到，也不可能做得好，譬如：

1. 「一帶一路」的建設；
2. 推動長三角一體化的高質量發展；
3. 形成國內國際雙循環的良性互動；
4. 制定國民經濟和社會發展第十四個五年規劃和 2035 年的遠景目標；等等。

「一帶一路」的建設

2013 年，習近平提出，希望與其他國家共同構建「一帶一路」的國際合作倡議。這一倡議的提出，很快引起許多國家的響應。習近平提出共建「一帶一路」的原因，正如他說，是「順應了全球治理體系變革的內在要求，彰顯了同舟共濟、權責共擔的命運共同體意識，為完善全球治理體系變革提供了新思路新方案。我們要堅持對話協商、共建共享、合作共贏、交流互鑒，同沿線國家謀求合作的最大公約數，推動各國加強政治互信、經濟互融、人文互通，一步一個腳印推進實施，一點一滴抓出成果，推動共建『一帶一路』走深走實，造福沿線國家人民，推動構建人類命運共同體。」(3) 多年的實踐顯示了共建「一帶一路」「大幅提升了我國貿易投資自由化便利化水平，推動我國開放空間從沿海、沿江向內陸、沿邊延伸，形成陸海內外聯動，東西雙向互濟的開放新格局。」(3)

在同一講話中，習近平也指出：「當今世界正處於大發展大變革大調整時期，我們要具備戰略眼光，樹立全球視野，既要有風險憂患意識，又要有歷史機遇意識，努力在這場百年未有之大變局中把握航向。以共建『一帶一路』為實踐平台推動構建人類命運共同體，這是從我國改革開放和長遠發展出發提出來的，也符合中華民族歷來秉持天下大同理念。符合中國人懷柔遠人、和諧萬邦的天下

觀，佔據了國際道義制高點。共建『一帶一路』不僅是經濟合作，而且是完善全球發展模式和全球治理、推進經濟全球化健康發展的重要途徑。」(3)

　　此外他還指出：「各地區要加強共建『一帶一路』，同京津冀協同發展、長江經濟帶發展、粵港澳大灣區建設等國家戰略對接，促進西部地區、東北地區在更大範圍、更高層次上開放，助推內陸沿邊地區成為開放前沿，帶動形成陸海內外聯動、東西雙向互濟的開放格局。」(3)

推動長三角一體化高質量發展

　　習近平 2018 年在第一屆中國國際進口博覽會上宣布「支持長江三角洲區域一體化發展並上升為國家戰略」。2019 年《長江三角洲區域一體化發展規劃綱要》正式公布。2020 年 8 月 24 日《人民日報》評論員李彤撰文指出：「長三角是我國經濟發展最活躍、開放程度最高、創新能力最強的區域之一，在國家現代化建設大局和全方位開放格局中具有舉足輕重的戰略地位。實施長三角一體化發展戰略是引領全國高質量發展、完善我國改革開放空間布局、打造我國發展強勁活躍增長的重大戰略舉措。」(4)

　　2020 年 8 月 20 日習近平在「紮實推進長三角一體化發展座談會」上進一步強調：「要深刻認識長三角區域在國家經濟社會發展中的地位和作用，結合長三角一體化發展面臨的新形勢新要求，堅持目標導向、問題導向相統一，緊扣一體化和高質量兩個關鍵詞抓好重點工作，真抓實幹，埋頭苦幹，推動長三角一體化發展不斷取得成效。」(5)

　　習近平還指出：「面對嚴峻複雜的形勢，要更好推動長三角一體化發展，必須深刻認識長三角區域在國家經濟社會發展中的地位和作用。第一，率先形成新發展格局。在當前全球市場萎縮的外

部環境下，我們必須集中力量辦好自己的事，發揮國內超大規模市場的優勢，加快形成以國內大循環為主體、國內國際雙循環相互促進的新發展格局。第二，勇當我國科技和產業創新的開路先鋒。當前，新一輪科技革命和產業變革加速演變，更加突顯了提高我國科技創新能力的緊迫性。第三，加快打造改革開放新高地。近來經濟全球化遭遇倒流逆風，越是這樣我們越是要高舉構建人類命運共同體旗幟，堅定不移維護和引領經濟全球化。」(5)

「實施長三角一體化發展戰略要緊扣一體化和高質量兩大關鍵詞，以一體化的思想和舉措打破行政壁壘、提高政策協同，讓要素在更大範圍暢通流動，有利於發揮各地區比較優勢，實現更合理分工，凝聚更強大的合力，促進高質量發展。第一，推動長三角區域經濟高質量發展。第二，加大科技攻關力度。第三，提升長三角城市發展質量。第四，增強欠發達區域高質量發展動能。第五，推動浦東高水平改革開放。第六，夯實長三角地區綠色發展基礎。第七，促進基本公共服務便利共享。」(5)

習近平在講話中還告誡地說：「長三角一體化發展不是一日之功，我們既要有歷史耐心，又要有只爭朝夕的緊迫感，既謀劃長遠，又幹在當下。」(5)

形成國內國際雙循環的良性互動

習近平 2020 年 8 月 24 日主持召開「經濟社會領域專家座談會」時指出：「當今世界正經歷百年未有之大變局，新冠肺炎疫情全球大流行使這個大變局加速變化，國際經濟、科技、文化、安全、政治等格局都在發生深刻調整。國內發展環境也經歷着深刻變化，我國已進入高質量發展階段，社會主要矛盾已經轉化為人民日益增長的美好生活需要和不平衡不充分的發展之間的矛盾，人民美好生活的要求不斷提高。要統籌中華民族偉大復興戰略全局和

世界百年未有之大變局，深刻認識我國社會主要矛盾發展變化帶來的新特徵新要求，深刻認識錯綜複雜的國際環境帶來的新矛盾新挑戰，增強機遇意識和風險意識，準確識變、科學應變、主動求變、勇於開頂風船，善於轉危為機，努力實現更高質量、更有效率、更加公平、更可持續、更為安全的發展。」⁽⁶⁾

　　在講話中，習近平強調必須開展以下的工作：

1. 　要以暢通國民經濟循環為主構建新發展格局；
2. 　要以科技創新催生新發展動能；
3. 　要以深化改革激發新發展活力；
4. 　要以高水平對外開放，打造國際合作和競爭新優勢；
5. 　要以共建共治共享拓展社會發展新局面。⁽⁶⁾

　　而特別值得關注的是以上的第 1 點：「要以暢通國民經濟循環為主構建新發展格局」，因為這是一個新的重要策略。

　　習近平指出：「要以暢通國民經濟循環為主構建新發展格局。推動形成以國內大循環為主體、國內國際雙循環相互促進的新發展格局（另一種的描述方法是『構建以國內大迴圈為主體、國內國際雙迴圈相互促進的新發展格局』）。這是根據我國的發展階段、環境、條件變化提出來的，是重塑我國國際合作和競爭新優勢的戰略抉擇。我們要堅持供給側結構性改革這個戰略方向，抓住擴大內需這個戰略基點，使生產、分配、流通、消費更多依託國內市場，提升供給體系對國內需求的適配性，形成需求牽引供給、供給創造需求的更高水平動態平衡。新發展格局不是封閉的國內循環，而是開放的國內國際雙循環。我國在世界經濟中的地位將持續上升，同世界經濟的聯繫會更加緊密，為其他國家提供的市場機會將更加廣闊，成為吸引國際商品和要素資源的巨大引力場。」⁽⁶⁾

　　高凌雲在《人民日報》撰文指出：「我國經濟邁向高質量發展階段，需要以國內大循環為主體。美國、日本等發達國家的經濟增長規律顯示，在發展水平到了一定階段後，都要逐步從以國際大循

環為主的發展模式轉變為以內需為主的發展模式。現在我國人均
GDP 超過一萬美元，中等收入群體超過四億，比較優勢早已經從
改革開放初期的豐富勞動力，轉變為超大的市場規模、完整的產業
體系等。隨着我國相對世界其他國家的經濟體量持續增大，外需對
我國經濟增長的邊際貢獻必然會逐步下降，將滿足國內需求作為
經濟發展的出發點和落腳點，打通國內生產、分配、流通、消費的
各個環節，是我國走向現代化強國的必然選擇。」(7)

　　「以暢通國民經濟循環為主構建新發展格局。推動形成以國
內大循環為主體、國內國際雙循環相互促進的新發展格局」(6)，無
可置疑，這是中國重塑國際合作和競爭新優勢的重要戰略部署。當
今中國正在崛起，西方許多國家的保護主義、民粹主義等的鎖國心
態，會愈趨猖獗。而在新冠肺炎疫情過後，相信全球經濟仍會繼續
收縮一段時間和作出一定程度的調整。在這種情況下，中國構建國
內國際雙循環的新發展格局，對維護經濟全球化的持續發展，對中
國未來自身的發展和現代化，顯然都是非常之重要，對制定國民經
濟和社會發展的第十四個五年規劃和 2035 年的遠景目標，當然也
會起到很大的影響和促進作用。這在下面會再談到。

制定國民經濟和社會發展第十四個五年規劃
和 2035 年遠景目標

　　除以上所列舉的大項目外，還可以舉出其他許多項目作為例
子，來說明只有中國特色社會主義的政治經濟制度，才能做好這些
大項目。而其他的制度，特別是西方式的資本主義政治經濟制度，
就很難做得到和做得好，這是不爭的事實；又譬如怎樣全面建成小
康社會，決戰脫貧攻堅，推進具中國特色的自由貿易港建設，共建
創新包容的開放型世界經濟，努力成為世界主要科學中心和創新
高地，自主創新推進網絡強國建設，強化生態文明建設，打好污染

防治攻堅戰，大力支持民營企業發展壯大，實施鄉村振興戰略，開創農業農村現代化建設、振興農業等等，這些項目，同樣會影響中國經濟自身的發展，以及直接和間接地影響世界經濟的發展。而事實證明，這些項目同樣也只有中國的政治經濟制度，才能把它們做好。而假如中國採用了資本主義的政治經濟制度，那麼中國就難以把複雜的、以及要做到「人民至上」的中國經濟搞好。因為中國的經濟發展需要的是強大的社會動員力量，高效的治理國家能力，而這些是資本主義政治經濟制度提供不到的。因為資本主義政治經濟制度遵循的是目光短淺、極端自私、唯利是圖和「利益至上」的經濟理念。而這可以從這次西方的許多資本主義制度的國家，在抗新冠肺炎疫情的治理的失敗中，看得一清二楚。從 2035 的遠景目標中，也可以看到中國制度的優勢（見第 11 章的討論）。

香港的資本主義需要改革

西方的資本主義運行了幾百年，都是以「資本壟斷、投機活動、財富分配模式、只有利於資本家及資產擁有者」的方式運作。雖然「幾百年來，資本主義有自我修正功能去改正自己的缺失，例如透過保護勞工權益法規與政府再分配政策，讓中下階層能分享到社會所創造的財富」(2) 等，來控制資本壟斷、投機活動猖獗、財富分配不均等方面的缺陷。但回顧歷史，大家都可以看到，這些資本主義的「自我修正功能去改正自己的缺失」的各種手段，似乎都無法徹底解決由於資本主義制度和結構本身所造成的困局。

回看一下香港，何順文指出：「回歸 20 多年香港入似乎沒有認真思考去改革香港的管治與資本主義結構，不少人只諉過於兩地關係，浪費了很多時間，導致今日的困局。」(2) 所以他建議香港必須要進行自我改革，他說：「總括來說，改革目的就是要構建一個以人為本、更公平、公義、包容、共贏、和諧及可持續的社會

經濟模式。筆者仍相信憑着良好的社會經濟制度、共同人文價值與文化認同，港人可跨越政治認同的糾結，較長期維持一個能有效運作的社會。」[2] 我同意何順文的看法，但我認為我們還可以就香港的困境，從更為宏觀的角度，再剖析得深入透徹一些。

這是因為，我認為香港的主要問題，並不只出在一些公司企業的資本主義式的管理模式上面，而是出在很多香港人和香港政府官員的不求變、不會變（說得直白難聽點，就是：「食古不化」和「目光短淺」），把西方的資本主義政治經濟制度，奉為金科玉律和圭臬；受着英殖民地主義者的影響，心裏充斥了傲慢與偏見，排斥學習中國內地所有成功的、進取的、有利於香港發展的改革及有利於發展香港、和「一國兩制」的政治經濟方面的經驗。回歸祖國20 多年以來，香港就這樣「冥頑不靈」地，穿着自製的「緊身衣」（ straight jacket），朝「井底之蛙」的方向「自由滑落」(free fall)，並且還沾沾自喜、自欺欺人地說：「看，這就是香港『不干預政策』的優點」。而所謂的「不干預政策」，事實上就是為官的一種「不作為」、「不負責任」、「不敢擔當」的戲碼和辯解，以及一批香港具影響力及仍然得寵的英殖民地「商業精英」及「政治精英」，不懂得應怎樣與時俱進地去提升香港的經濟能力、怎樣去轉型、怎樣去發展香港、及怎樣去夯實「一國兩制」。

假如香港人再不醒覺過來，繼續把人力物力浪費在自我內耗和內部糾葛之上，不積極主動地去完善「一國兩制」，不求進取，什麼都要搞所謂「平衡」（譬如「民主派」與「建制派」之間要搞平衡、「西方勢力」與「中方勢力」之間要搞平衡、「外國利益」和「中國利益」之間要搞平衡等），不肯拿出勇氣去進行改革，整天怕頭怕尾的不敢去創新，以及突破英殖民地留下來的那一套，而與「一國兩制」及世界未來的發展完全脫節，仍沿用不匹配的思維方式和陳舊的制度（譬如現今香港的教育制度，所呈現的落後局面，和欠缺推陳出新的現象，就是一個極佳的例子；而且還有好些大學校長，用所謂維護「學術自由」作為藉口，慫恿和放任學生在校內

搞各種犯法的顛覆國家行為及「港獨」宣傳，浪費他們的青春，催毀他們的前途），讓香港這樣沉淪下去的話，那只有死路一條。

當然，我不希望見到香港走上這一條絕路。是時候我們必須理解到當今世界正經歷百年未有之大變局，所以在進入新時代時，香港必須在創新方面多加努力，大力提升香港的創新能力（包括在教育、新經濟、養老服務、醫療、第三產業、金融等方面），來引領香港未來的發展和走出困境，這可以說是唯一的辦法。

擁抱「創新」是香港未來發展的出路和資產

《人民日報》為文指出：「創新就是生產力，企業賴之以強，國家賴之以盛。創新是引領發展的第一動力，抓住了創新，就抓住了牽動經濟社會發展全局的『牛鼻子』。」[8]

對中國來說習近平已「把科技創新擺在國家發展全局的核心位置，大力實施創新驅動發展戰略，推動我國科技事業發生歷史性變革，取得歷史性成就，開創了新時代經濟社會發展新局面。」[8] 現今，在新冠肺炎疫後時代，以及美國想要全面遏制中國發展的時候，香港要學習中國內地的做法，「在危機並存、危中有機、危轉機的新發展階段，要加快形成新發展格局，很重要的一條就是以科技創新催生新發展動能。」[8] 因為創新是改革最根本和最有效的動力，也是「重塑我國國際合作和競爭新優勢」[8] 的重要動力。

故此，在這關鍵時刻，香港需要做的，是要與內地好好的配合，把「創新」擺在發展的核心位置去催生新發展動能。不然香港就會被邊緣化，及繼續頹廢地「自由滑落」墜入黑洞裏去。（要注意現今香港有人正流傳着一種歪理，說要香港融入中國內地及珠江三角洲的發展是在邊緣化香港。這當然是錯誤的看法和邏輯，試想中國把上海融入長江三角洲一體化的發展，難道是在邊緣化上海嗎？）

　　而香港被邊緣化的情況的出現，不會只局限在科技方面，而是會在所有方面，包括經濟、人文、社會等。因為，現今我們正進入一個以新基建、新科技文化、新生態文明為基礎的數字化和智能化時代，以及邁向構建各種人類命運共同體的時代。遠的不說，就讓我們來看一下與香港一河之隔的深圳。深圳是中國特色社會主義之下的一個經濟特區，而香港則是一個「一國兩制」之下的資本主義特區。在 2020 年 8 月 26 日，深圳經濟特區成立了 40 周年，現今深圳已躋身中國國內一線城市和新科技中心，其 2019 年的 GDP 更首次超越香港。反觀香港，2020 年 8 月 27 日《香港經濟日報》的一篇社論指出：「香港經濟近年卻原地踏步」，而深圳則從「90 年代在逆境中憑信念、視野、創新意念及廣納人才打拼出經濟奇蹟，港府、港商和港人要深思香港停滯不前問題所在，好好發揮港人創意拼勁，敢於業務轉型，同時把握大灣區機遇，才有望令香港經濟煥發出生機，再創經濟奇跡。」(9)

　　故此，香港如果真的要好好的與內地配合發展，香港人（特別是香港政府）必須持開放的態度，更勇敢和主動地與中國內地進行合作、融合，共同來構建一個我命名為「一國兩制新經濟體」。所謂的「一國兩制新經濟體」，扼要地來說，就是要充分利用及融合「中國內地的特色社會主義制度」+「香港的資本主義制度」，形成一種「你中有我、我中有你」的雙贏的、具協同增效作用（synergistic effect）的這樣一個「混合經濟體」，以及具雜交優勢（hybrid vigour）的雜交體（hybrid），來開闢更多新的社會經濟增長點，協助香港和內地（特別是粵港澳大灣區），為其他的國家提供更廣闊的市場及「成為吸引國際商品和要素資源的巨大引力場」(6)。同時為中國正在打造的「雙循環格局」(6)，重塑競爭新優勢和新發展格局，為中國處在新發展階段所遇到的新機遇新挑戰，提供更多能促進合作的獨特方案及「一國兩制」的創新力量，而創新發展正是構建這種新發展格局必然的選擇及路向。

　　「一國兩制」在香港已運行了 20 多年，但可惜的是，香港

人這麼多年以來，都沒有發現和充分意識到「一國兩制」的潛力（potential）在哪裏。香港人更完全不知道和不了解，如何把「兩制」的各自優勢充分利用起來，這才是香港人應做的事，而不是整天的想方設法，去唱衰和衝擊內地的社會主義制度。因為「兩制」若能融合得好，自然規律（natural law）告知我們，這樣會產生一種像在農業上的「雜交優勢」（hybrid vigour）效應。換言之，香港人應做的工作或追求的理想，應該是怎樣去加強構建香港這獨一無二的「兩制」的「雜交優勢」，而不是去維護香港被英國殖民時的特色或搞違法的「獨立」，因為，這是一條只會愈走愈窄的死路。香港的「特色」如要得到有效的維護，那也應（和只可能）在「兩制」「雜交」後的眾多「新產品」，及具創新性和創造力的新發展方向和理念中，得到更好的體現、表現及強勢發展。單靠香港「一制」之力，想把香港更好地發展下去，在現今這一競爭得非常激烈的數字化時代，比登天還難。所以我奉勸一些迷途的香港年輕人和一些所謂香港「精英」，應花多些時間把「創新」和「兩制」的「雜交優勢」搞好和發展起來，這才是正道。假如台灣也能實行「一國兩制」的話，我這一意見，同樣也適用於台灣。因為台灣和內地「兩制雜交」後的優勢，將會更強大無比。

開好「十四五」之局

2020 年 11 月 25 日劉鶴在《人民日報》為文指出，中國《中共中央關於製定國民經濟和社會發展第十四個五年規劃和 2035 年遠景目標的建議》，是「根據我國新發展階段、新歷史任務、新環境條件作出的重大戰略決定」[10]。他還解釋說，《建議》提出「要加快構建以國內大循環為主體、國內國際雙循環相互促進的新發展格局」[10] 的目的和意義，是「第一，這是適應我國經濟發展階段變化的主動選擇。經濟發展是螺旋式上升的過程，也是分階段

的。不同階段對應不同的需求結構、產業結構、技術體系和關聯方式，要求發展方式與時俱進。改革開放以後相當時間內，我國人均收入水平較低，我們發揮勞動力等要素低成本優勢，抓住經濟全球化的重要機遇，充分利用國際分工機會，形成市場和資源『兩頭在外』發展模式，參與國際大循環，推動經濟高速增長，人民生活從温飽不足到全面小康。經過長期努力，我國人均國內生產總值超過一萬美元，需求結構和生產涵數發生重大變化，生產體系內部循環不暢和供求脫節現象顯現，『卡脖子』問題突出，結構轉換複雜性上升。解決這一矛盾，要求發展轉向更多依靠創新啟動，不斷提高供給質量和水平，推動高質量發展。這是大國經濟發展的關口，我們要主動適應變化，努力攻堅克難，加快構建新發展格局。

　　第二，這是應對錯綜複雜的國際環境變化的戰略舉措。新世紀以來，新一輪科技革命和產業變革加速發展，世界貿易和產業分工格局發生重大調整，國際力量對比呈趨勢性變遷。2008 年國際金融危機後，全球市場收縮，世界經濟陷入持續低迷，國際經濟大循環動能弱化。近年來，西方主要國家民粹主義盛行、貿易保護主義抬頭，經濟全球化遭遇逆流。新冠肺炎疫情影響廣泛深遠，逆趨勢更加明顯，全球產業鏈、供應鏈面臨重大衝擊，風險加大。面對外部環境變化帶來的新矛盾新挑戰，必須順勢而為調整經濟發展路徑，在努力打通國際循環的同時，進一步暢通國內大循環，提升經濟發展的自主性、可持續性，增強韌性，保持我國經濟平穩健康發展。

　　第三，這是發揮我國超大規模經濟體優勢的內在要求。大國經濟的重要特徵，就是必須實現內部可循環，並且提供巨大國內市場和供給能力，支撐並帶動外循環。市場是全球最稀缺的資源，我們構建新發展格局和擴大內需，可以釋放巨大而持久的動能，推動全球經濟穩步復甦和增長。經濟發展戰略的導向，是我國經濟長期穩定健康發展的重要保障。

　　『十四五』時期經濟社會發展，要以推動高質量發展為主題，

以深化供給側結構性改革為主線，以改革創新為根本動力，加快構建新發展格局。構建新發展格局，關鍵在於實現經濟循環流轉和產業關聯暢通。根本要求是提升供給體系的創新力和關聯性，解決各類『卡脖子』和瓶頸問題，暢通國民經濟循環。而做到這一點，必須深化改革、擴大開放、推動科技創新和產業結構升級。要以實現國民經濟體系高水平的完整性為目標，突出重點，抓住主要矛盾，着力打通堵點，貫通生產、分配、流通、消費各環節，實現供求動態均衡。」(10)

立足當前，着眼長遠，可以清楚看到中國提出構建新發展格局的戰略的迫切性、重要性和長期影響。只有把新發展格局的戰略貫徹落實好，中國才能更好地向世界展示中國的發展理念和精神，中國道路及中國模式的優越性。

2020 年 11 月 12 日，習近平在浦東開發 30 周年慶祝大會的講話指出：「從現在起到本世紀中葉，是我國全面建成社會主義現代化強國的 30 年。新征程上，我們要把浦東新的歷史方位和使命，放在中華民族偉大復興戰略全局、世界百年未有之大變局這兩個大局中加以謀劃，放在構建以國內大循環為主體、國內國際雙循環相互促進的新發展格局中予以考量和謀劃，準確識變、科學應變、主動求變，在危機中育先機、於變局中開新局。要全力做強創新引擎，打造自主創新高地。要加強改革系統集成，激活高質量發展新動力。要深入推進高水平制度型開放，增創國際合作和競爭新優勢。要增強全球資源配置能力，服務構建新發展格局。要提高城市治理現代化水平，開創人民城市建設新局面。」(11)

「黨中央對浦東開發開放高度重視、寄予厚望，強調以上海浦東開發開放為龍頭，進一步開放沿岸城市，盡快把上海建成國際經濟、金融、貿易中心之一，帶動長江三角洲和整個長江流域地區經濟的新飛躍，要求浦東在擴大開放、自主創新等方面走在前列。進入新時代，黨中央繼續對浦東開發開放提出明確要求把一系列國家戰略任務放在浦東，推動浦東開發開放不斷展現新氣象。」(11)

　　習近平指出:「30 年來,浦東創造性貫徹落實中央決策部署,取得了舉世矚目的成就,經濟取得跨越式發展,改革開放走在全國前列,核心競爭力大幅度增強,人民生活水平整體性躍升。浦東開發開放 30 年取得的顯著成就,為中國特色社會主義制度優勢提供了最鮮活的現實明證,為改革開放和社會主義現代化建設提供了最生動的實踐寫照。」[11]

　　習近平還強調:「要全力做強創新引擎,打造自主創新高地。要面向世界科技前沿、面向經濟主戰場、面向國家重大需求、面向人民生命健康,加強基礎研究和應用研究,打好關鍵核心技術攻堅戰,加速科技成果向現實生產力轉化,提升產業鏈水平,為確保全國產業鏈供應鏈穩定多作新貢獻。」[11] 所以如要盡快把中國變成為現代化國家,必須堅持科技為先,充分發揮好科技的關鍵領軍和中堅作用。

　　從以上習近平的講話,我們可以看到中國對浦東及長江三角洲的要求和規劃,其中有許多地方是很值得粵港澳大灣區及香港學習和借鑒的,特別是在改革、開放、創新、提高城市治理現代化水平等方面。而對香港來說,尤其重要的是,正如國家發展和改革委員會副主任甯吉喆 2020 年 11 月 30 日在香港舉辦的「『一帶一路』高峰論壇」致辭時說,香港應該「積極融入國家雙循環新發展格局、主動打造「一帶一路」功能平台、合作建設國際創新科技中心、高質量建設粵港澳大灣區。」[12] 我很贊同甯吉喆的建議,這應是香港未來發展的方向,「一國兩制」長期穩定的壓艙石,完善「中國模式」構建的重要內容。

　　2020 年 12 月 16–18 日,中央經濟工作會議在北京舉行。習近平發表了重要講話。在講話中習近平強調在經濟層面,中國「要增強憂患意識,堅定必勝信心,推動經濟持續恢復和高質量發展。要辦好自己的事,堅持底線思維,提高風險預見預判能力,嚴密防範各種風險挑戰。」[13] 為了開好「十四五」之局,會議決定,從 2021 年起要抓好以下的重點任務:「一、強化國家戰略科技力量;

二、增強產業鏈供應鏈自主可控能力；三、堅持擴大內需這個戰略基點；四、全面推進改革開放；五、解決好種子和耕地問題；六、強化反壟斷和防止資本無序擴張；七、解決好大城市住房突出問題；八、做好碳達峰、碳中和工作。」(13)

　　　第五點「解決好種子和耕地問題」所指的就是中國年年在全國人大會議時，都強調的『三農』（即農業、農村、農民）問題。2020 年 12 月 28–29 日，中央農村工作會議在北京舉行。習近平在會議期間作了講話，指出中國必須舉「全社會之力推動鄉村振興，促進農業高效、鄉村宜居宜業、農民富裕富足。」(14) 因為「歷史和現實都告訴我們，農為邦本，本固邦寧。我們要堅持用大歷史觀來看待農業、農村、農民問題，只有深刻理解了『三農』問題，才能更好理解我們這個黨、這個國家、這個民族。必須看到，全面建設社會主義現代化國家，實現中華民族偉大復興，最艱巨最繁重的任務依然在農村，最廣泛最深厚的基礎依然在農村。」(14)「從世界百年未有之大變局看，穩住農業基本盤、守好『三農』基礎是應變局、開新局的『壓艙石』。」(14) 所以，現今需要「全面實施鄉村振興戰略的深度、廣度、難度，加強頂層設計，以更有力的舉措、彙聚更強大的力量來推進：一是要加快發展鄉村產業；二是要加強社會主義精神文明建設；三是要加強農村生態文明建設；四是要深化農村改革；五是要實施鄉村建設行動；六是要推動城鄉融合發展見實效；七是要加強和改進鄉村治理。」(14)

　　因此我認為，完成好以上各方面的任務，不但對保持中國經濟發展的連續性、穩定性、可持續性重要，對加快構建中國未來更長時間的經濟發展模式，中華民族的復興，「中國模式」的建立，以及夯實在世界百年未有之大變局中，所呈現出來的人類社會的新發展路徑和新國際秩序，也都非常重要。

中國進入新發展階段

　　另一方面，更為重要的是我們必須看到，現今中國已進入一個新的發展階段，因此在治國理政方面，必會貫徹新的發展理念，構建新的發展格局。而有關新發展階段的理論依據、歷史依據、現實依據等，習近平在 2021 年 1 月 11 日「省部級主要領導幹部學習十九屆五中全會精神專題研討班」的開班式上，作出了詳細的解釋。

　　習近平指出：中國「進入新發展階段、貫徹新發展理念、構建新發展格局，是由我國經濟社會發展的理論邏輯、歷史邏輯、現實邏輯決定的。進入新發展階段明確了我國發展的歷史方位，貫徹新發展理念明確了我國現代化的指導原則，構建新發展格局明確了我國經濟現代化的路徑選擇。」(15)

　　「新發展階段是社會主義初級階段中的一個階段，同時是其中經過幾十年積累、站到了新的起點的一個階段。新發展階段是我們黨帶領人民迎來從站起來、富起來到強起來歷史性跨越的新階段。經過新中國成立以來特別是改革開放 40 多年的不懈奮鬥，我們已經擁有開啟新征程、實現新的更高目標的雄厚物質基礎。新中國成立不久，我們黨就提出建設社會主義現代化國家的目標，未來 30 年將是我們完成這個歷史宏願的新發展階段。」(15)

　　「新發展理念是一個系統的理論體系，回答了關於發展的目的、動力、方式、路徑等一系列理論和實踐問題，闡明了我們黨關於發展的政治立場、價值導向、發展模式、發展道路等重大政治問題。全黨必須完整、準確、全面貫徹新發展理念。一是從根本宗旨把握新發展理念。二是從問題導向把握新發展理念。三是從憂患意識把握新發展理念。加快構建以國內大迴圈為主體、國內國際雙迴圈相互促進的新發展格局，是十四五規劃《建議》提出的一項關係我國發展全域的重大戰略任務，需要從全域高度準確把握和積極

推進。只有立足自身，把國內大循環暢通起來，才能任由國際風雲變幻，始終充滿朝氣生存和發展下去。要在各種可以預見和難以預見的狂風暴雨、驚濤駭浪中，增強我們的生存力、競爭力、發展力、持續力。」(15) 在《求是》的一篇文章中，習近平進一步指出：「新發展格局是根據我國發展階段、環境、條件變化提出來的，是重塑我國國際合作和競爭新優勢的戰略抉擇。要以科技創新催生新發展動態。要以深化改革激發新發展活力。要以高水平對外開放打造國際合作和競爭新優勢。要以共建共治共用拓展社會發展新局面。」「努力實現更高品質、更有效率、更加公平、更可持續、更為安全的發展。」(16)

習近平對於中國進入新發展階段的闡釋，對貫徹中國的新發展理念，構建中國以及國際的新發展格局，與時俱進提升中國的經濟發展水準，塑造中國國際經濟合作和競爭新優勢的影響，我相信將會非常深遠，至少會影響中國和人類命運未來的發展一個世紀，直至中國的社會主義初級階段完結，同時順利進入更高級的社會主義發展階段或甚至大同世界。

至於面對構建新發展格局進程中將會遇到的新情況新問題，2021 年 1 月 17 日《央視快評》作了以下的評論：「面對構建新發展格局進程中的新情況新問題，我們要善於運用改革思維改革辦法，統籌考慮短期調節與中長期發展。要善於運用『兩點論』，推動國內國際雙循環相互促進，形成需求牽引供給、供給創造需求的更高水平動態平衡；要強調『重點論』，以暢通國民經濟循環為主，堅持供給側結構性改革這個戰略方向，扭住擴大內需這個戰略基點；還要積極實現矛盾的轉化，學會危中求機，努力轉危為機，從量變到質變，從經濟的『高增速』『高質量』階段邁進，以科技創新、深化改革、高水平開放等有力舉措激發新動能、新活力。」(17)構建和解決好在新發展格局進程中將會遇到的新情況新問題，對中國順利達致更高級的社會主義階段，我認為至關重要。

引導好全球化走向

　　眾所周知，中國是促進經濟全球化發展的堅定支持者。評論員和音在《人民日報》的一篇評論文章中說，「習近平一再指出：『歷史地看，經濟全球化是社會生產力發展的客觀要求和科技進步的必然結果，不是哪些人、哪些國家人為造出來的。經濟全球化為世界經濟增長提供了強勁動力，促進了商品和資本流動、科技和文明進步、各國人民交往。經濟全球化確實帶來新問題，但我們不能就此把經濟全球化一棍子打死，而是要適應和引導好經濟全球化。』這是看待經濟全球化的正確方式，也是繼續推動開放合作，使經濟全球化繼續為增進人類福祉服務的重要基礎。」[18] 和音在評論中，強調「堅持創新驅動，打造富有活力的增長模式；堅持協同聯動，打造開放共贏的合作模式；堅持與時俱進，打造公正合理的治理模式；堅持公平包容，打造平衡普惠的發展模式」[18] 非常重要。他還說：「歷史是勇敢者創造的，關鍵時刻更需要把準正確方向。人們應當堅信，只要各國牢固樹立人類命運共同體意識，攜手努力、共同擔當、同舟共濟、共渡難關，就一定能夠推動經濟全球化朝着更加開放、包容、普惠、平衡、共贏的方向發展，就一定能夠讓世界更美好、讓人民更幸福。」[18] 我很贊同和音以上的觀點，也認為人類只有接受人類命運共同體的理念，共同樹立人類命運共同體意識，才能最終把大同世界建立起來。

小　結

　　我在拙著《人類命運的演進印跡和路程》(修訂版) 一書中已清楚指出，中國由於種種原因，沒有參與西方的三次重大和影響深遠的工業革命 (簡要地說是指以蒸氣機的發明及應用為標誌的第一次工業革命，以電的發明和應用的第二次工業革命，及以電腦及

互聯網的發明及應用的第三次工業革命）。所以在西方這先後三次
工業革命的過程中，中國文明的發展及潛能，被西方的文明及其高
速的發展和不斷的升級轉型，遮蓋了很長的一段時間。在這一段將
近兩百年的時間內，世界的文明形成了一種以西方文明為中心，並
以西方文明引領世界文明發展的格局。但自 40 多年前中國實行改
革開放開始，中國的經濟發展突飛猛進，而中國的政治和社會制度
又顯現出無比的穩定性和優越性，衝擊了週期性地出現經濟社會
不穩定，體制過度程序化，以及愈來愈官僚的西方國家。這在一定
程度上憾動了西方中心論的地位，使西方國家的許多政客和政治
精英非常的焦慮和害怕。而在同時，由於西方國家自己長期陷入在
治國理政方面的脆弱化，和過度激烈對抗性的選舉政治的困境
中，使到其政治和經濟體制，逐漸變得愈來愈僵化死板和衰弱無
力，進入一個正如習近平所說的「世界百年未有之大變局」。在這
大變局中，中西文明開始形成一種前所未有的博弈態勢和格局（而
博弈又往往變成激烈的對抗），特別是在創新科技（例如美國向中
國開打的科技戰，用美國全國之力來遏制中國的 5G 發展）、數字

杭州一間高科技公司的芯片生產線，工人全神貫注工作。(亞新社)

科技和數字經濟（例如美國想要全面控制和壟斷所有的數字科技和互聯網，以及在製造業、城市建設等數字化的領先地位）、人文哲學（例如意識形態、人權、價值觀等方面）、社會運作（例如堅持資本主義，醜化社會主義）、人類的生活習慣（例如法國不允許女回教徒戴頭巾及遮臉）、文化傳承（例如西方相當注重宗教文化的發展，但中華文化卻不注重這方面的發展，因此美國遏制中國孔子學院的建立）、城市及工業的智能化（例如搶奪在這方面訂定規則的優先權）、及經濟全球化（例如要支持還是反對經濟全球化）等領域。在這全球性的博弈過程中，新的發展理念不斷湧現，創新思維漸漸佔據了愈來愈重要的位置和制高點，並發揮着巨大的引領作用（有人形容這為第四次工業革命）。至於最後誰能勝出，則很難預料，但有一點是可以肯定的，那就是「時」與「勢」似乎都在中國一邊。只要中國牢牢的把第四次工業革命的主導權緊緊的握在手中，朝着早日實現中國的全面現代化的方向邁進，「東升西降」的趨勢，看來已是不可能被逆轉。看來「文明中心」的重心由西方轉向東方，只是一個時間的問題。美國鼓吹的「中國崩潰論」並沒有出現，也將不會出現。反而美國由於聯邦債務暴漲，促使美國走向衰落的趨勢，已是愈來愈明顯和看來愈來愈難以扭轉。

　　不過，由於這第四次工業革命已進入一個全球化的新時代，各國的利益已緊密地聯繫在一起，所以中國提出各國必須共同努力，來構建中國倡導的人類命運共同體，才能更快更好地推動新型國際關係的建立。我們不能也不應再讓「文明衝突論」、「種族優越論」、「美國優先論」、「唯西方價值觀正確論」、「民粹主義」、「霸權主義」、「霸凌、霸道行徑」等，製造更多的偏見、謊言、隔閡與仇恨。而中國所倡導的構建人類命運共同體的目的，就是希望能如習近平所說的，做到「堅持對話協商，建設一個持久和平的世界」、「堅持共建共用，建設一個普通安全的世界」、「堅持合作共贏，建設一個共同繁榮的世界」、「堅持交流互鑒，建設一個開放包容的世界」、及「堅持綠色低碳，建設一個清潔美麗的世界」[19]。而這些

目標，顯然是需要我們一代一代人接力地去做，才能成功的。現今美國拜登總統上台，他能否徹底解決好美國國內出現的許多棘手問題（例如經濟衰退、新冠疫情失控、種族不平等、社會左右撕裂、貧富兩極化等），能否放棄美國人的傲慢、偏見和霸權主義的思想，是否真心誠意的支持多邊主義，還是想搞「偽多邊主義」，是否真心願意與中國合作，共同來構建人類命運共同體等，這都是直接影響中美兩個超級大國未來良好關係及和平的發展的關鍵。

　　2021年1月25日，習近平在「世界經濟論壇『達沃斯議程』對話會」上，強調指出：「中國將繼續推進科學創新。科技創新是人類社會發展的重要引擎，是應對許多全球性挑戰的有力武器，也是中國構建新發展格局、實現高質量發展的必由之路。中國將加大科技投入，狠抓創新體系建設，加速科技成果向現實生產力轉化，加強知識產權保護，推動實現依靠創新驅動的內涵型增長。科技成果應該造福人類，而不應該成為限制其他國家發展的手段。中國將以更加開放的思維和舉措推進國際科技交流合作，同各國攜手打造開放、公平、公正、非歧視的科技發展環境，促進互惠共用。」[20]

　　「中國將繼續推動構建新型國際關係。你輸我贏、贏者通吃不是中國人的處世哲學。中國堅定奉行獨立自主的和平外交政策，努力以對話彌合分歧、以談判化解爭端，在相互尊重、平等互利的基礎上，積極發展同各國友好合作關係。作為發展中國家的堅定一員，中國將不斷深化南南合作，為發展中國家消除貧困、緩減債務壓力、實現經濟增長作出貢獻。中國將更加積極地，參與全球經濟治理，推動經濟全球化朝着更加開放、包容、平衡、共贏的方向發展。」[20]

　　「人類只有一個地球，人類也只有一個共同的未來。無論是應對眼下的危機，還是共創美好的未來，人類都需要同舟共濟、團結合作。實踐一再證明，任何以鄰為壑的做法，任何單打獨鬥的思路，任何孤芳自賞的傲慢，最終都必然歸於失敗！讓我們攜起手

來，讓多邊主義火炬照亮人類前行之路，向着構建人類命運共同體不斷邁進！」[20]

　　以上習近平的話，把中國的政治經濟發展願景，以及世界未來的發展遠景，都描繪得非常清楚。扼要地説，就是中國總結了國內外發展經濟的教訓，以及看通了未來世界經濟社會的發展大勢，清醒認識到如果要中國的經濟社會可持續發展下去，就必須堅持團結、合作、創新、協調、綠色、開放、共享等的新發展理念。各國的歷史、文化、信仰、及社會制度上的差異，不是國與國對立對抗的理由。更不要學美國的福音派、右派等清教徒那樣，拿他們自己的信仰來打擊和妖魔化其他的信仰，而是應理性地、科學地和包容地來看待差異。我們人類已進入一個創新時代，假如在這創新時代，我們不用創新思維的方式去看待問題，而仍然抱着陳舊的思維方式去看待問題，那只能説人類的思想文明，在這第四次工業革命階段，仍是在退步和退化，並沒有與時俱進地進步和進化。其次，要知道中國的文化是以「和為貴、協和萬邦、和而不同、和合共生」的「和」文化[21] 作為標誌的。「和」文化「推崇相互包容的社會觀，推崇追求和平的國際觀」[21]。由於中華民族擁有代代相傳的「和」文化，所以這種根深蒂固的「和」文化，就「影響着中國與世界打交道的方式」[21]。這就是為什麼「中國始終堅持走和平發展道路，願意同各國人民共謀和平、共護和平、共用和平」[21]。中國認為「只要在相互尊重、求同存異基礎上實現和平共處，就能為人類文明發展進步注入動力」[21]。此外，習近平在「世界經濟論壇『達沃斯議程』對話會」上，也有類似的表述和判斷。他説：「各國歷史文化和社會制度差異自古就存在，是人類文明的内在屬性。沒有多樣性，就沒有人類文明。多樣性是客觀現實，將長期存在。差異並不可怕，可怕的是傲慢、偏見、仇恨，可怕的是想把人類文明分為三六九等，可怕的是把自己的歷史文化和社會制度強加給他人。各國應該在相互尊重、求同存異基礎上實現和平共處，促進各國交流互鑒，為人類文明發展進步注入動力。」[20]

中國未來的建設和發展的總體布局

2021 年 2 月 26 日，中共中央政治局召開會議。會議指出：中國必須進一步全面「統籌推進經濟建設、政治建設、文化建設、社會建設、生態文明建設的總體布局，協調推進全面建設社會主義現代化國家、全面深化改革、全面依法治國、全面從嚴治黨的戰略布局，堅定不移貫徹創新、協調、綠色、開放、共用的新發展理念，堅持穩中求進工作總基調，以推動高品質發展為主題，以深化供給側結構性改革為主線，以改革創新為根本動力，以滿足人民日益增長的美好生活需要為根本目的，統籌發展和安全，加快建設現代化經濟體系，加快構建以國內大迴圈為主體、國內國際雙迴圈相互促進的新發展格局，推進國家治理體系和治理能力現代化，實現經濟行穩致遠、社會安定和諧，為全面建設社會主義現代化國家」(22) 而努力。而 2021 年的政府工作報告、十四五規劃和 2035 年遠景目標《綱要》，更強調要「立足新發展階段，貫徹新發展理念，構建新發展格局，堅持系統觀念，鞏固拓展疫情防控和經濟社會發展成果，更好統籌發展和安全，紮實做好「六穩」工作、全面落實「六保」任務（「六穩」指的是：穩就業、穩金融、穩外貿、穩外資、穩投資、穩預期；「六保」指的則是：保居民就業、保基本民生、保市場主體、保糧食能源安全、保產業鏈生產鏈穩定、保基層運轉），科學精準實施宏觀政策，努力保持經濟運行在合理區間，堅持擴大內需戰略，強化科技戰略支撐，擴大高水準對外開放，保持社會和諧穩定。」(22) 以上這些政策和布局，我認為不但能為十四五規劃和 2035 年遠景目標《綱要》開好局起好步，同時也能為統籌推進中國未來的經濟建設、政治建設、文化建設、社會建設、生態文明建設等更好的打好基礎布好局，從而彰顯中國特色社會主義或「中國模式」的基本理論、基本路線、和基本方略的優越性。扼要地來說，中國的目的，很明顯是希望能夠憑藉經濟和科技實力，最終建立起新的國際秩序，和構建起各種類型的人類命運共同

體。中國政治經濟發展的現代化及願景，以及中國未來的建設和發展的總體布局，如習近平外交思想研究中心徐步所說：「路雖遠，行則將至。構建人類命運共同體順應時代潮流、順應各國人民心聲，指明了人類社會的美好未來。中國將始終站在歷史正確的一邊，站在人類進步的一邊，攜手世界上一切進步力量，推動歷史車輪向着光明目標前進。」[23] 我相信中國必定可以克服一切險阻，最終勝利凱旋。

參考資料

1.　習近平，〈不斷開拓當代中國馬克思主義政治經濟學新境界〉。2020 年 8 月 15 日，《求是》。見 2020 年 8 月 16 日，《人民日報》。

2.　何順文，〈風波疫情後對資本主義和企業責任〉。2020 年 8 月 25 日，《明報》。

3.　習近平，〈共同繪製好「一帶一路」的「工筆畫」〉。2018 年 8 月 27 日，習近平在推進「一帶一路」建設工作五周年座談會上的講話要點。《習近平談治國理政》，第三卷。2020 年，外交出版社，第 486–487 頁。

4.　李彤，〈經濟要評：長三角，乘勢而上率先形成新發展格局〉。2020 年 8 月 24 日，《人民日報》。

5.　習近平，〈緊扣一體化和高質量抓好重點工作推動長三角一體化發展不斷取得成效〉。2020 年 8 月 20 日，習近平在「紮實推進長三角一體化發展座談會」上的講話。2020 年 8 月 23 日，《人民日報》。

6.　〈雙循環格局重塑競爭新優勢〉。2020 年 8 月 24 日，習近平主持召開「經濟社會領域專家座談會」的講話。2020 年 8 月 25 日，《文匯報》〈中國新聞〉，A13 版。

7.　高凌雲，〈形成國內國際雙循環的良性互動〉。2020 年 8 月 25 日，《人民日報》。

8.　〈以科技創新催生新發展動能〉。2020 年 8 月 28 日，《人民日報》。

9.　〈深圳奇跡的啟示　港力求再顯神通〉。2020 年 8 月 27 日，《香港經濟日報》，〈社論〉。

10. 劉鶴，〈加快構建以國內大循環為主體、國內國際雙循環相互促進的新發展格局，學習貫徹黨的十九屆五中全會精神〉。2020 年 11 月 25 日，《人民日報》。

11. 2020 年 11 月 12 日，習近平在浦東開發 30 周年慶祝大會的講話。2020 年 11 月 13 日，《人民日報》。

12. 2020 年 11 月 30 日，甯吉喆在香港舉辦的「一帶一路」高峰論壇的致辭。2020 年 12 月 1 日，《文匯報》。

13. 2020 年 12 月 16–18 日，習近平在中央經濟工作會議在北京舉行時的講話。2020 年 12 月 19 日，《人民日報》。

14. 習近平，〈堅持把解決好「三農」問題作為全黨工作重中之重〉。2020 年 12 月 28–29 日中央農村工作會議在北京舉行，習近平在會上的講話。2020 年 12 月 30 日，《人民日報》。

15. 2021 年 1 月 11 日，習近平在「省部級主要領導幹部學習十九屆五中全會精神專題研討班開班式」上的講話。2021 年 1 月 12 日，《人民日報》。

16. 習近平，〈正確認識和把握中長期經濟社會發展重大問題〉。2021 年 1 月 16，《求是》。見 2021 年 1 月 16 日，《人民日報》。

17. 〈央視快評：以辯證思維看待新發展階段新機遇新挑戰〉。2021 年 1 月 17，《文匯報》。

18. 〈關鍵時刻更要引導好經濟全球化走向（和音）〉。2021 年 1 月 17 日，《人民日報》。

19. 〈重溫《共同構建人類命運共體》（和音）〉。2021 年 1 月 18 日，《人民日報》。

20. 習近平，〈讓多邊主義的火炬照亮人類前行之路〉。2021 年 1 月 25 日，習近平在「世界經濟論壇『達沃斯議程』對話會」上的特別致辭。2021 年 1 月 26 日，《人民日報》。

21. 〈感知春節「和」文化的力量（和音）〉。2021 年 2 月 12 日，《人民日報》。

22. 2021 年 2 月 26 日，習近平主持中共中央政治局會議。2021 年 1 月 27 日，《人民日報》。

23. 徐步，〈推動歷史車輪向着光明目標前進〉。2021 年 8 月 19 日。《人民日報》。

第 3 章

擁抱理性、發展、科技，邁進
創新、數字時代

　　在拙著《人類命運進化的基石及元素》一書中，我對人類命運進化需擁抱理性、發展、科技的重要性，作出了詳盡的討論。新中國成立之後，擁抱着理性、發展、科技的概念，在 20 世紀 70 年代後期，開始大力推行改革開放，促使中國的經濟，很快出現突飛猛進的上升發展趨勢，得到許多意想不到的成果。這是眾所周知的事實，在這裏我就不再討論了。我只想把焦點放在討論下一步中國將會採用什麼辦法，來繼續促進中國社會經濟的發展這一個問題上。這裏我選擇了兩個我認為最能影響和促進中國未來的社會經濟發展的關鍵元素，即（一）創新、和（二）數字科技，看看他們怎樣可以繼續引領和推動中國的社會經濟發展，進入一個嶄新的時代。

創新

　　2018 年 5 月 28 日習近平在中國科學院第十九次院士大會、及中國工程學院第十四次院士大會上指出：「進入 21 世紀以來，全球科技創新進入空前密集活躍的時期，新一輪科技革命和產業變革正在重構全球創新版圖、重塑全球經濟結構。以人工智能、量子信息、移動通信、物聯網、區塊鏈為代表的新一代信息技術加速

突破應用，以合成生物學、基因編輯、腦科學、再生醫學等為代表的生命科學領域孕育新的變革，融合機器人、數字化、新材料的先進製造技術正在加速推進製造業向智能化、服務化、綠色化轉型，以清潔高效可持續為目標的能源技術加速發展，將引發全球能源變革，空間和海洋技術正在拓展人類生存發展新疆域。總之，信息、生命、制造、能源、空間、海洋等的原創突破，為前沿技術、顛覆性技術提供了更多創新源泉，學科之間、科學和技術之間、技術之間、自然科學和人文社會科學之間日益呈現交叉融合趨勢，科學技術從來沒有像今天這樣深刻影響着國家前途命運，從來沒有像今天這樣深刻影響着人民生活福祉。」[1]

在同一演講中，習近平強調說：「中國要強盛、要復興，就一定要大力發展科學技術，努力成為世界主要科學中心和創新高地。」[1] 如要做到這一點，他說必須「第一，充分認識創新是第一動力，提供高質量科技供給，着力支撐現代化經濟體系建設。第二，矢志不移自主創新，堅定創新信心，着力增強自主創新能力。第三，全面深化科技體制改革，提升創新體系效能，着力激發創新活力」。在演講中，習近平還特別強調指出：「創新決勝未來、改革關乎國運。科技領域是最需要不斷改革的領域。」[1] 並對具體應做和落實的有關工作作出指示，他說：「要堅持科技創新和制度創新『雙輪驅動』，以問題為導向，以需求為牽引，在實踐載體、制度安排、政策保障、環境營造上下功夫，在創新主體、創新基礎、創新資源、創新環境等方面持續用力，強化國家戰略科技力量，提升國家創新體系整體效能。要優化和強化技術創新體系頂層設計，明確企業、高校、科研院所創新主體在創新鏈不同環節的功能定位，激發各類主體創新激情和活力。要加快轉變政府科技管理職能，發揮好組織優勢。」[1]

習近平以上的講話，主要是針對中國內地的情況而說的。但我認為有許多地方也適用於香港，因此非常值得香港學習和借鑒。在創新方面，香港是大大的落在中國內地和世界先進國家的後面。

遠的不說，只要拿香港與深圳比較，就一清二楚。所以香港在這方面必須急起直追。而我認為香港最迫切需要做的是，對香港的教育必須作出徹底的改革，特別是要用創新的理念來引領改革，甚至需要顛覆現在與時代脫節的、陳舊的教育體系，以及培養人才的思維方法和教育方式。不然，香港就難以培養出符合香港未來發展所需要的創新型人才。香港除「人才」之外，並沒有其他的資源可以用來支撐香港的社會經濟發展。所以，提高香港的人才質素，特別是創新能力，對香港來說，不但是關鍵，而且是已到了刻不容緩、必須解決的時候了。

香港不能再讓一些破壞「一國兩制」的所謂教育界人士，繼續左右香港年輕人的思想，而應盡快把教育引導入正途。具體一點來說，就是香港的教育除要落實愛國、立德、守法、理性的正確理念之外，還應大力推動創新理念。香港切勿再培養那些不學無術、身心不正、眼光短淺、無創新能力，只會墨守成規，搞破壞的人。在激烈的國際競爭面前，香港必須走適合香港發展的新路，把創新能力提升至更高的位置，實現更多新的突破。香港不能再靠吃老本支撐下去了，因為老本已差不多被吃完了。而且舊的不淘汰，新的就不會來。

數字科技

當今世界，數字化、網絡化、智能化發展的趨勢已勢不可擋。2020 年 9 月 5 日，中國工業和信息化部部長蕭亞慶，在「2020 年數字貿易發展趨勢和前沿高峰論壇」上發言，指出：「當前，數據已經成為重要的生產要素，成為推動經濟發展質量變革、效率變革、動力變革的新引擎。數據流帶動技術流、資金流、人才流，促進資源配置優化和全要素生產率提升，對經濟發展、社會進步、民生改善和國家治理將產生深刻的影響。中國政府歷來高度重視數

字經濟的發展。推動我國數字經濟實現了跨越式發展，主要表現在以下幾個方面：一是數字經濟總量躍上新台階，二是數字產業化基礎更加堅實，三是產業數字化進程提速升級，四是數字經濟合作穩步推進。」(2) 現今中國正在「全面貫徹新發展理念，推動我國數字經濟高質量發展」(2)，具體一點來說就是要：

一、「推動數字產業化。謀劃『十四五』大數據、軟件、信息通信等產業高質量發展，明確新形勢下發展目標和任務。培育軟件產業生態，推動產業聚集。加快建設數字基礎設施，推動 5G 大規模商用部署。」(2)

二、「推進產業數字化。推動信息化和工業化深度融合，深入實施工業互聯網創新發展戰略。加快製造業數字化、網絡化、智能化轉型。推動工業互聯網大數據中心建設，激活工業大數據資源要素潛力，培育數據驅動新業態、新模式。」(2)

三、「服務數字化治理。推廣數據管理能力國家標準，建立企業數據管理能力評估體系。深化『放管服』改革，按照包容審慎的原則，培育數據要素市場，激發市場創新活力。加強數據和網絡安全，全面提升數據服務的能力。」(2)

四、「深化開放合作。加強國際交流合作，落實好 G20 數字經濟部長會議的各項成果，積極辦好中國–東盟數字經濟年系列活動，積極參與金磚國家、中俄、中歐多邊、雙邊機制，為發展數字經濟貢獻中國智慧和中國方案。」(2)

數字技術促進數字貿易未來發展的重要性

在同一論壇上，中國科協常務副主席懷進鵬強調指出：「人類社會正加速邁入數字經濟時代。中國正在聚力科技創新，服務貿易和數字經濟發展，打造高水平開放平台，構建更高層次改革開放新格局。當前，數字化成為引領服務貿易蓬勃發展的強勁動力。同時，

全球數字產業分工遠未形成、產業格局仍在調整、數字貿易規則尚不明確，探討全球數字貿易現狀、發展前景與機遇，具有重要意義，有這樣三點思考。

第一、數字貿易是數字時代的象徵。是科技賦能的標誌，是未來貿易發展的方向。數字化、網絡化、智能化方興未艾，推動服務業日益佔據經濟主導地位，數字技術在服務貿易中的地位日益突顯。據聯合國貿易和發展會議統計，2019 年全球公有雲服務市場規模同比增長 26%，全球服務貿易中一半以上已實現數字化。疫情蔓延使國際貿易面臨嚴峻挑戰，數字化成為降低疫情影響，對沖經濟下行的希望所在。

第二、全球信任合作是數字貿易的基石。我們需要共建數字治理體系，推動多邊、區域等層面數字規則協調，針對隱私保護、數據安全、數據確權、數字稅收、數據法治等，強化組織與制度創新。

第三、數字貿易是數字技術與經濟、社會深度融合、共同演進的產物，社會組織在其中扮演着不可或缺的角色，在促進跨界融合、聚合創新資源、激活創新動能、營造行業生態等方面能夠發揮不可替代的作用。」[3]

而商務部副部長王炳南更進一步指出：「當今世界正在經歷更大範圍、更深層次的科技革命和產業變革。數字貿易一方面能夠通過數據流動，加強各產業間知識和技術要素的共享，引領各產業協同融合，帶動傳統產業數字化轉型並向全球價值鏈高端延伸；另一方面，數字技術帶來顛覆性創新，催生大量貿易新業態新模式，整體大幅提升全球價值鏈地位。」[4]

大家都清楚知道，現今中國雖然在工業方面發展得很不差，但在服務業方面，則還落後於許多發達國家，與印度比都勝不了。所以，現今及以後的一段時間內，中國必須大力發展數字化服務業等第三產業。而所謂服務業（主要是以服務貿易為主）則包括產業服務、通訊服務、金融服務、建築相關工程服務、分銷服務、環境

服務、運輸服務、教育服務、娛樂文化與體育服務、健康與社會服務、旅遊及旅行相關服務等。假如中國能夠充分利用數字科技來提升以上各類服務業，那麼我相信不需要太長的時間，我們就能解決服務業落後的問題。

　　而這也正是時候，給香港在新冠肺炎疫情後，提供了一個大好的重整和加快發展香港服務業的機會。香港的工業早已不存在，現今香港的經濟發展主要靠的是服務業。但香港的服務業已太「老套」和欠缺新的增長點，如果香港再不與時俱進地作出有效改革和提升，那麼香港也就「玩完」了。借用香港前終審法院常任法官烈顯倫的一句話，我們需要為香港未來的發展方向作出選擇，即是「要麼成為大灣區與外界的閃耀紐帶，要麼成為華南海岸一個微不足道的中小城市。」(5)

國內大循環，國際國內雙循環
對香港是極大的機遇

　　清華大學中國經濟思想與實踐研究院院長李稻葵指出：「當前，中國經濟正逐步形成以國內大循環為主體，國際國內雙循環相互促進的新發展格局(這也可被描述為以國內大迴圈為主體、國內國際雙迴圈相互促進的新發展格局)。一方面，需要以國內市場為基礎，聚焦內需提升與釋放；另一方面，也需要不斷推動更高質量的對外開放，用以提升經濟發展的質量和水平。在這一過程中，提升服務貿易對推動高質量對外開放有着重要意義。」(6) 而對香港來說，提升香港的服務貿易，對推動高質量的、對中國內地和對外的優質數字化服務，對逐步促進中國內地，形成以國內大循環為主體、國際國內雙循環相互促進的新發展格局，有着重要的意義。可以說，是香港能否像樣地、有意義地繼續存在下去，對中國的未來發展，可以繼續發揮有用的促進作用的唯一辦法。譬如就拿旅遊業

來說，數字技術將會推動各國旅遊業態的不斷創新，提升旅遊設施的智能化水平，使全球旅遊的數字化進程加速發展。一些如線上預約、行程安排、網絡購票、線上線下融合服務等數字化服務，將成為新時代的常態。而在許多金融方面的服務，香港更可以發揮更大的作用。因為金融數字化未來的發展前景，將是巨大無量的。所以香港政府必須立刻採取行動，把促進數字新經濟的基礎建設全面構建起來，與中國內地及全世界，利用數字技術縱深連結，開創更多新的服務業增長點、引領點、超前發展點。香港不可以再用「混過去」(muddle through)、「不干預」、不作為、及拖拉的政策，見步行步地，繼續蹉跎歲月了。

數字技術安全及風險

在數字技術的發展過程中，大家都注意到數據安全、數字技術同時面臨着愈來愈大的風險挑戰，並且還要面對美國的惡劣做法。他們經常喜歡把數據安全、數字技術等問題政治化，或刻意搞雙重標準，或用造謠抹黑的手段來威脅、打壓其他國家，謀求美國在數字科技方面可以長期地獨霸天下。2020 年 9 月 8 日，王毅外長在「抓住數字機遇，共謀合作發展」國際研討會高級別會議上發表題為〈堅守多邊主義　倡導公平正義　攜手合作共贏〉的主旨演講。在演講中他表示，世界「當前正處在新一輪科技革命和產業變革蓄勢待發的歷史時刻。各國面臨促進數字和實體經濟融合發展、加速新舊發展動能轉換、打造新產業和新業態的共同任務。全球數據正在成為國際經濟發展和產業革新的動力源泉。與此同時，數字安全風險對全球數字治理構成新的挑戰。各國亟需加強溝通、建立互信，密切協調，深化合作，共商應對數據安全風險之策，共謀全球數字治理之道。」[7]

王毅外長建設性地建議：「為應對新問題新挑戰、共同構建和

平、安全、開放、合作、有序的網絡空間，中國願發起《全球數據安全倡議》，歡迎各方積極支持。」[7]

王毅的倡議的主要內容包括：

「一是客觀理性看待數據安全，致力於維護全球供應鏈開放、安全和穩定。

二是反對利用信息技術破壞他國關鍵基礎設施或竊取重要數據。

三是採取措施防範和制止侵害個人信息的行為，不得濫用信息技術對他國進行大規模監控，或非法採集他國公民個人信息。

四是要求企業尊重當地法律，不得強制要求本國企業將境外產生、獲取的數據存儲在本國境內。

五是尊重他國主權、司法管轄權和對數據的管理權，不得直接向企業或個人調取位於他國的數據。

六是應通過司法協助等渠道解決執法跨境數據調取需求。

七是信息技術產品和服務供應企業不應在產品和服務中設置後門，非法獲取用戶數據。

八是信息技術企業不得利用用戶對產品依賴，謀取不正當利益。」[7]

以上八條建議，對解決數字安全方面所要面對的問題，會有很大的幫助。「為制定數字安全國際規則提供一個藍本，開放一個全球進程」[7]，讓所有的國家都可以「共同擔當數字時代的全球責任，實現合作共贏、共同發展」[7]。

此外，中國外交部也在 2020 年 9 月 10 日發布的《中國關於聯合國成立 75 周年立場文件》中強調指出：「國際社會要在相互尊重、平等互利基礎上，加強對話合作，把網絡空間用於促進經濟社會發展、國際和平穩定和人類福祉，反對網絡戰和網絡軍備競賽，共同建立和平、安全、開放、合作、有序的網絡空間。中方反對任何國家濫用『國家安全』理由，限制正常信息通信技術發展與合作。」[8]

充分認識中國需要加快科技創新的重大戰略意義

2020 年 9 月 11 日，習近平在一次與科學家座談時指出：「當今世界正經歷百年未有之大變局，我國發展面臨的國內外環境發生深刻複雜變化，我國『十四五』時期以及更長時期的發展對加快科技創新提出了更為迫切的要求。」[9]

這包括：

「一是加快科技創新是推動高質量發展的需要。建設現代化經濟體系，推動質量變革、效率變革、動力變革，都需要強大科技支撐。

二是加快科技創新是實現人民高品質生活的需要。當前，我國社會主要矛盾已經轉化為人民日益增長的美好生活需要和不平衡不充分的發展之間的矛盾，為滿足人民對美好生話的嚮往、必須推出更多涉及民生的科技創新成果。

三是加快科技創新是構建新發展格局的需要。推動國內大循環，必須堅持供給側結構性改革這一主線，提高供給體系質量和水平，以新供給創造新需求，科技創新是關鍵。暢通國內國際雙循環，也需要科技實力，保障產業鏈供應鏈安全穩定。

四是加快科技創新是順利開啟全面建設社會主義現代化國家新征程的需要。從最初提出『四個現代化』到現在提出全面建設社會主義現代化強國，科學技術現代化從來都是我國實現現代化的重要內容。」[9]

習近平更指出中國應該「堅持把創新作為引領發展的第一動力」[9]。並且還說，中國經過改革開放，「通過全社會共同努力，我國科技事業取得歷史性成就、發生歷史性變革。重大創新成果競相湧現，一些前沿領域開始進入並跑、領跑階段，科技實力正在從量的積累邁向質的飛躍，從點的突破邁向系統能力提升。」[9]

在座談會上，還傳出了中國未來「四個面向」的科技工作坐標，即「堅持面向世界科技前沿、面向經濟主戰場、面向國家重大

需求、面向人民生命健康，不斷向科學技術廣度和深度進軍」(10)。這「四個面向」很值得香港進一步了解和參考，因為這是中國未來發展的大局。當然，對香港來說，更為迫切的是要盡快與「地緣相接、文化相近的粵港澳大灣區內地九市相互合作」。因為他們已有「完備的產業體系、龐大的消費市場、日新月異的發展格局以及完善的創業服務」(11)。

創新 vs 教育

　　現今我們可以清楚地看到，在激烈的國際競爭環境下，單邊主義、保護主義、科技霸凌主義的上升趨勢正在加速，這對我國的社會、經濟、科技發展極為不利。因此，我們別無其他的選擇和出路，只能加快自身的科技創新步伐，來面對、應付和戰勝單邊主義、保護主義、科技霸凌主義的襲擊。這可以說是唯一能讓我們自主地生存下去的辦法。其次，在這方面我們還必須爭取更多的規則話語權、權益和秩序的建立。中國不能再讓美國這樣的霸權主義國家，或讓美國聯合其他的西方國家，主導創新科技和數字技術規則的設定權。

　　另一方面，有人可能會質疑和擔心，加快科技創新會否影響人文、文化、藝術等的發展。我認為不會，而且相反地更會促進文化、藝術等的發展。因為現代科技及數字技術，不但能協助文化、藝術等提升至更高的水平，並且還能為文化、藝術等領域，提供更多具多樣性、高質量的內涵，提高各種表演形式的變化能力，並讓科技與藝術等有機會可以融通地表達和演繹，從而加大傳播的力度、廣度及無窮的想像力空間。另一方面，由於科技與文化藝術的結伴發展，以及兩者之間由於互動而產生的協同增效作用，更能激發許多混合型的新業態和新商業模式的形成和出現(例如新媒體、動漫、游戲、競賽、短視頻、抖音和各種新的文創模式等)。當然，

如果要做到這一點，我們必須盡快培養多些文理兼備，以及具創新意識、創新能力的優質的創新型人才。這就會對我們的教育提出許多新的要求，對怎樣進一步改革我們的教學方式及目的等，也提出了更高的要求。不過使我憂慮的，是香港的教育至現今還仍堅持以前為英殖民地時的那一套教育方法，把文、理教育予以分家，使我們很難培養出優秀的文理兼備的創新型人才及原創人才。所以香港的教育真的不得不盡快作出改革。不然，香港未來的社會經濟發展，將會受到極大的限制。

所以在這方面，香港必須先在思維範例方面作出調整（paradigm shift），不要固步自封、墨守成規、劃地為牢、不求進取地去看待香港的文化事業未來的發展，而應該用創新思維，把新媒體、動漫、游戲、競賽、短視頻、戲曲、電影等，加以搞活和與VR、數字科技、智能科技等產業相結合，創造一些如「抖音」那種或更具創新性的，能融合數字科技、創新理念及文化藝術為一體的產業和產品。因此，在發展文創方面，香港應把眼光放得更遠大一些，努力創建更多「科文商」（即科技+文化+商業）一體化的，具中國元素的世界級文創產品及模式。這才是香港未來應走的路和發展方向，這才是香港作為一個先進的國際化城市，應彰顯的高素質文化，中西融合的優良文化，而不是那種「井底之蛙」式的所謂「香港本土文化」！

深港需要進一步合作

2020 年 10 月 11 日中共中央辦公廳、國務院辦公廳印發了《深圳建設中國特色社會主義先行示範區綜合改革試點實施方案（2020–2025 年）》，進一步大力「支持深圳實施綜合授權改革試點，是新時代推動深圳改革開放再出發的又一重大舉措，是建設中國特色社會主義先行示範區的關鍵一招，也是創新改革方式方法

的全新探索。」[12]《方案》「賦予深圳在重點領域和關鍵環節改革上更多自主權，支持深圳在更高起點、更高層次、更高目標上推進改革開放，率先完善各方面制度，構建高質量發展體制機制，推進治理體系和治理能力現代化，加快形成全面深化改革、全面擴大開放新格局，推動高水平深港合作，增強在粵港澳大灣區建設中的核心引擎功能，努力創建社會主義現代化強國的城市範例。」[12]

在這裏，我還想為促進深港合作，增加多四個未來的發展範圍，即是：（一）構建一個深港緊密合作的共同體；（二）協助推動建立一個能創新地利用「明知識」、「默知識」、「暗知識」的新興知識型世界（a knowledge based world structure）。「明知識」指的是那些可以用語言、文字或公式清晰表達和描述的知識；「默知識」指的是個人在感覺上能把握但無法清晰描述的知識，也即是我們常說的「只能意會，不可言傳」的那類知識及心理；「暗知識」指的則是通過人工智能發掘出來的，人類既無法感受又無法表達和描述的，甚至無法「控制」的知識[13]；（三）以數據和算力為基礎，培育數字化經濟新動能；及（四）協助推進量子科技的發展。

深港緊密合作共同體

2020 年 10 月 14 日習近平在深圳經濟特區建立 40 周年慶祝大會上的講話，指出深圳要進一步「建設好中國特色社會主義先行示範區，創建社會主義現代化強國的城市範例，提高貫徹落實新發展理念能力水平，形成全面深化改革、全面擴大開放新格局，推進粵港澳大灣區建設，豐富「一國兩制」事業發展新實踐，率先實現社會主義現代化。」[14] 為了達到此目標，一定要「堅定不移實施創新驅動發展戰略，培育新動能，提升新勢能，建設具有全球影響力的科技和產業創新高地。要圍繞產業鏈部署創新鏈、圍繞創新鏈布局產業鏈，前瞻布局戰略性新興產業，培育發展未來產業，發

展數字經濟。要加大基礎研究和應用基礎研究投入力度，發揮深圳產學研深度融合優勢，主動融入全球創新網絡。要對標國際一流水平，大力發展金融、研發、設計、會計、法律、會展等現代服務業，提升服務業發展能級和競爭力。要實施更加開放的人才政策，引進培養一批具有國際水平的戰略科技人才、科技領軍人才、青年科技人才和高水平創新團隊，聚天下英才而用之。堅持摸着石頭過河和加強頂層設計相結合，不失時機、蹄疾步穩深化重要領域和關鍵環節改革，更加注重改革的系統性、整體性、協同性，提高改革綜合效能。要以大灣區綜合性國家科學中心先行啟動區建設為抓手，加強與港澳創新資源協同配合。要充分運用粵港澳重大合作平台，吸引更多港澳青少年來內地學習、就業、生活，促進粵港澳青少年廣泛交往、全面交流、深度交融，增強對祖國的向心力。」(14)

建立一個以新知識為基礎的世界

　　除以上的舉措外，習近平強調還要「堅持新發展理念，堅持高質量發展，進一步解放思想、大胆創新、真抓實幹、奮發進取，以更大魄力、在更高起點上推進改革開放，在推進粵港澳大灣區建設、推動更高水平對外開放、推動形成現代化經濟體系、加強精神文明建設、抓好生態文明建設、保障和改善民生等方面展現新的更大作為，努力在全面建設社會主義現代化國家新征程中走在全國前列，創造新的輝煌。」(15)

　　在這方面，我認為我們是可以彎道超車，利用創新思維，「明知識」、「默知識」、及「暗知識」(13) 對「智識論」(epistemology)、哲理、宇宙的起源等問題，展開深入的研究，提出我們中國人的觀點，以及建立一個全新的人類認知，和認識世界及宇宙的模式。同時也讓我們進一步用事實證明，人類必須對科技知識尊重，不要學習像美國特朗普總統那些不懂得怎樣去尊重科學知識的政客。可

惜由於世界上有他們這些不尊重科學知識的人，所以在歷史上，這些人的所作所為，不知為人類帶來了多少不必要的痛苦！（舉個現成的例子：大家都清楚知道，由於特朗普不尊重科學知識，所以讓新冠肺炎疫情在美國失控，因而不知害死了多少患者。幸運的是特朗普已下台，他在這方面的危害將會減少，但悲哀的是，世界上仍然還有許多人不相信科學啊！）

利用和發展數據及算力能力，培育
數字化經濟新動能

現今數據已成為生產要素，算力則成為新的生產力。阿里雲的智能總裁張建鋒指出：「當前，世界在進入以信息產業為主導的經濟發展時期，其主要特徵是數字化成為培育經濟新動能的槓桿。數字經濟本身既是規模巨大的新興產業，也是助推我國經濟社會轉型升級的重要引擎。」[16] 其次，中國正在落實的新基建「將推動數字化的快速發展。無論是信息基礎設施、融合基礎設施還是創新基礎設施的建設，其共性之一就是對數字化的需求。例如，工業互聯網、人工智能等，都是基於海量計算來實現，這就需要低成本的算力資源」[16]，譬如：像低成本的雲計算等。而這些現今的中國都已可以提供。因此，新基建的戰略部署，將會為中國在發展數字經濟方面，作出非常重要的貢獻。

張建鋒進一步指出：「未來社會，很多服務、物體、空間等都得實現數字化、網絡化、智能化，進一步挖掘社會生產力蘊含的新價值。不斷推動數字政務發展、企業數字轉型，既能增強基礎增長的傳統屬性，又可助推創新和拓展新消費、新製造、新服務、成為未來經濟社會繁榮發展的重要支撐。一方面，數字化、網絡化、智能化可成為推進國家治理體系和治理能力現代化的有力工具。另

一方面，數字化、網絡化、智能化也成為推動經濟社會高質量發展的動力。例如，數字技術為企業提供了動態管理、精細管理、科學管理的工具，很多企業不僅將組織架構全面在線化，還進行了組織流程改革，發生了深層次的『化學反應』。」(16)

　　所以未來，不論是社會、政府、企業、組織、教育、醫療等所有機構的組織、架構、運作模式，一切的經濟、金融、旅遊等行業，都必須實現數字化、網絡化、智能化，才能在這數字科技化時代生存，不然，就會被邊緣化或遭到無情的淘汰。

推進量子科技的發展

　　2020 年 10 月 16 日，中共中央政治局就量子科技研究和應用前景舉行第二十四次集體學習。在會上習近平指出：「當今世界經歷百年未有之大變局，科技創新是其中一個關鍵變量。我們要於危機中育先機、於變局中開新局，必須向科技創新要答案。近年來，量子科技發展突飛猛進，成為新一輪科技革命和產業變革的前沿領域。加快發展量子科技，對促進高質量發展、保障國家安全具有非常重要的作用。」(17) 習近平強調：「量子力學是人類探究微觀世界的重大成果。量子科技發展具有重大科學意義和戰略價值，是一項對傳統技術體系產生衝擊，進行重構的重大顛覆性技術創新，將引領新一輪科技革命和產業變革方向。」(17) 習近平因此指出中國必須在量子科技方面盡力「統籌基礎研究、前沿技術、工程技術研發，培育量子通信等戰略新興產業，搶佔量子科技國際競爭制高點，構築發展新優勢。」(17) 另一方面，我建議香港也要對香港的大學在量子科技基礎研究方面加大投入，如有可能也應與中國內地共建幾個研究中心，不然香港就會大大落後於中國和世界在這方面的發展，導致香港未來需要付出高昂的代價。

　　大家都可以看到，現今中國內地已全面地朝着數字科技、量

子科技時代快步邁進，大力強調自主創新，增強企業的核心競爭力及高質量發展，積極推動社會和城市智能化及生態文明化的方向發展。假如香港再不作出相應的調整和追趕，那麼香港的未來只能是死路一條。如要拯救香港，看來唯一的辦法，就是香港政府必須：（一）盡快與粵港澳大灣區（特別是深圳）融合發展；（二）對香港的教育作出徹底的改革，把教育的重點放在支撐和發展創新動能、數字科技、創造新知識、新智能的高層次方面，實行彎道超車，讓香港未來可以為國家和人類作出更多有益的貢獻。

　　為達到此目的，香港必須轉型，從一個依靠金融、旅遊業為主的城市（finance & tourism city），轉變為一個依靠金融及科研為主的城市（finance & science/technology city）。我們必須明白，當中國內地愈來愈富裕和開放，自由貿易愈來愈通暢發達，香港旅遊業的吸引力必定會漸趨式微，以後將會愈來愈難與中國內地的旅遊業競爭。而要走出這一困境，最理想的做法就是盡快讓香港轉型，把香港打造成為一個世界一流的「科研城市」（R & D city of the world）。現今我們香港已有足夠的大學，如果要把香港變成為一個「科研城市」，我們只需增強各大學的研究和科技創新力量，並同時採取有效措施，吸引中國內地及世界各國的研究機構及人才到香港來投資和發展各種前沿的研究院或研究中心。我認為這是現今最好、最實際可行及最有可能使香港成功轉型的辦法和道路。

　　2020 年 10 月 20 日，中聯辦主任駱惠寧也指出：「香港在許多領域擁有國際一流的科研能力和專業服務能力，有強大的融資能力，有吸引國際人才的能力，要想更好地打開發展空間，贏得未來優勢，在堅持『目光向外』、積極融入世界經濟的同時，更需要堅持『目光向內』、努力搭上國家發展快車。」[18] 同一時間，香港還必須緊緊擁抱「創新」及「數字科技」這兩個能促進香港經濟和社會未來發展的關鍵要素不放。

小　結

2020 年 10 月 26–29 日，中國共產黨第十九屆中央委員會第五次全體會議在北京舉行。全會部署了 12 項具體工作任務，而其中排在最先位置的是要把「堅持創新」放在「我國現代化建設全局中的核心地位，把科技同自立自強作為國家發展的戰略支撐，面向世界科技前沿、面向經濟主戰場、面向國家重大需求、面向人民生命健康，深入實施科教興國戰略、人才強國戰略、創新驅動發展戰略、完善國家創新體系，加快建設科技強國。」[19] 但現今中國的創新能力，還未能適應高質量發展的要求，所以必須「要強化國家戰略科技力量，提升企業技術創新能力，激發人才創新活力，完善科技創新體制機制。」[19]

全體會議還提出中國必須「加快發展現代產業體系，推動經濟體系優化升級。堅持把發展經濟着力點放在實體經濟上，堅定不移建設製造強國、質量強國、網絡強國、數字中國，推進產業基礎高級化、產業鏈現代化，提高經濟質量效益和核心競爭力。要提升產業鏈供應鏈現代化水平，發展戰略性新興產業，加快發展現代服務業，統籌推進基礎設施建設，加快建設交通強國，推進能源革命，加快數字化發展。」[19]

2020 年 10 月 30 日，習近平在上海召開的第三屆世界頂尖科學家論壇致辭時進一步強調：「中國高度重視科技創新工作，堅持把創新作為引領發展的第一動力。中國將實施更加開放包容、互惠共享的國際科技合作戰略，願同全球頂尖科學家、國際科技組織一道，加強重大科學問題研究，加大共性科學技術破解，加深重點戰略科學項目協作。希望各位科學家積極交流思想、推進合作，共同推進世界科學事業。」[20]

大家都知道，五四運動或新文化運動把西方的「德先生」和「賽先生」都請來了中國。中國從前歷來都不知道這兩位先生的存在，因此對他們毫不認識。但想不到的是，從西洋來的這兩位尊貴

的先生，「原裝」（original）的「德先生」（democracy）在中國由
於水土不服，沒辦法在中國一成不變的發展下去。幸運的是，在新
中國成立之後，「德先生」已被適當的改造和「中國化」，並開始成
熟起來，現今已發展成為一種很適合中國國情和發展，我稱之為
「政治協商民主」（political consultative democracy）。這種「協商
民主」要比原來從西方被請到中國來的，以「選舉民主」（election-
based democracy）為「特色」的「德先生」，更人性化及優越。從
設計政治制度的角度來看，「政治協商民主」可以說已是「青出於
藍而勝於藍」，而「原裝」的「德先生」，則因太過驕橫固執、剛愎
自用，不懂得包容而宣告失敗，並退出了中國的市場。要「原裝」
的「德先生」在中國這樣一個複雜的統一大國去實行，事實證明是
完全不可行和不切實際的。另一方面，現今在西方的「原裝」「德
先生」，也因垂垂老矣而無可奈何的被「民粹主義」捆綁着，往絕
路上走，結果是愈走愈衰落，愈走愈難以超生。嗚呼哀哉！

　　2021 年 3 月 18 日，楊潔篪及王毅在與美國國務卿布林肯及
總統國家安全事務助理沙利文，在美國阿拉斯加州安克雷奇舉行
的中美高層戰略對話時，明確指出：「中方主張和平、發展、公平、
正義、民主、自由的全人類共同價值，世界上絕大部分國家並不承

2021 年 3 月 18 日中美在阿拉斯加進行拜登上任後的首次對話。（亞新社）

認美國的價值，不承認美國説的就是國際輿論，不承認少數國家制定的規則就是國際規則。美國有美式的民主，中國有中國式的民主。中國堅持走和平發展道路，為國際和地區和平與發展、為維護聯合國憲章宗旨和原則作出不懈努力。而不像美國動輒用武力，造成世界動盪不安。美國國內在人權等方面存在很多問題，美國應當做的是改變自己的形象，管好自己的事，而不應自己的問題沒解決好，向世界轉嫁矛盾、轉移視線，對中國的人權、民主說三道四。」楊潔篪把中國現今對民主的看法和立場，説得都非常清楚（可參考本書第 11 章的有關討論）。美國和一些所謂民主國家用「民主」來打壓中國，事實上是完全徒勞的。

而「賽先生」（science）在中國，則運氣比「德先生」要好得多，並沒有遇到任何的反對和折騰，順利地存活了下來，而且還在中國有相當好的發展，沒有出現水土不服的問題。譬如在理論方面，中國創建了「科學發展觀」，大大提升了「科學」的促進和推動社會發展的功能和作用（也可參考我的拙著《人類命運進化的基石及元素》一書）。而在具體實踐方面，譬如在控制新冠肺炎疫情的肆虐方面，中國也已證明給世人看，我們必須相信和依靠科學，才能有效地防治疫情的蔓延；可惜西方有好些人不相信科學，因而導致疫情失控。「賽先生」不但幫助推動了中國的現代化建設，而且還將在這世紀幫助中國建設，成為一個能為人類文明作出多方面貢獻的數字大國和科技強國。

2020 年 11 月 10 日，習近平向博鰲亞洲論壇國際科技與創新論壇首屆大會的開幕致賀信。在信中他指出：「當今世界，新一輪科技革命和產業變革方興未艾，給人類發展帶來了深刻變化，為解決和應對全球性發展難題和挑戰提供了新路徑。科學技術應該造福全人類。當前，全球面臨新冠肺炎疫情等各種桃戰。現實和歷史都告訴我們，科技是人類克服重大挑戰、促進和平與發展的重要力量。中國願與各國一道，加強科技創新與合作，促進更加開放包容、互惠共享的國際科技創新交流，為推動全球經濟復甦、保障人

民身體健康作出貢獻。」(21) 現今中國對科技創新的重視、熱愛，設法利用科創來更好造福各國人民，為「創新賦能可持續發展，集思廣益，增進共識，促進合作」(21)，其熱切程度可以説是空前的，對世界未來的發展的影響，將會是非常巨大的。在 2020 年 11 月 23 日，習近平在致「世界互聯網大會 互聯網發展論壇」的賀信中説：「中國願同世界各國一道，把握信息革命歷史機遇，培育創新發展新動能，開創數字合作新局面，打造網絡安全新格局，構築網絡空間命運共同體 (a community of shared future in cyberspace) 攜手創造人類更加美好的未來。」(22)

　　2020 年 11 月 26 日《人民日報》評論員和音在一篇評論中指出：「在當前背景下，攜手構建網絡空間命運共同體愈顯重要和緊迫。網絡空間是人類共同的活動空間，網絡空間前途命運應由世界各國共同掌握。秉持發展共同推進、安全共同維護、治理共同參與、成果共同分享的理念，把網絡空間建設成為造福全人類的發展共同體、安全共同體、責任共同體、利益共同體，順應時代潮流，合乎民心民意。」(23) 和音認為：「完善全球互聯網治理體系，維護網絡空間秩序，必須堅持同舟共濟、互信互利的理念，擯棄零和博弈、贏者通吃的舊觀念，堅持安全和發展並重，尊重網絡主權，促進公平正義。」(23) 他還強調指出：「數字經濟是全球未來的發展方向。各國應主動把握時代機遇，以科技創新和數字化變革催生新的發展動能，共同實現更高質量、更具韌性的發展，推動構建網絡空間命運共同體，讓互聯網發展成果更好造福世界各國人民。」(23)

　　完善全球互聯網治理體系，維護網絡空間秩序，把網絡空間、數字化創新型經濟體系構建起來，從長遠來看，應是人類共同的目標；也只有這樣，人類才可持續發展及和平共存下去。

　　2020 年 11 月 20 日，習近平在致「2020 中國 5G+工業互聯網大會」的賀信中指出：「當前，全球新一輪科技革命和產業變革深入推進，信息技術日新月異。5G 與工業互聯網的融合將加速數

字中國、智慧社會建設，加速中國新型工業化進程，為中國經濟發展注入新動能，為疫情陰霾籠罩下的世界經濟創造新的發展機遇。希望與會代表圍繞『智聯萬物、融創未來』主題，深入交流，凝聚共識，增進合作，更好賦能實體、服務社會、造福人民。為推動經濟高質量發展、服務構建新發展格局作出貢獻。」[24]

　　評論員國紀平 2020 年 12 月 31 日在《人民日報》撰文指出：「中國始終堅持把創新作為引領發展的第一動力，緊緊抓住新一輪科技革命和產業變革與中國加快轉變經濟發展方式形成歷史性交匯提供的重大機遇。中共十九屆五中全會把『關鍵核心技術實現重大突破，進入創新型國家前列』寫入中國 2035 年的遠景目標，強調『堅持創新在我國現代化建設全域中的核心地位，把科技自立自強作為國家發展的戰略支撐』。中央經濟工作會議把『強化國家戰略科技力量』列為 2021 年要抓好的八項重點任務之首。」[25]中國必須「科技創新，不斷實現從『0』至『1』的突破，屢屢成就奇蹟。事實表明，以科技創新推動可持續發展，不僅是破解全球性問題的『鑰匙』，更是創造人類美好未來的『視窗』。抓住新技術、新產業、新業態的歷史機遇，營造尊重、保護、鼓勵創新的全球創新生態，開展超越疆域局限和人為藩籬的國際創新合作，集全球之智，點亮科技之光——這是人類共同希望所在。」[25]

　　2020 年 12 月 30 日，習近平在主持召開中央全面深化改革委員會第十七次會議時強調指出：「回顧這些年改革工作，我們提出的一系列創新理論、採取的一系列重大舉措、取得的一系列重大突破，都是革命性的，開創了以改革開放推動黨和國家各項事業取得歷史性成就、發生歷史性變革的新局面。」[26]而今後更「要把激發創新活力同凝聚奮進力量結合起來，強化激勵機制，充分調動各方面推進改革的積極性、主動性、創造性，推動改革在新發展階段打開新局面。」[26]

　　從國紀平以上對科技創新發表的看法，以及習近平對怎樣利用創新來推動中國的改革的做法，可以清楚看到，創新不但對繼續

堅持推動中國科技發展重要，對中國在具體推進和踐行治國理政的改革，以及在深入探究思想理論方面的改革，都是非常非常的重要。此外，近年來我們還可以看到中國在數據要素市場上的加速擴容，「數據要素應用場景衍生拓展，數據要素在增加就業和提高生產效率方面的作用持續發揮，數位產業化、產業數位化積極推進。數據產業積厚成勢，將為產業融合發展、改善宏觀調控、保障和改善民生、創新社會治理等提供有力支撐。」(27) 中國在這方面的發展，可以說是前途無量、影響深遠，勝利在望。

參考資料

1. 習近平，〈努力辦好為世界主要科學中心和創新高地〉。《習近平談治國理政》，第三卷。2020 年，外文出版社，第 245 頁。

2. 2020 年 9 月 5 日，蕭亞慶在 2020 年數字貿易發展趨勢和前沿高峰論壇上的發言。2020 年 9 月 6 日，《人民日報》，第 05 版。

3. 2020 年 9 月 5 日，懷進鵬在 2020 年數字貿易發展趨勢和前沿高峰論壇上的發言。2020 年 9 月 6 日，《人民日報》，第 05 版。

4. 2020 年 9 月 5 日，王炳南在 2020 年數字貿易發展趨勢和前沿高峰論壇上的發言。2020 年 9 月 6 日，《人民日報》，第 05 版。

5. 訪問香港前終審法院常任法官烈顯倫。2020 年 9 月 8 日，《香港經濟日報》，A12 版。

6. 2020 年 9 月 5 日，李稻葵在 2020 年數字貿易發展趨勢和前沿高峰論壇上的發言。2020 年 9 月 6 日，《人民日報》，第 05 版。

7. 2020 年 9 月 8 日，王毅在「抓住數字機遇，共謀合作發展」國際研討會高級別會議上發表題為〈堅守多邊主義　倡導公平正義　攜手合作共贏〉的主旨演講。2020 年 9 月 9 日，《文匯報》。

8. 《中國關於聯合國成立 75 周年立場文件》。2020 年 9 月 11 日，《人民日報》。

9. 2020 年 9 月 11 日，習近平在科學家座談會上的講話。2020 年 9 月 12 日，《文匯報》。

10. 2020 年 9 月 13 日，《人民日報》，〈杜尚澤報道〉，第 01 版。

11. 2020 年 9 月 13 日，《人民日報》，〈馮學知報道〉，第 06 版。

12. 《深圳建設中國特色社會主義先行示範區綜合改革試點實施方案 (2020–2025 年)》。2020 年 10 月 11 日，中共中央辦公廳、國務院辦公廳印發。2020 年 10 月 12 日，《人民日報》。

13. 王維嘉著，《暗知識—機器認知如何顛覆商業和社會》。2019 年，中信出版集團。

14. 2020 年 10 月 14 日，習近平在深圳經濟特區建立 40 周年慶祝大會上的講話。2020 年 10 月 15 日，《大公報》，第 A8 版。

15. 習近平在廣東考察時強調「以更大魄力在更高起點上推進改革開放」的有關報道。2020 年 10 月 16 日，《人民日報》。

16. 〈為經濟社會新發展提供算力支撐—訪阿里雲智能總裁張建鋒〉。2020 年 10 月 16 日，《人民日報》。

17. 2020 年 10 月 16 日，中共中央政治局就量子科技研究和應用前景舉行第二十四次集體學習。2020 年 10 月 18 日，《人民日報》。

18. 駱惠寧，〈中聯辦學習習近平深圳重要講話〉。2020 年 10 月 21 日，《文匯報》。

19. 2020 年 10 月 26–29 日在北京舉行中國共產黨第十九屆中央委員會第五次全體會議。2020 年 10 月 30 日，《文匯報》，A1 版。

20. 2020 年 10 月 30 日，習近平在上海召開的「第三屆世界頂尖科學家論壇」的致辭。2020 年 10 月 31 日，《文匯報》，A1 版。

21. 2020 年 11 月 10 日，習近平向博鰲亞洲論壇國際科技與創新論壇首屆大會開幕致賀信。2020 年 11 月 11 日，《文匯報》，A5 版。

22. 2020 年 11 月 23 日，習近平向「世界互聯網大會　互聯網發展論壇」致賀信。2020 年 11 月 24 日，《人民日報》。

23. 〈數字賦能　共創未來〉（和音）。2020 年 11 月 26 日，《人民日報》。

24. 2020 年 11 月 20 日，習近平致「2020 中國 5G+工業互聯網大會」的賀信。2020 年 11 月 20 日，《新華網》。

25. 國紀平，〈事實勝於雄辯〉。2020 年 12 月 31 日，《人民日報》。

26. 2020 年 12 月 30 日，習近平主持召開中央全面深化改革委員會第十七次會議時的講話。2020 年 12 月 31 日，《人民日報》。

27. 辰昕、劉逆、韓非池，〈積極培育壯大數據業〉。2021 年 3 月 17 日，《人民日報》。

第 4 章

人類倫理道德的重整

　　人類的倫理道德觀，可以從不同的觀點與角度(例如人類學、心理學、社會學、經濟學等) 得出不同的準則及產生不同的意思和意義。但從整體的角度來看，我認為人類的倫理道德可以粗略地被分成為屬於以下的三個觀點範圍，即是：(一) 民族性的倫理道德觀範圍；(二) 世界性的倫理道德觀範圍；及 (三) 全球性的倫理道德觀範圍 (這三個倫理道德觀的範圍是會有一些重疊 (overlap) 之處的)。

民族性的倫理道德觀

　　為了方便討論起見，我會用中華民族的倫理道德觀，作為例子來說明一下。

中國傳統的倫理道德觀

　　中華文明源遠流長，中華民族的倫理道德觀，是中華優秀傳統文化最為重要的一個組成部分。作者張彥、郗鳳芹等在《涵養好品德》一書中指出，譬如中國人經常所說的「美德」，就代表着中國「傳統文化中具有積極影響的基本道德理念，如『天下興亡、匹夫有責』的擔當意識，『精忠報國、振興中華』的愛國情懷，『崇德尚善、見賢思齊』的社會風尚，『孝悌忠信、禮義廉恥』的榮辱觀

念，『德主刑輔、以德化人』的德治主張，『民貴君輕、政在養民』
的民本思想，『等貴賤均貧富、損有餘補不足』的平等觀念，『法不
阿貴、繩不撓曲』的正義追求，『周雖舊邦、其命維新』的改革精
神，『以和為貴、好戰必亡』的和平理念，等等。這些優秀的中華
傳統美德，千百年來潛移默化地影響着中國人的生活和行為。」[1]

　　「中華民族是一個重視倫理道德的民族。在五千多年的歷史
進程中，中華民族不斷追求道德境界的提升，孕育了寶貴的精神品
格和崇高的價值追求。傳統美德是中華民族在文明長河中綿延不
絕、不斷發展的精神力量。」[1]

　　作者甘霖也指出：「中華傳統文化歷來注重『觀乎人文，以化
成天下』。春秋戰國時期，孟子的『仁者愛人』、老子的『上善若水』、
管子的『四維不張，國乃滅亡』等都體現道德對於修身存養、經國
治世的重要性。特別是儒家思想倡導仁義禮智信的道德標準。」[2]

　　《新時代公民道德建設實施綱要》一書着重指出，中國應繼
續「深入闡發中華優秀傳統文化蘊含的講仁愛、重民本、守誠信、
崇正義、尚和合、求大同等思想理念；自強不息、敬業樂群、扶正
揚善、扶危濟困、見義勇為、孝老愛親等傳統美德。」[3] 我還可
以增加幾條道德觀念，如「重信守諾」、「老吾老以及人之老」、「舍
己救人、不圖回報」，講義氣，有羞恥心，重醫德，「放棄小我、成
全大我」等。

　　由於「中華傳統美德是中華文化精髓，是道德建設的不竭源
泉」，所以我們「要以禮敬自豪的態度對待中華傳統文化，充分發
掘文化經典、歷史遺存、文物古蹟承載的豐厚道德資源，弘揚古聖
先賢、民族英雄、志士仁人的嘉言懿行。讓中華文化基因更好植根
於人們的思想意識和道德觀念。」[3] 正如張彥、郤鳳芹 等所說：
「求木之長者，必固其根本；欲流之遠者，必浚其泉源。」[1] 甘霖
則說要「加強新時代公民道德建設，必須堅定不移推動中華優秀傳
統文化創造性轉化和創新性發展，努力使中華傳統美德與現代文

化、現實生活相融相通，使之成為人們精神生活、道德實踐的鮮明標識。」[2]

我認為中華民族的優秀傳統道德觀念，是中華民族的核心價值和文化根基，所以在任何時候，我們都要好好的去予以維護和弘揚。

當今中國的倫理道德觀

清華大學的戴木才撰文建議，我們現今進入一個新的時代，所以應該依循《新時代公民道德建設實施綱要》所指出的，「堅持以社會主義核心價值觀為引領，將國家、社會、個人層面的價值要求貫穿到道德建設各方面，以主流價值建構道德規範、強化道德認同、指引導德實踐，引導人們明大德、守公德、嚴私德。」[4] 而所謂核心價值觀，習近平指出「其實就是一種德，既是個人的德，也是一種大德，就是國家的德、社會的德。國無德不興，人無德不立。」[4] 而社會主義核心價值觀所倡導的是「富強、民主、文明、和諧、自由、平等、公正、法治、愛國、敬業、誠信、友善」[4]。從這些核心價值觀，我們可以看到，它們不但能反映出和使人體驗到中國傳統的倫理道德觀的境界，同時還能反映出中國現今特色社會主義的發展進步所追求的道德境界。

此外，作者吳潛濤也指出，《綱要》還強調新時代公民道德建設，要「『以為人民服務為核心，以集體主義為原則，以愛祖國、愛人民、愛勞動、愛科學、愛社會主義為基本要求』，『把社會公德、職業道德、家庭美德、個人品德建設作為着力點』，把『築牢理想信念之基』、『培育和踐行社會主義核心價值觀』、『傳承中華傳統美德』、和『宏揚民族精神和時代精神』作為重點任務。」[5] 這我也十分贊同，並且認為非常重要。因為，正如甘霖所說：「只有大力發展社會主義先進文化，促進全體人民在思想上精神上緊緊團結在一起，才能更好構築中國精神、中國價值、中國力量。」[2]

　　但另一方面，我也必須指出，除了以上這些有關我們需要遵循的正向的思想道德指向之外，我們也必須努力糾正一些普遍還存在社會上的，與「道德不興」有關的敗壞習慣、風俗和風氣，例如酗酒 (尤其是危害特別大的「酒駕」)、吸煙、賭博、嫖妓、吸毒、家庭暴力、由於婚姻道德思想薄弱而導致的婚變及離婚、城鄉裏黑白事的鋪張浪費和人情攀比、對各種極端宗教思想及迷信的蔓延和滲透、以及對這些情況缺乏警覺性及抵禦能力等。要解決好以上的問題，我認為我們必須要先從教育着手，因為「立德樹人，是教育的根本任務」。這也說明為什麼習近平要我們教育年輕人時，要強調「國無德不興，人無德不立」的道理和重要性。

　　與「立德樹人」有密切關係的另一個問題，就是習近平最近再一次指出的，我們必須重視「舌尖上的浪費」問題。因為「舌尖上的浪費」不只是一個餐飲浪費的問題，同時還是一個嚴重污染環境的問題。2020 年 8 月 11 日習近平又一次發出指示，指出「餐飲浪費現象，觸目驚人、令人痛心。『誰知盤中餐，粒粒皆辛苦』」(5) 在指示中，他還強調「要加強立法、採取有效措施、建立長效機制、堅決制止餐飲浪費行為。要進一步加強宣傳教育，切實培養節約習慣，在全社會營造浪費可恥、節約為榮的氛圍。」(6) 換言之，要營造一種「浪費可恥、節約為榮」的全國性的長效道德氛圍。據調查中國城市餐飲食物浪費的報告顯示，中國的食物浪費率最少為 11.7%，大型聚會浪費率達 38%，而學生飯盒一般有三分之一是被扔掉，可見浪費食物在中國的嚴重性。

　　所以我的看法是，如要有效的醫治這種「浪費病」，着重點應放在防治這種「浪費病」的產生和出現方面，而不是放在單純的「醫治」這種病之上。即是說，如果要有效地去防治這種「浪費病」，就要使用道德的規範作為武器及阻嚇力量，去解決這一個棘手的問題。而從社會及經濟未來發展的角度來看，這一點是更為重要。具體一點來說，我的意思是應借鑒中國防止官員貪污之法，即要使到官員「不敢貪、不能貪、不想貪」。用於食物浪費方面，就是要

做到人人都「不敢浪費（主要靠法律懲治）、不能浪費（主要靠教化督導）、不想浪費（主要靠道德規範）」。

　　這也就是為什麼《綱要》裏指出，中國還需要繼續「全面推進社會公德、職業道德、家庭美德、個人品德建設，持續強化教育引導、實踐養成、制度保障，不斷提升公民道德素質，促進人的全面發展，培養和造就擔當民族復興大任的時代新人」(3) 為此，《綱要》建議希望大家能堅持遵守以下的道德理念：

1. 「以為人民服務為核心，以集體主義為原則，以愛祖國、愛人民、愛勞動、愛科學、愛社會主義為基本要求，始終保持公民道德建設的社會主義方向。」(3)

2. 「以社會主義核心價值觀為引領，將國家、社會、個人層面的價值要求貫穿到道德建設各方面，以主流價值建構道德規範，強化道德認同，指引道德實踐，引導人們明大德、守公德、嚴私德。」(3)

3. 「在繼承傳統中創新發展，自覺傳承中華傳統美德」，繼承新中國成立後「人民在長期實踐中形成的優良傳統和革命道德，適應新時代改革開放和社會主義市場經濟發展要求，積極推動創造性轉化、創新性發展，不斷增強道德建設的時代性實效性。」(3)

4. 「提升道德認知與推動道德實踐相結合，尊重人民群眾的主體地位，激發人們形成善良的道德意願、道德感情，培養正確的道德判斷和道德責任，提高道德實踐能力尤其是自覺實踐能力，引導人們嚮往和追求講道德、尊道德、守道德的生活。」(3)

5. 「發揮社會主義法治的促進和保障作用，以法治承載道德理念，鮮明道德導向、弘揚美德義行，把社會主義道德要求體現到立法、執法、司法、守法之中，以法治的力量引導人們向上向善。」(3)

6. 「積極倡導與有效治理並舉，遵循道德建設規律，把先進性要求與廣泛性要求結合起來，堅持重在建設、立破並舉、發揮榜樣示範引領作用，加大突出問題整治力度，樹立新風正氣、袪除歪風邪氣。」[3]

以上這些積極倡導與有效治理道德規範的建議，我認為有許多地方都是非常值得香港學習、借鑒及警惕的。香港在回歸祖國之後，香港政府和教育界對重視和弘揚中國的傳統道德方面的工作，做得很不夠，因而讓許多西方的歪風邪氣、被扭曲了的西方「人權思想」、狹隘的「自由主議」思想、及霸凌的「民主思潮」等，佔領了香港人，特別是香港的年輕人和學生的頭腦。我認為這就是導致香港出現「佔中」、「反修例風波」、「暴力」等違反理性和道德規範的群眾性惡劣缺德行為的原因之一。

世界性的倫理道德觀範圍

這裏我再舉幾個例子說明一下。

1. 民族道德觀與世界性的倫理道德觀的互相影響

現今的人的倫理道德觀範圍，不再是只局限於一個民族、一個區域、或一個國家的範圍之內，而是世界性的。由於海陸空交通發達，大大的方便和加速了民族道德觀和世界性的倫理道德觀的互相影響及雙向互動。譬如拿中國來說，「中國公民在境外旅遊、求學經商、探親中，尊重當地法律法規和文化習俗，展現中華美德，維護國家榮譽和利益。培育健康理性的國民心態，引導人們在各種國際場合、涉外活動和交流交往中，樹立自尊自信、開放包容」[3]、積極、正面、和友好的良好形象，都是非常重要的。因為「公民道德風貌關係國家形象」[3]。以上這些社會文明及社會道德規範（包

括禮貌、國際禮儀、商業道德等），當然都得通過自身的修養、教育的手段和方法，通過實踐及親身經歷，才能產生效果的。而這一工作必須先從小做起、從家庭做起，並讓學校作為重點來抓，才能取得成功。故此《新時代公民道德建設實施綱要》的出台，對這方面的工作，肯定會起到驅動和促進作用的。

　　同樣地，香港培育倫理道德的工作，也應從學校開始抓起。但除了學校教育外，家庭教育及社會風氣的好壞，對各種道德規範的成效，也有很大的影響。所以，道德教育必須由家庭、學校、和社會共同負責。因此，例如培養孩子的日常生活習慣及公共衛生習慣等，就不能只單靠學校去做。

　　此外，我也認為現今香港的家庭、學校、和政府的教育部門，在道德教育方面都做得不好。其他的不說，就「尊師」方面，香港的學生在這方面的意識和態度就相當之差。很多學生對老師沒有禮貌，把老師不看作自己的導師，而是他們的僱員！當然香港有些教師自己也不爭氣，不作出好的榜樣，不遵守教師的職業道德標準等，使學生對教師失去敬畏之心和應有的尊重。所以要解決學生的問題，先要解決好教師的自身問題，而這一工作則應由政府負起責任作出改善才能奏效。

2. 綠色發展及生態道德觀的建立

　　《新時代公民道德建設實施綱要》指出，「綠色發展、生態道德是現代文明的重要標誌，是美好生活的基礎、人民群眾的期盼。堅持人與自然和諧共生，引導人們樹立尊重自然、順應自然、保護自然的理念，樹立綠水青山就是金山銀山的理念，增強節約意識、環保意識和生態意識。開展創建節約型機關、綠色家庭、綠色學校、綠色社區、綠色出行和垃圾分類等行動，倡導簡約適度、綠色低碳的生活方式，拒絕奢華和浪費，引導人們做生態環境的保護者、建設者。」(3)

習近平在一次中國共產黨與世界政黨高層對話會上的主旨講話中說：「我們要努力建設一個山青水秀、清潔美麗的世界。地球是人類的共同家園，也是人類到目前為止唯一的家園。現在，有人正在外太空為人類尋找新的家園，但這還是一個遙遠的夢想。在可預見的將來，人類都要生活在地球之上。這是一個不可改變的事實。我們應該共同呵護好地球家園，為了我們自己，也為了子孫後代。我們應該堅持人與自然共生共存的理念，像對待生命一樣對待生態環境，對自然心存敬畏、尊重自然、順應自然、保護自然、共同保護不可替代的地球家園，共同醫治生態環境的累累傷痕，共同營造和諧宜居的人類家園，讓自然生態休養生息，讓人人都享有綠水青山。」[7]「生態興則文明興，生態衰則文明衰，生態文明建設是關係中華民族永續發展的千年大計。」[8] 這裏容我再加幾句：我們一定要牢記，健康的生態，是人類生存不可或缺的最為重要的條件。假如人類在這地球上的生存條件，都一一被人類自己破壞了、消滅了，那麼人類其他的一切追求，也就無從談起及無需再談了。

2020 年 8 月 11 日《人民日報》也撰文指出：「『綠水青山就是金山銀山』的理念，為我們平衡發展和環保的關係提供了思想指引和行動指南，不僅引領中國走出了一條兼顧經濟與生態的新路子，也為其他發展中國家提供了有益借鑒。沿着這條綠水青山中開闢的道路，我們一定能讓未來的中國既有現代文明的繁榮、也有生態文明的美麗。」[9] 而追求這一「平衡發展和環保的關係」，也應是世界上所有國家未來發展最終的目的。

回看香港，香港人的環保意識和在這方面的道德意識，仍是非常的薄弱。所以，現在是時候我們必須急起直追，不然在這方面我們會愈來愈落後，因而會被我們的子孫後代痛恨的。其次，假如我們再不抓緊搞好環境維護的工作，不保護好這個地球的生態，解決地球的氣候變暖問題，那麼我們必定會被納入人類生態文明道德建設的敗類之列，成為地球村的敵人。

　　我們再看一下香港現在的情況和發展。如果港人想要再進一步提升自己的生活素質、和高質量的綠色發展理念，並朝智能化城市（smart city）、及智慧生活的方向發展，以及同時為香港的周邊地區，做些在環保方面的貢獻和引領，那麼我們就必須盡一切所能，克服各種困難，把環境保護的工作做好。可惜有很多港人是長期生活在一個緣木求魚、自私自利、自我感覺良好、自戀成性的泡沫之中，不求進取、不願虛心學習中國內地好的東西，這便是現今許多香港人的最大毛病和錯誤。香港與內地必須共同合作，才能構建一個理想的「一國兩制」體制。假如香港人不去糾正自己思想上的這些錯誤，不懂得怎樣去開拓更多的，可與內地互相合作共贏的創新領域，而是緊抱着「坐井觀天」的固化思維（fixed mindset）不放，做着各種極其短視及自私自利之行為，這樣對香港未來的發展，不但無任何好處和幫助，還會對「一國兩制」的運作，起到極大的破壞作用。我們港人現在是時候要好好的反思一下，不能再這樣毫無目的，毫無意義地內鬥、內耗、「攬炒」、撕裂下去，而應改弦更張，用更為進取的思維方式（progressive mindset）來看待「一國兩制」，為「一國兩制」創建更多新的發展要素和模式。

3. 「愛國主義」作為倫理道德觀的一個重要範圍

　　從歷史的角度來看，國家的概念（the concept of nation or nation state）是在歐洲首先興起，跟着在第一次工業革命之後的一段時間內，逐步定型和被固化。人類有了國家的概念後，就引發了兩種情況的出現，即是（一）殖民地主義的興起，和（二）一次世界大戰和二次世界大戰的爆發。

　　有了國家的概念後，就開始了國與國之間長期博弈和鬥爭的情況，這在歐洲是特別猖獗，並且慢慢地發展延伸至全世界。然後國家要獨立自主的概念，又在許多地區引發了此起彼伏的、擺脫殖民地統治的浪潮，由此演變形成了許多新的獨立國家。現今，這民

族要獨立、國家要獨立的概念，已被世界上所有的人認可及接受。在眾多的獨立國家之中，有些是由單獨一個民族組成，一些則由多個民族組成。不論這些國家是由單一的民族抑或是多民族組成，他們最後都共同形成了現在世界的格局（modern world order）。由於國家獨立的概念逐步的深入人心，所以愛國主義也就應運而生，成為一種國家的「政治認同」或「政治標識」，及成為許多民族重要的精神道德財富。

　　《新時代愛國主義實施綱要》指出，在中國，愛國主義是「中國人民和中華民族維護民族獨立和民族尊嚴的強大精神動力。愛國主義精神深深植根於中華民族人心中，維繫着中華大地上各個民族的團結統一，激勵着一代又一代中華兒女為祖國發展繁榮而自強不息、不懈奮鬥。」(10) 而當前「中國特色社會主義進入新時代，中華民族偉大復興正處於關鍵時期。」(10) 因此，現在最為重要的是「要把國家富強、民族振興、人民幸福作為不懈追求，着力紮緊全國各族人民團結奮鬥的精神紐帶，厚植家國情懷，培育精神家園，引導人們堅持中國道路、宏揚中國精神、凝聚中國力量，為實現中華民族偉大復興的中國夢提供強大精神動力。」(10) 就此我認為如果要讓這種動力長期保持下去，就要把上面所說的「愛國主義」精神，變成為一種中國人民認同和深入人心的道德觀，一種「中華兒女最自然、最樸素的情感」(10)，一種對國家、對社會主義能自我感覺到的認同感，一種對中華民族的歸屬感，及一種能融入新時代中華文化核心價值的自豪感。

　　當然，堅持及弘揚「愛國主義」並不是中國人獨有的道德素養，其他的獨立國家的人民都有。所以，從世界未來對國家觀的發展來看，重要的是不要讓這種「愛國主義」的道德觀和素養，走上歪路，譬如像美國那樣，將「愛國主義」變成為一種「單邊主義」、「霸權主義」、「白人至上主義」、「民粹主義」。而中國則與美國不一樣，中國作為一個獨立統一的國家，希望能夠做到的是，與其他的國家共同構建一個「和平、發展、合作、共贏」(11) 的世界，也

即是「人類命運共同體」。同時中國「決不會以犧牲別國利益為代價來發展自己，也決不放棄自己的正當權益。中國奉行防禦性的國防政策。中國發展不對任何國家構成威脅。中國無論發展到什麼程度都永遠不稱霸。」(11) 中國希望做到的是「建設相互尊重、公平正義、合作共贏的新型國際關係」。同時中國「尊重各國人民自主選擇發展道路的權利，維護國際公平正義，倡導國際關係民主化，反對把自己的意志強加於人，反對干涉別國內政，反對以強凌弱。支持廣大發展中國家發展，積極參與全球治理體系改革和建設，共同為建設持久和平、普遍安全、共同繁榮、開放包容、清潔美麗的世界而奮鬥。支持開放、透明、包容、非歧視性的多邊貿易體制，促進貿易投資自由化便利化，推動經濟全球化朝着更加開放、包容、普惠、平衡、共贏的方向發展。」(11) 我相信以上中國所堅持的發展道路，將會永續地發展下去，並在實踐的過程中不斷豐富和完善。這樣的局面和世界秩序，我相信至少可以維持幾百年以至上千年，而不會出現顛覆性的巨變。而國家的概念，我相信同樣也會長期不變（其實看來也不容易變）。不過國家之間的某種「聯盟」或「夥伴合作關係」，譬如像歐盟或東盟那樣的具有某種「一體化」的可互補性的結構（例如在經貿方面），我相信是時會出現的。但這些所謂「聯盟」，仍然會以國家為基礎，而不會轉變成為像中國那樣的大型的民族統一的國家。所以，只要有國家存在，「愛國主義」仍然會是團結一個國家人民的主要力量和道德標誌。不過當然也可以預見，其內涵必定會變得愈來愈包容，愈來愈平和，愈來愈理性，愈來愈智能化、數字經濟化、數字科技化、人工智慧倫理規範化。因此「國家」的概念和意識，最終必定會變得愈來愈世界化（worldly）、國際化（international），及全球化（global）。形成一種「你中有我，我中有你」的，國家與國家間的，和諧相融的「人類命運共同體」或大同世界。

全球性的倫理道德觀範圍

下面再舉兩個例子予以說明。

1. 網絡的應用全球化所涉及的倫理道德問題

《新時代公民道德建設實施綱要》指出：「網絡信息內容廣泛影響着人們的思想觀念和道德行為。要深入實施網絡內容建設工程，弘揚主旋律，激發正能量，讓科學理論、正確輿論、優秀文化充盈網絡空間。發展積極向上的網絡文化，引導互聯網企業和網民創作生產傳播格調健康的網絡文學、網絡音樂、網絡表演、網絡電影、網絡劇、網絡音視頻、網絡動漫、網絡遊戲等。加強網上熱點話題和突發事件的正確引導、有效引導、明辨是非、分清善惡，讓正確道德取向成為網絡空間的主流。」[3]

因此，怎樣建立良好健康的網絡空間，是一件現今網絡世界、數字時代、人工智能新技術，如火如荼地不斷快速發展中，迫切需要解決的重大問題。

根據《新時代公民道德建設實施綱要》以及綜合了許多網絡專業人士的意見，最少有以下一些突出的網絡道德問題需要解決：

1. 怎樣讓人人培養文明自律的網絡行為；
2. 怎樣拓展各種「互聯網+公益」、「互聯網+慈善」的活動；
3. 怎樣完善互聯網的運作法規和制度，使網絡的運作有法可依，不要讓法規經常滯後在網絡發展之後；
4. 對網絡上的犯罪行為，要擁有快速有效的執法機制和措施；
5. 嚴厲整治和「清理網絡欺詐、造謠、誹謗、謾罵、歧視、色情、低俗等內容」[3]；
6. 依法嚴厲打擊各種網絡的惡性宣傳、不實宣傳、網絡欺凌、網絡暴力、網絡惡意搜索；

7.　遏止在網絡上曝露別人的穩私行為，在網上組織各種損害國家尊嚴和利益的、不合法的示威行動，用網絡來搞「攬炒」、防碍和破壞國家安全的網絡設計、網絡操弄和「黑客」行為等活動和手法；

8.　政府和企業（特別是互聯網企業）要加強對互聯網的管理及不斷尋找和研發更多創新的管理網絡安全的模式；

9.　「要綜合施策、標本兼治，運用、經濟、法律、技術、行政和社會管理、輿論監督等各種手段，有力懲治失德敗德、突破道德底線的行為」[3]；

10.「建立懲戒失德行為常態化機制，形成扶正祛邪、懲惡揚善的社會風氣」[3]。

2. 新冠肺炎所引發的倫理道德問題

2019–2021 年新冠肺炎在全球爆發，這一殺傷力非常強勁的流行病，拖了很長的一段時間仍得不到控制，特別是在抗新冠肺炎的疫苗還未被廣為接種，及沒有 100% 有效的醫治新冠肺炎的特效藥之前。所以，最佳的可以防止新冠肺炎病毒傳播的辦法，只有：一、戴口罩（wear mask），二、保持人與人之間一定的距離（social distancing），及三、勤洗手。

這些措施，對一般人來說都不是問題，很容易接受。但奇怪的是，卻有好些西方人士不予認同，特別是要強制他們戴口罩，他們就極力反對（這可以說是出乎我們中國人意料之外的事），而他們反對的理由是，他們認為戴口罩是限制了他們的個人自由及個人的自由選擇權。但這些人卻忘記了，如果他們是帶病毒者，而他們又不戴口罩，那麼他們是會將病毒傳染給別人的，這不是就影響和侵犯了其他人保持健康衛生的個人權利和自由了嗎？所以他們的這種做法，是非常自私自利，及全無做人的道德底線及社會公

德的行為。世界上竟然會有這麼多不講道理，不講道德的人，實在令人費解、困惑和匪夷所思。

　　而更令人遺憾和惡心的是，美國前總統特朗普在全無能力控制疫情的窘境下，竟然大搞「甩鍋」推責的政治把戲。2020 年 8 月 15 日，《人民日報》的評論員鐘聲為文指出：「自疫情爆發之初，美國一些政客就惡意散布『武漢病毒』、『中國病毒』等歧視性說法。赤裸裸的栽贓陷害」中國。他也同時指出，英國醫學雜誌《柳葉刀》的主編理查德•霍頓撰文指出，「相較中國科學家為全球了解這一流行病所作的勇敢貢獻，把這次疫情歸咎於中國，是在改寫新冠肺炎疫情的歷史，也是在為西方一些國家的失敗開脫。」(12) 但「真金不怕火煉。中國坦坦蕩蕩，始終秉持人類命運共同體理念，肩負大國擔當，同其他國家並肩作戰、共克時艱。中國本着依法、公開、透明、負責任態度，第一時間向國際社會通報疫情信息，毫無保留地同各方分享防控和救治經驗。在疫情溯源方面，中國支持各國科學家開展病毒源頭和傳播途徑的全球科學研究。」(12)（在 2021 年初，世衛的專家組到中國進行了調查研究，並完成了一份報告，說明病毒的源頭並不是在中國，而有可能是由世界其他地方傳入中國的）。他說，中國希望美國也能「真正擔負起對本國國民以及作為一個大國應當承擔的責任，與國際社會一道推動全球抗疫合作。」(12) 我認為鐘聲的說法很對，但我也必須指出：防疫不單是大國的政府應承擔的責任，也是地球上每個國家的政府都應當堅持的德政。美國特朗普政府不講道理、不講道德、不負責任的做法，完全是一種無恥的流氓行為！一個自詡為「自由、民主」的國家，可以經由選舉產生出這樣一個無賴的、滿嘴謊言、偽善騙人、奸詐不人道的總統，可見美國的所謂「民主制度」已病入膏肓，並逐漸朝着衰敗的方向邁進。

　　單從純道德的角度來看，除以上美國特朗普總統外，美國通過所謂「民主程序」選出來的多位前總統，也都做過許多不道德的事情。譬如尼克遜總統所涉及的陰謀竊聽民主黨秘密的「水門事

件」；克林頓總統在白宮與白宮實習生萊溫斯基的婚外情和性醜聞事件；和小布殊總統利用錯誤的情報，誇大宣傳說伊拉克薩達姆•候賽因總統擁有大規模殺傷性武器，並以此作為藉口，發動了侵略伊拉克的戰爭等。從這些例子中我們可以清楚的看到，美國人的所謂「道德和民主」，已淪落到了什麼地步！像美國的這種「西方模式」，還值得我們繼續去崇拜它、讚美它、學習它嗎？

2020 年 10 月 23 日，習近平在紀念中國人民志願軍抗美援朝出國作戰 70 周年大會上的講話中指出：「在波瀾壯闊的抗美援朝戰爭中，英雄的中國人民志願軍始終發揚祖國和人民利益高於一切、為了祖國和民族的尊嚴而奮不顧身的愛國主義精神，英勇頑強、捨生忘死的革命英雄主義精神，不畏艱難困苦、始終保持高昂士氣的革命樂觀主義精神，為完成祖國和人民賦予的使命、慷慨奉獻自己一切的革命忠誠精神，為了人類和平與正義事業而奮鬥的國際主義精神，鍛造了偉大抗美援朝精神。」(13) 這種愛國精神，不但強烈呈現了中國人民所擁有的高尚道德品格，同時還顯現了中國民族維護世界和平和正義的決心及力量。

小 結

文化文明是現代化國家的顯著標誌。一個國家的文明基礎是道德，而道德則是影響及在一定程度上決定，一個國家的文化結構怎樣變化及發展的指南針和壓艙石。因此，對一個國家來說，文化興則國運興，文化強則民族強；道德優則文化優，道德強則文明強。

這可能就是為什麼黃坤明在 2020 年 11 月 23 日在《人民日報》發表的一篇評論性文章中，強調中國必須繼續「要以加強社會公德、職業道德、個人品德建設為着力點，深入推進公民道德建設。實施文明創建工程，深化群眾性精神文明創建活動，拓展新時代文明實踐中心建設，不斷增強人們文明實踐自覺。健全志願服務體

系，廣泛開展志願服務關愛行動，使我為人人，人人為我在全社會蔚然成風。弘揚誠信文化，推進誠信建設。提倡艱苦奮鬥，勤儉節約。開動以勞動創造幸福為主題的宣傳教育。加強家庭、家教、家風建設，促進形成社會主義家庭文明新風尚。加強網絡文明建設，發展積極健康的網絡文化，營造更加清朗的網絡空間。」[14]

　　為了達到以上的目標，我認為最關鍵的是：一、要推進中國特色社會主義新文化的建設，二、是抓緊落實道德方面的教育。習近平曾明確指出，只有「堅持中國特色社會主義文化發展道路，激發全民族文化創新創造活力，建設社會主義文化強國」[14] 的目標，才能實現中華民族的復興。而道德與法治教育，則是培養德智體美勞全面發展的社會主義建設者和接班人的核心；是建設教育強國、法治社會不可或缺的內容；是堅持選拔「德才兼備、以德為先、任人為賢」的各級領導人以及治國理政的官員時，必須遵循的原則。

　　2020 年 11 月 19 日，習近平在北京以視頻方式出席亞太經合組織工商領導人對話會時，指出：「新冠肺炎疫情再次說明，人類命運休戚與共，各國利益緊密相連，世界是不可分割的命運共同體。」[15] 所以，各國必須建立新的國際道德標準，新的國際道德高地。那就是說，「各國要守望相助、同舟共濟，弘揚夥伴精神，密切政策溝通和協調，全面深化抗疫國際合作，堅持建設開放型世界經濟，爭取盡早戰勝疫情，努力實現世界經濟強勁，可持續、平衡、包容增長。」[15] 而在推動數字經濟發展方面，各國更要共同「攜手打造開放、公平、公正、非歧視的數位發展環境。」[16] 只有在各國能盡快合作，建立新的國際關係道德標準，「遵循共商共建共享原則，堅持多邊主義，堅持開放包容，堅持互利合作，堅持與時俱進」[16] 時，後疫情時代的國際秩序和全球治理方面才能有所作為，有所前進；才能實現更加開放、綠色、科學、創新、包容、高道德標準、可持續、有韌性、全面均衡發展的美好世界。

　　現今人類已進入新時代，需要解決的各種新的倫理道德問題層出不窮，而且是愈來愈複雜；譬如就人工智能的發展來說，怎樣

看待人工智能發展中出現的科技倫理道德與法律問題，怎樣維護人民利益和國家安全等，都有待研究。2020 年 12 月 23 日，在全國政協召開雙周協商座談會上，與會者都認為：「任何一項重大科技創新都會促進社會生產力和生產關係的變化，也會影響社會生活方式和倫理秩序的調整。人工智能技術具有廣泛滲透性和顛覆性，帶來的科技倫理與法律問題更加複雜多元，可能引發潛在倫理和法律風險，需要引起高度重視。」(17) 委員們的擔心是可以理解，因為構建人工智能倫理規範和法律法規，得解決保護個人資訊、隱私等責任問題，要考慮周詳怎樣面對人民群眾、面對現代化、面對世界等問題。

除了新的問題外，還有一些有關倫理道德的老問題，也經常會一再浮現出來，挑戰現今的法律和政治概念。譬如 2019 年 10 月 4 日香港政府引用《緊急條例》訂立的《禁蒙面法》，在 2020 年就遭到司法覆核。最後，在 2020 年 12 月 11 日終審法院作出了終極判詞，裁定引《緊急法》訂立的《禁蒙面法》不違憲。就是說，「無論是合法或非法集會，政府都可以立法禁止蒙面。終審庭特別指出，去年十月立法時，香港已出現的法律與秩序敗壞的情況，持續多個月的暴力，街頭情況嚴峻，市民不敢外出，而堵路及公共交通設施封閉，對廣大市民造成嚴重不便。使用蒙面物品對示威者和其支持者都起壯膽作用，讓個別人士濫用匿明身份，逃避法律責任及警方調查。終審庭平衡個人自由和香港整體利益，裁定禁止蒙面的法律適切。」(18)

從以上這一個案例我們可以看到，平衡個人自由和社會整體利益所涉及的倫理道德和法律問題，是經常會出現的問題，特別是在一些過度重視個人自由的西方社會或國家裏。而這種現象的出現，我認為是非常不健康的，因為會容易引發倫理道德思想方面的混亂，社會的不穩定，及造成司法覆核被濫用的情況出現。

最後，如果有人問，人作為社會的一份子，到底應選擇和遵循怎樣的倫理道德，才算正確呢？道德的標準又是什麼？我們應

怎樣回答呢？我想答案是要看我們怎樣維護支撐人類文明發展的倫理道德背後的全人類共同的價值目標，即和平、發展、公平、正義、民主、自由等。我堅信在進入世界百年未有之大變局加速演進的新時代時，我們人類只有共同團結起來，守護好上面所說的全人類的共同價值目標或價值觀（不是美國拜登總統所說的什麼西方或美國的價值標準、價值觀或普世價值），推動建立一種全新的國際關係，以及構建起各種人類命運共同體，我們才能創造世界更加美好的未來。

　　近日，中國印發了《關於進一步加強家庭家教家風建設的實施意見》[19]，目的是「讓新時代家庭觀成為億萬家庭日用而不覺的道德規範和行為準則」[19]，並且「要圍繞落實立德樹人根本任務開展家庭教育，引導家長用正確行動、正確思想、正確方法培養孩子養成好思想、好品行、好習慣。」而更重要的是「要把家風建設作為黨員和領導幹部作風建設重要內容，引導黨員和領導幹部築牢反腐倡廉的家庭防線，以純正家風涵養清朗黨風政風社風。」[19] 中國把強調家庭觀的要求體現到反腐倡廉的防線，可真是一大創新。基於中國的文化傳統及中國國情，我相信，這應是一種戰勝各種腐敗的好方法。

參考資料

1.　張彥、郗鳳芹等著，《涵養好品德》。2020 年，人民出版社，第 20、26 頁。

2.　甘霖，〈培養擔當民族復興大任的時代新人〉。中共中央宣傳教育局編，《守正創新踐行》。2020 年，人民出版社，第 84 頁。

3.　《新時代公民道德建設實施綱要》。2019 年，人民出版社，第 4–5、8、19–20、24–25 頁。

4.　戴木才，〈新時代公民道德建設的價值指引〉。中共中央宣傳教育局編，《崇德向善的引領》。2020 年，人民出版社，第 38–39 頁。

5.　吳潛濤，〈在守正創新中推進新時代公民道德建設〉。中共中央宣傳教育局編，《崇德向善的引領》。2020 年，人民出版社，第 28 頁。

6.　習近平，〈制止餐飲浪費，糧食雖豐收，疫情敲警鐘〉。2020 年 8 月 12 日，《文匯報》，〈中國新聞〉，A13 版。

7.　習近平，〈把世界各國人民對美好生活的嚮往變成現實〉。2017 年 12 月 1 日，習近平在中國共產黨與世界政黨高層對話會上的主旨講話。《習近平談治國理政》，第三卷。2020 年，外文出版社，第 434–435 頁。

8.　〈生態興則文明興〉。2020 年 8 月 14 日，《人民日報》。

9.　〈綠水青山就是金山銀山〉。2020 年 8 月 11 日，《人民日報》。

10.　《新時代愛國主義實施綱要》。2019 年，人民出版社，第 1–2 頁。

11.　習近平，〈改革開放四十年積累的寶貴經驗〉。2018 年 12 月 18 日，習近平在慶祝改革開放 40 周年大會上發表的重要講話。《習近平談治國理政》，第三卷。2020 年，外文出版社，第 187 頁。

12.　鐘聲，〈「甩鍋」推責暴露無信失職〉。2020 年 8 月 15 日，《人民日報》。

13.　2020 年 10 月 23 日，習近平在紀念中國人民志願軍抗美援朝出國作戰 70 周年大會上的講話。2020 年 10 月 24 日，《人民日報》。

14.　黃坤明，〈推進社會主義文化強國建設〉。2020 年 11 月 23 日，《人民日報》。

15.　2020 年 11 月 19 日，習近平在北京以視頻方式出席亞太經合組織工商領導人對話會上的發言。2020 年 11 月 20 日，《人民日報》。

16.　2020 年 11 月 21 日，習近平在北京以視頻方式出席二十國集團領導人第十五次峰會第一階段會議上的講話。2020 年 11 月 22 日，《人民日報》。

17.　2020 年 12 月 23 日，全國政協召開雙周協商座談會，圍繞「人工智能發展中的科技倫理與法律問題」協商議政。2020 年 12 月 24 日，《人民日報》。

18.　盧永雄，〈連番立法　還不是馬照跑　股照炒？〉2020 年 12 月 22 日，《頭條日報》。

19.　中宣部、中央文明辦、中央紀委機關等，聯合印發《關於進一步加強家庭家教家風建設的實施意見》。2021 年 7 月 23 日，《人民日報》。

第 5 章

宗教影響力的終結及治國理政
能力的提升

　　現今世界上具影響力的現代文明，粗略地歸納起來，大概有以下四大文明：中國文明、西方文明、印度文明、阿拉伯文明。其他的文明，雖然都有他們獨特之處，但都可以被歸納入以上的四大文明。譬如現今的歐洲諸國、俄羅斯、澳洲、南美洲的一些國家，可以說都是比較靠近西方文明的範疇，而日本、韓國、及一些東南亞國家，都是比較靠近中國文明的範疇，至於非洲和南美洲，由於是長期被殖民，所以直至現今似乎還未能形成對世界有影響的現代非洲文明及南美洲文明。

　　我把現今世界上的文明分成四大範疇，主要是想說明一個問題，那就是在這四大文明之中，中國文明是唯一的一個沒有受宗教影響或支配的文明。譬如西方文明就深受基督教的影響、印度文明則深受印度教和佛教的影響、而阿拉伯文明則深受回教的影響。中國文明在形成中，沒有受宗教的影響和支配的原因，我在下面將會作較深入的討論。(也可以參考拙作《人類命運的演進印跡和路程》(修訂版)，書中從不同的角度，對宗教問題作出詳盡的探討。)

　　在很大程度上，宗教問題將會影響我們人類正在努力建立的一個「文化多樣性的世界」(或「全球化文明」)，及我們正在努力構建的一個包涵多樣文化和多種類型的「人類文明共同體」。而所謂的「人類文明共同體」，其中一個重要的意思是指在未來的世界裏，人類已無須再依靠或受到「宗教或神的威權」的控制，而可以

很文明地生活和持續發展下去。換言之，就是說在未來的世界裏，宗教的影響（或影響力）將會遲早終結；這終結過程，我相信將會很漫長，需要幾百年或甚至千年才能完成。人們不竟會問，那麼這一無「宗教或神的威權」控制的世界，其結構形態將會是怎樣的？我認為它很可能會是中國文明的一種優化版。

假如這一未來的世界文明，真的會是類似中國文明的一種優化版，那麼到底我們希望這一優化版，應有那些特質呢？下面我就這一個問題，展開討論。

沒有宗教參與主導的中國文明模式

馮友蘭在《中國哲學簡史》一書中說：「在西方人眼裏，中國人的生活滲透了儒家思想，儒家儼然成為一種宗教。而事實上，儒家思想並不比柏拉圖或亞里士多德思想更像宗教。《四書》在中國人心目中誠然具有《聖經》在西方人心目中的那種地位（我認為他此話過分誇大了《四書》的地位），但《四書》中沒有上帝創世，也沒有天堂地獄。」[1]

因此，馮友蘭得出的結論是，儒家思想只是一種「入世」的哲學思想，而不是宗教。下面我再引用支撐他論點的兩段話，進一步說明他在這方面的觀點。

馮友蘭認為「中國無論哪一派哲學，都直接或間接關切政治和倫理道德，因此，它主要關心的是社會，而不是宇宙；關心的是人際關係的日常功能，而不關心地獄或天堂；關心人的今生，而不關心他的來生。」[1] 由於這一原因，因此我的理解是，在人類進化的過程中，中國人沒有像西方人一樣，演化出西方那樣的宗教思想和宗教（這方面可參考我的拙作《人類命運的演進印跡和路程》（修訂版））。

在《中國哲學簡史》一書中，馮友蘭強調「每一種大的宗教

就是某種哲學加上一定的上層建築，包括迷信、教義、禮儀和體制。這是我對宗教的認識。如果從這個意義——也就是人們通常的認識——來看待宗教，就可以看出，儒家不是一種宗教。許多人習慣地認為，儒、道、佛是中國的三種宗教。其實，儒家並不是一種宗教。道家和道教是不同的兩回事，道家是一種哲學，道教才是宗教。」[1]

　　換言之，嚴格地來說，中國的哲學思想，似乎始終都沒有演化出中國自身具影響力和佔支配地位的宗教（見上面馮友蘭所強調的觀點：「每一種大的宗教就是某種哲學加上一定的上層建築，包括迷信、教義、禮儀和體制」。但是我不知他所指的「迷信」，是否就是相信有「神」或「鬼」或有「另一個世界」的存在，例如「天堂」）。譬如儒家沒有演化出神的概念，所以儒家形成不了具威權的什麼「儒教」之類的宗教（現今經常有些人想把儒家變成為宗教，把孔子當「神」來拜，我認為是完全沒有這個必要，因為孔子是「人」而不是「神」）。佛教是外來的一種信仰，不是中國自身產生出來的宗教。道教雖然可以說是中國自身產生的宗教，但它在中國的影響力非常之小，與西方的宗教相比，可以說是小巫見大巫，所以可以忽略不談。

　　看中國歷史，與西方的比較，總的來說，「神」的概念和角色，在中國傳統文化的建立和演化的過程中，其在中國民間的滲透力度和程度，對知識分子的思想、立說、學派的產生、形成和建立等，影響都非常之小的。這可以說是中國文明的最大的一個特色，也可以說是中國之福。因為這樣，中國可以避免了像西方國家那樣，經常要受宗教爭鬥之苦，及對神到底是否存在這種問題，陷入無休止的浪費時間、腦力及無聊的爭論之中。事實擺在眼前，假如神是存在的話，為什麼祂會讓流行病、天災、傷殘、智障等痛苦，來折磨我們人類呢？這一次全球性新冠肺炎疫情的爆發，為什麼神不出手來解救我們，而要我們人類受這麼多的苦楚呢？眾多教徒求神拜佛也無法控制住新冠肺炎疫情的肆虐，這不就是擺在人類面前

的一個殘忍的事實（cruel reality）嗎！韓國有些基督教教會（譬如「新天地」、「愛第一教會」等），都認為神是可以保護他們不生病的，因此不理會政府的防疫指引，在新冠肺炎肆虐期間聚眾宣教，結果許多信眾都染上了疫症。可憐的信徒，都被神騙了（事實上是被一些「神棍」騙了）！

　　現今人類已進入了一個新時代，宗教及其影響，對中國人來說，將會漸漸的愈來愈式微，而對其他國家的人來說，看來也會是如此，這是可以肯定的。不過，就中國來說，我相信宗教並不會在中國完全滅絕。因為宗教作為人類文明的一個根深蒂固的組成部分（但我在上面已經提過，宗教並不是中國文明的重要組成部分），不會在短期內滅絕，並且會繼續影響人類未來的生活方式和發展。另一方面，中國對宗教的看法，向來都是持開放、包容、不排斥的態度，並且視宗教為一種歷史傳統文化及迷信。故此中國人的這種態度，對中國現今所倡導的要堅持「文化多樣性」、「文明多樣性」的發展理念，以及和平共存的理念，是具支撐作用的。此外，我認為若我們把宗教作為一種慈善事業來看待，那麼宗教在中國可以扮演的角色和能起到的作用，將更具意義，譬如在公共衛生護理事業、慈善事業、養老事業等方面。

　　讓我們再來看一下，為什麼中國的文明演化不出像西方那樣的宗教思想、宗教結構和宗教體系呢？這在我的拙著《人類命運的演進印跡和路程》（修訂版）一書中，已有詳細的討論，這裏就不再贅述了。在這裏我只想指出，中國「儒、道、佛」這三種主要思想體系，雖然演化不出像西方那樣組織嚴密、擁有強大傳播力及體系的宗教，但卻演化出一種我稱為「混合式的人生哲理思想體系」（mixed philosophical mindset）或「人文中心體系」（humanity-centred system）。這一「混合式的人生哲理思想體系」，不但對中華文化及中國文明的建立，對中國文明自身的可持續發展，都起到非常重要和關鍵的作用。我相信更重要的是這一「混合式的人生哲理思想體系」，對建立一個不需要宗教參與構建的未來的「全球文

明」或「大同世界」，將會起到非常重要的奠基和驅動作用。這一
混合體系將會由以下三個主要部分組成，而這三個部分也可以說
是建立這一體系的不可或缺的基石。這三個主要部分是：

1. 「內聖外王」之道；
2. 「天人合一」之路；
3. 高質的政治倫理道德架構。

「內聖外王」之道

　　我先借用馮友蘭的話，來解釋一下「內聖外王」之道的意思。
所謂「內聖，是說他的內心致力於心靈的修養；外王，是說他在社
會活動中好似君王。按照中國人傳統，聖人應具有內聖外王的品
格，中國哲學的使命就是使人得以發展這樣的品格。因此，中國哲
學討論的問題就是內聖外王之道；這裏的『道』是指道路或基本原
理。」(1)「王道」當然並不是只局限在聖人或君王的品格和行為方
面的範疇，而是泛指一個優良的統治者或執政者（所謂執政者，從
前的主要是指「皇帝」，而現今則泛指所有的「執政者」，如總統、
政黨、政府官員等），如要使國家可以有「良政善治」所必須採用
的方法和態度。

　　張維為在他的《文明型國家》一書中，把中國人對「王道」
的看法講得很透徹；這裏我引用他書中有關「王道」的一段話，來
進一步說明「王道」的意思。他說：「中國歷史上歷來有『王道』
與『霸道』之辯。『王道』的核心是『仁政』，『霸道』的核心是強
權政治。西方國家，特別是美國，迄今為止的邏輯是『霸道』邏輯。
在國際關係的實踐中，美國經常奉行雙重標準，『只許州官放火，
不許百姓點燈』，一切為了自己的利益，對其他國家往往不擇手段；
它可以政治上打壓、軍事上威脅、經濟上誘導、文化上滲透，手段
無不用其極，最後還保留直接軍事干預的權利。中國歷來主張『王
道』，但它從和西方打交道的過程中也學會了一個道理。『王道』必

須以實力為基礎，沒有實力，『王道』就是烏托邦，甚至成為任人宰割的綿羊。當中國成為世界最大的經濟體，具有強大的國防力量，實行社會主義制度，並在此基礎上協和萬邦，實行『王道』，履行一個大國應該履行的使命，在國際事務中更加有所作為，更多地主持正義和公道，那將是一幅十分壯麗而美好的圖景，這個圖景正向我們走來。」[2]

「天人合一」之路

　　馮友蘭在《中國哲學簡史》中指出，根據孟子的思想：「人如果充分發展人的本性，不僅可以知天，而且可以與天合一。在生活中，一個人如果充分發展不忍人之心，就得到了仁，實行忠恕之道便是到達仁的最佳道路。在這樣的生活實踐之中，人的自我中心和自私將會逐漸減少，使人覺得『人』和『己』之間不再有別，『人』和『天』之間的差別不復存在。這時，個人和宇宙便融合一體，實現孟子所說『萬物皆備於我』」[1] 的境界。由於中國人長期受到這種「天人」可以「合一」的思想影響，所以中國人不把「天」看作為「神」或「仙」，而只是把他們視作為一種可以用來自我安慰的工具，以及可以天馬行空、隨心所欲地去想像和遨遊的虛幻世界；而神仙則是可以隨時隨地到凡間來與人溝通的（在一般中國人的心目中，神與人其實沒有太大的分別，只是神有「法術」和能長生不老，而人則沒有法術和不能長生不老)。所以「天人合一」在所有的中國人的心目中，就變成為一件很普通的事；譬如中國人普遍認為財神、灶君、土地等，都是隨時能出現在世間的神仙，而最重要的是不要得罪他們。至於拜不拜他們，倒並不是一件很重要的事。一般的民眾，都是在有需要時才去求神拜佛的。中國人在這方面可以說是頗「功利」的；而宗教信仰因此也就變成為一樣功利或實用主義（utilitarian）的東西。

　　不過，如真的要做到「天人合一」，中國人的想法是：人必須

做到是一個懂道、行義、仁愛、積氣的「仁者」(「氣」是中國人獨有的東西，如孟子所說的「浩然之氣」、「正氣」之類)。換言之，依據儒家的思想，世人只要充分發揮這種「仁者」的本性，行「王道」，人人都是可以成為「聖人」，「人皆可以為堯舜」。所以，中國人對「智人」(Homo sapiens) 和「神」的看法，事實上並沒有像西方人那樣，把兩者的區別看得這麼大，距離拉得那麼遠。換言之，中國人很早就懂得怎樣去「扮演神」(play God) [3] 了。在中國人的眼中，「人」與「神」的關係可以是一種「友誼」性的平等關係（即你不煩我、我不煩你就可以了），而不是像西方人對神的看法，把神放在很高的位置，只能讓人敬仰或慕拜（並且把人看成是「罪人」，而要在神面前贖罪；這對中國人來說，更是匪夷所思，難以接受的），處處都在那裏不停的監視您，與喬治•奧威爾的「Big Brother is watching you」，毫無分別。

　　現今我們知道，從生物學的角度看，人能「懂道、行義、仁愛、積氣等」，主要是由人的大腦皮質層系統（cortical system）所控制。中國古人當然不知道這個道理，所以搬了個「天」出來震懾人性「壞」一面（西方的宗教則搬了個「神」出來）；而這所謂「壞」的一面，當然與人腦的邊緣系統(limbic system)的「獸性」功能有關，與「天」或「神」當然毫無關係（這方面可參考我的拙作《人類命運的演進印跡和路程》(修訂版)）。因此，中國古人所理解的「天」，所說的「天人」合一，用現今的話語來說，就是無論做人或是做事，都必須從實際出發，用「理性」的思維來考慮問題和控制人的「非理性」、「壞」或「獸性」的行為，不要走極端。而現今人們所說的「實事求是」的概念，也是依從這一「理性」傳統而發展起來的。可以說，這現今已成了中國人的一種民族文化特性。我希望我們中國人能永遠把這「實事求是」的做人處事、治國理政精神堅持下去，並把之發揚光大！

高質的政治倫理道德

　　中國的傳統，對於應該怎樣做人，怎樣治理國家，都非常重視倫理道德的先導和引領作用（例如着重維護集體的利益，重視對社會的責任和承擔，反對極端的個人主義，反對自由放任主義，做人要克己盡責等），並且還為此設立了很高的遵循標準和要求。所以就算沒有宗教形式的各種嚴厲的教誨和戒律，中國人基本上都能保證個人的行為端正及國家的長治久安。習近平在中共十九屆四中全會第二次全體會議上的講話中，在談到有關「堅持和完善中國特色社會主義制度、推進國家治理體系和治理能力現代化」時說：「在幾千年的歷史演進中，中華民族創造了燦爛的古代文明，形成了關於國家制度和國家治理的豐富思想，包括大道之行、天下為公的大同理想，六合同風、四海一家的大一統傳統，德主刑輔、以德化人的德治主張，民貴君輕、政在養民的民本思想等。」[4] 由於中國長期能依從這些高質量的倫理道德的引領，以及受到高質量的倫理道德的熏陶和浸潤，所以中國的倫理道德可以順利地傳承五千多年這麼長的時間而不中斷。這一成就，當然與歷朝歷代的執政者有關，但更重要的是，與中國廣大人民被潛移默化的倫理道德觀和個人的行為準則，相互融合而形成的一種與其他文明很不一樣，並具中國特色的中國倫理道德價值觀體系有關。正如習近平所說，這中國倫理道德價值觀體系的內容包括：「等貴賤均貧富、損有餘補不足的平等觀念，法不阿貴、繩不撓曲的正義追求，孝悌忠信、禮義廉恥的道德操守，任人唯賢、選質與能的用人標準，周雖舊邦、其命維新的改革精神，親仁善鄰、協和萬邦自外交之道，以和為貴、好戰必亡的和平理念，等等。」[4]

　　「內聖外王」之道，「天人合一」之路，重視高質的政治倫理道德架構的建立，雖然都是中國文明非常重要的內涵，但如果我們不進一步將之優化，這些中國文明的基石，仍會很難適應中國特色社會主義的未來發展，及現今數字化、智能化時代的經濟社會的快

速進步和變革，從而夯實人類命運共同體的構建、和實現天下大同的目的。因此，在現今的新時代，我們必須把以上中國的傳統思想，及不受宗教影響和支配的治國理政理念，守正創新地予以優化，與時俱進地和所有的國家「共同為建設持久和平、普遍安全、共同繁榮、開放包容、清潔美麗的世界而奮鬥」(4) 同時，我們還應盡一切努力，去防止因宗教而引起的各種仇恨和戰爭。

中國文明優化版的建立和延伸

從以上的討論我們可以看到，世界未來的發展必定會趨向於逐步形成一個「中國文明優化版的延伸版」，即是：

[人文]+[科技]的混合體系　→　逐步替代一個西方的以
迷信[宗教威權]+以[選舉政治]為中心的體系。

而這一新型的文明混合體，我命名其為「科學人文命運共同體」。因為，在這數字化及智能化時代，「人文」和「科技」的關係會愈來愈密切，並且朝着「文中有理」、「理中有文」的方向發展（譬如文創及科技、藝術與科技、文化與科技、博物館與科技、考古與科技、旅遊與科技、食物的利用與科技、設計與科技等方面的發展；又譬如以「抖音」為例，到底應把「抖音」歸類入「科技」還是「人文藝術」，抑或是一種「科技與人文」的混合體）。也就是說，成為你中有我，我中有你，相互融合，難以分隔和分割的共同體（但遺憾的是，現今在香港，還有許多教育界人士堅持要在教育方面搞「文」「理」分家。他們的頭腦，可以說真是冥頑不靈、食古不化。他們這種不能與時俱進的思想，將會嚴重影響香港年輕人以及香港未來的發展。假如香港政府在教育方面再不作改進，那將遺害無窮）。另一方面，這一以「科技與人文」為基礎的混合體，所創建

的新的世界文明，我預料將會完全替代西方以「宗教文明」為基礎的舊的世界文明，而這一趨勢已開始並無法逆轉。

以 [人文] 為中心的那部分混合體系，很有可能會是建基於不斷優化的中國文明的模板上；而以 [科技] 為中心的那部分混合體系，則會在不久的將來 (near future) 逐漸成熟、固化和成型。但這兩者合併所形成的混合體系（即 [人文]+[科技]的混合體），最終將會以怎樣的形式出現，又會以怎樣的形式影響人類未來的發展，我們暫時還難以預測。其次，這種「混合體」又會否構建或產生出一種嶄新的意識形態、一種可能與現今我們所熟悉的意識形態有很大的差別的創新型意識形態 (an entirely new set of ideology) 呢？且讓我們耐心地等待着，看着這創新型的意識形態會否慢慢的出現、演變和成形，而我深信這種新的意識形態一定會出現。

所以，現今我們實在沒有必要為現存的意識形態的分歧，互相攻擊及引發戰爭。現在我們應做的是，看看可以怎樣合作，共同創建一種全新的、更全面的、更包容的、新的意識形態。在這方面，我認為中國倡議的構建人類命運共同體的理念，正是形成這種全新的意識形態的最重要基石。

小 結

要創建一種全新的、更全面的、更包容的世界性意識形態，肯定不是一件容易的事。就拿以美國為代表的西方國家來說，美國的立國意識形態，主要是建基於宗教信仰，或與宗教文化有密不可分的關係之上的思想意識，即：一、對基督教的篤信；二、非常反對受到教會或任何威權的「束縛」。由於信仰基督教，所以他們原則上完全排斥其他的信仰(因為基督教是一神教，所以完全不能忍受其他宗教信仰的存在)，而對馬克斯的無神論，更是無法接受，

並且認為必須予以消除。又由於他們具有非常強烈的反對教會威權束縛的思想（從歐洲去美國的許多移民，有很多都是因為逃避教會的壓迫而逃到美國去的），所以他們非常崇向自由，不想任何人給他們任何的束縛。由於美國的民眾有這兩種根深蒂固的思想和意識，所以要他們改變這些思想意識，是一件非常困難的事。再加上美國在兩次大戰之後形成和建立的唯我獨大的霸權意識，使美國更難走出那種優越、傲慢、偏見深重的困局。有些悲觀的人認為，要改變美國只有兩種可能：一、美國在軍事上被打敗（譬如和中國因臺灣問題而開戰），二、美國自己在金融等方面失策失控而造成巨大的災難。

　　當然我們（特別是中國）都不希望這兩種情況出現。這就是為什麼王毅一再苦口婆心的勸説美國：「雙方有必要從兩國人民的根本利益出發，從世界各國的共同福祉考慮，兩國建交以來互利合作的經驗，反思近年兩國陷入低谷的教訓，重建中美關係健康穩定發展的戰略框架」[5] 王毅還建議：「中美雙方首先要重開對話，進行坦誠、深入、建設性交流。力爭求同存異，穩妥管控分歧。二是重啟合作，就抗疫、全球經濟、氣候變化、反恐、網絡等重大問題加強溝通。三是重建互信，美方應端正對華戰略認知，不把中國視為威脅。」[5]

　　「美方應端正對華戰略認知，不把中國視為威脅」，這看來並非一件容易之事。因為上面提過，由於美國的民眾擁有根深蒂固的宗教思想背景，反對任何形式的束縛的文化傳统，以及霸權主義的意識形態的作祟，因此，美國視中國為「敵人」並不奇怪。這也就容易解釋為什麼現今世界上會有這麼多難以解決的棘手的政治問題和矛盾。而對中國來説，現今的問題是我們中國怎樣才能消除美國對中國的敵意，做到與美國「求同存異」長期和平相處下去。（所以有人說，只要解決好 G2（即中美）的問題，就能解決世界上大部份的政治問題）。現時的困難可以先從中美各自的「治國理政」的目的和效果來加以分析和作出比較，就能一目了然。

　　為了方便認知和比較起見，這裏我用一個簡單的公式（a general equation）來顯示：

[宗教的影響] + [治國理政方式的好與壞] → 進入（1）僵化階段，抑或（2）可持續發展階段。

現今擺在我們面前的事實（stark reality）是：

美國方面的情況：

[宗教的保守勢力（religious & conservative）+ 鷹派（hawkish）的影響力 + 脫離現實（unrealistic, outdated and too idealistic）的民主思想（democratic ideas）及輕易被「一美元一票」（即動用金錢，或資本力量）來操控的選舉制度] + [治國理政方式具體變壞 + 唯我獨專和霸權主義思想佔主導地位] → 使美國的政治、經濟、社會朝着愈來愈僵化的方向發展。

　　美國知名經濟學家斯蒂格利茨，在他著的《美國真相》一書中指出：「美國目前的困境是自己造成的；人們錯誤地理解了經濟、政治和價值觀所代表的意義。」[6] 他舉例指出：「美國的經濟學『出錯了』。人們總是認為不受約束的市場（包括減稅和放鬆管制）是所有經濟問題的唯一解決方法。美國人認為金融、全球化和技術進步本身就會給所有人帶來繁榮，而市場本身是具有競爭性的；因此美國人不理解市場勢力的威脅性，他們總是盲目地認為，個人追求利益最大化的過程將會提高社會的總體效益。

　　美國的政治『出錯了』。太多的人認為選舉就是民主的全部。美國人不理解金錢對政治產生的威脅，不明白金錢的集中化將如何瓦解民主，也不明白精英如何利用金錢來塑造經濟和政治體制，進而使經濟和政治權力進一步集中。美國人也不明白，他們何等輕易地滑入了『一美元一票』的陷阱，他們的制度事實上是很容易被資本操控的。

美國的價值觀『出錯了』。美國人忘記了經濟應該服務於人，而不是讓人服務於經濟。美國混淆了目的和手段:全球化本應創造更強大的經濟，以便更好地讓經濟為人服務。然而，美國告訴人們，由於全球化影響了經濟，美國不得不削減他們的工資和公共項目支出。金融本身從為經濟服務的工具變成了經濟目標。這導致美國經濟更加不穩定，增長更加緩慢，社會不平等加劇，而普通人深受其苦。個人對利潤的追求並沒有使扭曲的經濟得到改善。」(6)

　　以上斯蒂格利茨所舉的例子，主要是針對美國本國的情況。我認為他說得很有道理。但遺憾的是，美國自己長期都無法糾正這些錯誤;但更遺憾的是，美國卻把這些「錯誤理解」諉過於人;譬如若某些措施在美國國內實行失敗，就立刻不加思索地甩鍋給其他國家（特別是中國），或怪責全球化的進程，說別人佔了美國的便宜等。但假如這些斯蒂格利茨所說的「錯誤理解」，在美國搞出了一些成績，就會把這些「錯誤理解」所產生的結果，當成是永恒的真理、美國（即普世）的價值、世界上最好的政治制度的產物。並以此作為武器，用來批評或打壓其他國家;又或以基督救世主的態度來引領世界，並且要求人人都歌頌、讚揚、跟從美國這些被「錯誤理解」的價值觀，若有人不跟從，就是美國的敵人。那麼美國為什麼要這樣做呢？答案很簡單，就是美國的政客要這樣做的目的是:對內增加他們的財富、政治資本和選票;對外鞏固美國的全球霸主地位。

　　至於中國的情況則是:

[不受任何宗教勢力影響，也不需要什麼神的幫助] + [治國理政方式愈來愈開放、包容、果斷有效和有所創新]
→ 使中國的政治、經濟、社會步入高速發展階段。

　　現在舉一個具體的例子來說明一下:從中美對新冠肺炎疫情的治理效果來看，中美在「治國理政」方面的能力，不也正在此消彼長的變化着，誰在變強，誰在變弱？這已可以清清楚楚的看得出

來！但不知美國能否看到這一點，並願意繼續和中國和諧相處，共同合作來對付各種挑戰。這就要看拜登及美國民主、共和兩黨，有沒有理性思維和智慧了。我只希望他們不要再繼續把美國置放在人類歷史發展上錯誤的一邊。

2020 年 12 月 22 日《人民網–人民日報》針對中國治理所彰顯的特色，刊登了一段總結「十三五」（即第十三個五年規劃）的社會治理的推薦閱讀短文。我認為這短文總結得很好，值得一讀。我在這裏把它抄錄下來，供大家參考：

「『十三五』期間，各地各部門以習近平新時代中國特色社會主義思想為指導，不斷加強和創新社會治理，不斷完善黨委領導、政府負責、民主協商、社會協同、公眾參與、法治保障、科技支撐的社會治理體系，積極建設人人有責、人人盡責、人人享有的社會治理共同體。」(7)

而當今在治理方面，特別重要的是要把〈中央全面深化改革委員會第十七次會議〉所強調的，要「圍繞落實新發展理念、構建新發展格局、推動高品質發展等戰略目標任務，推進創新性、引領性改革。要把深化改革攻堅同促進制度集成結合起來，聚焦基礎性和具有重大牽引作用的改革舉措，加強制度創新充分聯動和銜接配套，提升改革綜合效能。要把推進改革同防範化解重大風險結合起來，深入研判改革形勢和任務，科學謀劃推動落實改革的時機、方式、節奏、推動改革行穩致遠。要把激活創新活力同凝聚奮進力量結合起來，強化激勵機制，充分調動各方面推進改革的積極性、主動性、創造性，推動改革在新發展階段打開新局面。」會議同時也強調指出：「中央企業黨委（黨組）是黨的組織系統的重要組成部分，發揮把方向、管大局、促落實的領導作用。要完善體制機制，明確黨委（黨組）在決策、執行、監督各環節的權責和工作方式，正確處理黨委（黨組）和董事會、經理層等治理主體的關係，堅持權責法定、權責透明、協調運轉有效制衡的公司治理機制，推動制度優勢更好轉化為治理效能。」(8)

　　從以上的描述，我們可以看到中國的社會治理方法和體系，與西方的社會治理方法和體系迥然不同；而且中國的社會治理方法和體系，是一直在不斷的作出深化改革，並在改革的進程中不斷優化，這是西方的社會治理方法和體系很難做得到的。因此我認為中國的這種社會治理方法和體系，十分適合中國；此外，當今全球都已進入一個新的時代，而中國這種社會治理方法和體系，也將可以為人類社會的未來發展和提升新時代的演變和進化（譬如構建一個嶄新的基於「中國模式」及「人類命運共同體」的世界治理體系），作出許多有意義和獨特貢獻。

解決宗教之間的矛盾和爭鬥的辦法

　　上面提到，就美國來說，[宗教的保守勢力+鷹派的影響力+脫離現實的民主思想及輕易被「一美元一票」（或資本力量）操控的選舉制度]+[治國理政方式具體變壞+唯我獨專和霸權主義思想佔主導地位]　→　使美國的政治、經濟、社會朝着愈來愈僵化的方向發展。其中，宗教問題是最難解決和最具挑戰性。

　　所以我建議，如果要解決美國這些難題，一個可能很有效的辦法，就是先從解決宗教問題入手。假如世上所有的宗教，都能接受「不同的宗教是可以而且也應和平共存」這想法的話，那麼我相信，現今國與國之間的許多矛盾、鬥爭，就可能有很大的希望和機會大大的減少。我很高興見到天主教教宗方濟各，在 2021 年 3 月 5 日到伊拉克開展歷史性訪問。「這是首次有天主教教宗訪問伊拉克。教宗將進行跨宗教對話，傳揚包容、共存理念。方濟各此行被視為具有高度象徵意義，對基督教、伊斯蘭教、猶太教這處共同發源地，傳達包容、共存等信息。」(9) 假如這種信息和風氣可以能夠漫延開來，堅持下去，那將是人類命運中的一椿極大極大幸運之事。而我認為中國在這方面，是可以好好的利用香港這一宗教多元

的地方，扮演一個更為積極的角色，協調各種宗教，希望達致大家和平共存、和平相處。這是因為在中國構建人類命運共同體的理念下，是很容易就能提出實際可行、解決這一難題、建立「宗教命運共同體」的辦法和中國方案的。我對中國在這方面的勝算是有很大信心的。

參考資料

1.　馮友蘭著，《中國哲學簡史》。三聯書店，第 7–8 頁。

2.　張維為著，《文明型國家》。2018 年，開明書店，第 148–149 頁。

3.　哈拉瑞著，林俊宏譯，《人類大歷史—從野獸到扮演上帝》。2014 年，天下文化。

4.　〈堅持和完善中國特色社會主義制度、推進國家治理體系和治理能力現代化〉，習近平在中共十九屆四中全會第二次全體會議上的講話。《習近平談治國理政》，第三卷。2020 年，外文出版社，第 119–120，187 頁。

5.　王毅，〈反華勢力該收塲了　倡三階段重建關係〉。2020 年 12 月 11 日，《星島日報》。

6.　约瑟夫·E·斯蒂格利茨著，劉斌、劉一鳴、劉嘉牧譯，《美國真相》。2020 年，機械工業出版社，第 236–237 頁。

7.　《習近平新時代中國特色社會主義思想學習論叢》，第一輯至第五輯。2020 年 12 月 22 日，《人民網–人民日報》。

8.　習近平主持召開中央全面深化改革委員會第十七次會議的講話。2020 年 12 月 31 日，《人民日報》。

9.　〈教宗歷史性訪問伊拉克，傳包容共存理念〉。2021 年 3 月 6 日，《星島日報》。

第 6 章

治國理政的制度化及中國化

　　中國在長期歷史的演進中，到現今已形成了治國理政的兩條主線或主軸（theme）：一、治國理政的制度化，二、治國理政的中國化。

治國理政的制度化

　　北京師範大學歷史學院教授陳其泰，在 2020 年 9 月 14 日的《人民日報》，題為〈不斷彰顯制度史研究的時代價值〉「學術圓桌」的探討交流文章中指出：「殷商滅亡後，殷遺民箕子向周武王提出了『洪範九疇，彝倫攸敘』的施政建議，其中就包括在制度層面對殷商滅亡的反思和對今後社會應重視制度規範的忠告。西周初年實行的分封制、內外服制、宗法制、等級爵位制等，是以周公為首的周初決策集團為適應統治廣大地域的現實需要而創設的，對於推動中華文明發展、促進全國統一起到了重要作用。先秦時期的主要典籍《尚書》、《左傳》、《國語》、《管子》等，都有大量關於國家制度和政治家、思想家重視制度運行言論的記載。著名的『三禮』（《周禮》、《儀禮》、《禮記》）所載，包括周代官制、政制、禮儀制度以及對禮儀文化的闡釋，成為儒家的重要經典。」[1]

　　在同一「學術圓桌」的探討交流上，中國社會科學院中國歷史研究院古代史研究員赫治清指出：「在長期歷史發展中，中華民族創造了燦爛的古代文明，形成了關於國家制度和國家治理體系

的豐富思想。這些思想中的精華是中華優秀傳統文化重要的組成部分，是歷朝歷代國家治理的重要思想源泉，也是中國特色社會主義制度和國家治理體系的深厚歷史底蘊。我國歷史發展中逐步形成的一整套包括朝庭制度、郡縣制度、土地制度、稅賦制度、科舉制度、監察制度、軍事制度等各方面制度在內的國家制度和國家治理體系。」[1] 這些治國理政的制度體系，其中有些制度，在理論和運作方面，在世界的範圍內有着一定的影響力，還被一些國家摹仿（譬如政府官員通過考試來選拔的制度）。

　　「制度向來是定國安邦之根本。政權要鞏固、經濟要發展、社會秩序要穩定，人民要安居樂業，都離不開制度的保障。」[2] 但「歷史的發展也一再證明，制度需要與時俱進。到 19 世紀初，中國內外環境發生了深刻變化，清朝統治者卻未能與時俱進、更新觀念，發揚儒家變通思想和革故鼎新精神，及時謀劃制度創新、調整政策舉措，推出符合時代潮流的治國理政方略。由於固步自封、不思進取，拉大了同西方國家的差距。至道光二十年（1840 年），清王朝由盛而衰的頹廢愈益加深。政治腐敗、軍備廢弛、財政拮据、危機四伏，以致在英國發動侵略的鴉片戰爭中遭到失敗，中國開始逐步淪為半殖民地半封建社會。」[2]

　　習近平在中共十九屆四中全會第二次全體會議上指出：由於中國「進入近代以後，封建統治腐朽無能，帝國主義列強入侵，導致中國逐步成為半殖民地半封建社會，統治中國幾千年的君主專制制度陷入全面危機。面對日益深重的政治危機和民族危機，無數仁人志士為改變中國前途命運，開始探尋新的國家制度和國家治理體系，嘗試了君主立憲制、議會制、多黨制、總統制等各種制度模式，但都以失敗告終。只有在中國共產黨成立後，中國人民和中華民族才找到了實現民族獨立、人民解放和國家富強、人民幸福的正確道路。」[3] 而更為重要的是在這過程中，新中國建立了人民當家作主的新型國家制度，為當代中國社會主義的發展進步，奠定了基本制度的保障及政治基礎。

　　中國的發展「可以說在人類文明發展史上，除了中國特色社會主義制度和國家治理體系外，沒有任何一種國家制度和國家治理體系能夠在這樣短的歷史時期內，創造出我國取得的經濟快速發展、社會長期穩定這樣的奇蹟。」(3)

　　在同一次的講話中，習近平指出：「看一個制度好不好、優越不優越、要從政治上、大的方面去評判和把握。鄧小平同志 1980 年在《黨和國家領導制度的改革》中說過，『我們進行社會主義現代化建設、是要在經濟上趕上發達的資本主義國家，在政治上創造比資本主義國家的民主更高更切實的民主，並且造就比這些國家更多更優秀的人才』，『黨和國家的各種制度究竟好不好，完善不完善，必須用是否有利於實現這三條來檢驗。』2020 年，我在慶祝全國人民代表大會成立 60 周年大會上也說過：『評價一個國家政治制度是不是民主的、有效的，主要看國家領導層能否有序更替，全體人民能否依法管理國家事務和社會事務、管理經濟和文化事業。人民群眾能否暢通表達利益要求，社會各方面能否有效參與國家政治生活，國家決策能否實現科學化、民主化，各方面人才能否通過公平競爭進入國家領導和管理體系，執政黨能否依照憲法法律規定實現對國家事務的領導，權力運用能否得到有效制約和監督。』」(3)

　　而在這訊息化、新媒體、智能化、數字化高速發展的時代，我想我們應與時俱進，再加多幾條來檢驗：還要看執政黨及國家制度能否掌控、引領和駕馭好正確和正能量訊息的有效傳播；能否充分掌控人民 (特別是年輕人) 的要求或需求的不時變化；能否有好的機制或足夠的能力和敏感度，去預判、掌握及平息群眾在社會心理上經常會出現的各種焦慮感、恐懼感、無奈和憤怒；能否有辦法控制得住各種謠言的傳播，或各種抗議活動，或由於突發事件而引起的，或有人有計劃有預謀搞的各種煽動性、破壞性、影響社會穩定、國家安全的暴亂及違法行為。

中國政治體制的現狀及未來發展

　　鄭永年在他的近著《中國方案》一書中指出：「大家知道，一說西方的體制，大家就會想到三權分立：立法、行政、司法。但很多人可能沒有意識到，中國幾千年歷史，也有三權分工合作：決策、執行、監察，這個體制從漢朝建立起，一直到晚清都沒有太大變化。你不能說這個制度沒有生命力。所以當我們說我們的文明幾千年不中斷，我們要思考，哪些東西沒有中斷？王朝是中斷的、皇帝來來去去。甚至我們的種族都變化了，我們漢人不是一個種族概念，而是一個文化概念。那我們哪些東西不變呢？就是這個政治經濟體制只發生了一些小的變動」[4] 我在這裏還可以加多一句，那就是中國人民對中國要統一、不能分裂的思想也沒有變動，更不會動搖。原因很簡單，中國要統一這一思想，自秦朝開始建立至今，在中國人民的心目中，已是牢不可破。其次，從實際的角度也可以看到，中國如果不統一，就會變成一盤散沙，任人魚肉、任人欺負。所以中國必須要有一個強而有力的政府和制度，才能保證中國人民的團結和中國的統一。而在新冠肺炎疫症肆虐期間，大家更可以看到，中國這樣一個統一的大國，比擁有許多小而獨立的國家的歐洲，在有效控制疫情方面，是佔有更大優勢的。這我在下面還會談到。

　　那麼現今中國的體制，又是怎樣的呢？

　　在 1920 年代，中國曾想朝向「黨政分開」的體制走。但在 1989 年發生的政治風波，使「黨政分開的道路走不下去了。黨政分開，黨的主管跟政府的領導兩個人之間如果有矛盾，就變成了黨政兩個機構之間的矛盾，就會產生政府的分裂。所以十九大維護這個三合一制度，就是總書記、國家主席、軍委主席由一個人擔任。」[4] 使中國形成了現今黨政一體的，集「決策權和執行權」於一人（更準確地說，應該是黨的「領導核心」）的一種制度，再

加上一個有效的監督黨政官員的制度，即是一個使黨政官員必須依法施政及「不敢腐、不能腐、不想腐」的體制。

　　而中國共產黨也不是像西方理解意義上的政黨，而是有崇高的使命感，要為國家、為人民服務（這指的是要為中國全體人民的福祉去奮鬥，而不是只為部分的人或某些利益團體去爭取利益；不單只是為中國人民，而是要為世界上所有的人民服務，即是要為全人類服務），甚至犧牲也不計的這樣一個政黨組織或集體。因此，中國共產黨與其他西方政黨最不一樣的地方，在於中國共產黨是一個有偉大理想的、以「目的驅動」(grand purpose-driven) 的政黨，其目的就是要為人民服務，為世界和平作出貢獻；而西方的政黨則是一個被「選舉驅動」(election-driven) 牽着鼻子走的政黨。西方政黨的目的，只是想方設法，為了能在選舉中勝出、能夠掌權，因為贏了才能為支持它的團體或族群爭取利益。而現今西方的政黨，如要能贏取選舉，就要有強大的「財力」和「宣傳」機器作支撐。所以西方的政黨這「選舉驅動」最終的結果，就是政黨都被媒體和財團所左右及操控。而所謂「民主選舉」，便成了一種娛樂群眾、忽悠群眾，使政黨間互相抹黑的政治選舉秀及惡鬥。這種西方式的「民主選舉」制度，在起初建立時，大家都認為是一種相當理性及文明的政黨間競爭的遊戲。但到後來，這種西方式的「民主選舉」制度，逐漸的變得愈來愈非理性化及民粹化；而政黨間的競爭也漸漸地演變成「你死我活」的、殘酷冷血的長期鬥爭。因而導致社會愈來愈撕裂和難以治理，政客愈來愈無視法紀，而落敗的政黨則愈來愈不願意接受選舉的結果，並經常發動群眾搞搗亂暴動企圖推翻選舉結果，結果造成無政府狀態及內戰的局面頻頻出現。

　　由於中國不採用西方式的選舉政治制度，所以這種西方式的政治選舉秀及惡鬥，在中國不會出現。不過，鄭永年在他的《中國方案》的書末，提出了以下幾個有關中國政治制度的問題，很值得在這裏深入探討一下，因為這對進一步完善中國政治體制的構建，會是非常重要。鄭永年說：「我覺得中國接下來還有幾個問題要面

對。中國要實行總統制還是內閣制呢？總統制的話就有任期限制，內閣制的話就沒有，你隨便做幾屆，直到黨不讓你做了。還有一個就是新的領導人產生了以後，總書記也好，總理也好，有沒有組閣權？能不能有他自己的班子？」(4)

根據我的觀察，現在中國實行的是一種「總統制+內閣制」的混合體。但由於總書記、國家主席、軍委主席都由一個人擔任，所以他的權力是比西方的總統制的總統和內閣制的總理來得大。由於支持總書記或總理的領導層，都要受嚴格的黨紀約束，所以理論上大家都是在為黨工作及對黨效忠，而不是在為個別的「一個人」工作和對他效忠。因此，如果讓總書記或總理自己自由選擇個人的班子，那就是鼓勵搞小圈子，是一個尊重法治的政黨所不允許的。此外不要忘記，中國的領導層都必須用「協商」、「尋求共識」和「求同存異」的方法（即「民主集中制」）來做決策和治國理政（這與西方的政黨，只為了總統或總理個人或政黨的「私利」或贏取選舉等目的來治國理政，是不一樣的）。所以總書記或總理是不需要有「忠」於自己的「班子」，但必須要有忠於人民、忠於國家的「班子」。當然「班子」裏的人，都必須嚴守「班子」的運作規矩，這就不言而喻了。其次，這「班子」還必須遵循《中國共產黨中央委員會工作條例》的規定。（這《條例》對黨中央的領導地位、領導體制、領導職權、領導方式、決策部署、自身建設等，都有全面的規定）。

鄭永年在他的上述一書中，還提出另外一個在政治制度設計上很重要的問題，那就是「總統制的話就有任期限制，內閣制的話就沒有，你隨便做幾屆，直到黨不讓你做了」的問題。但實事就是地說，這並不是一個問題。因為從年齡的角度來考慮，要做到總書記（國家主席）來說，遵照中國的升遷制度，選拔+選舉（selection and election system of promotion），起碼要在 60 歲左右，才能做到總書記（國家主席）。如在這位置上做兩屆，那就已經是 70 歲左右了，做三屆就是 75 歲左右，四屆就是 80 歲左右了。一個人

到了 80 歲左右，體力就會開始下降和衰退，難以繼續勝任繁重的工作了。請看一下美國 2020 年大選的兩位總統候選人，不論哪一個當選，都會在任內快到或超過 80 歲了（最後是由 78 歲的拜登當選）。至於較年輕的、有才幹的人，卻不易冒出來，這反映美國的民主選舉制度出了問題。因此，所謂的「民主選舉」，往往是不能選到最好的（因為沒有），而是不要選到最差的。結果是，如張維為教授所說：「總是選出三流領導人。」這種現象，加上很多其他的現象，都說明美式的「民主」，已開始步入僵化的階段。歷史告訴我們，一種制度若開始僵化，就說明這種制度將會漸漸進入沒落和歷史的終結階段。（歷史上這些例子有很多，例如中國的封建制度，到了清朝，就步入了歷史的終結階段。）

　　但中國現在的制度，可能不會出現這種問題。因為中國領導層的任期，一般都是有年齡限制，而且當事人還要經過層層的選拔和實踐的考驗，才能往上升和冒出來的。

　　主觀上我覺得中國的最高領導，如年齡和體力允許的話，最好能安排可以連任兩屆（即 1+2），或最多三屆（即 1+3）。因為中國是一個非常注重作長期發展規劃的國家，一個理想的、好的戰略性的國家發展規劃，必須要有長遠的眼光，及充裕的時間去安排，才能設計出好的規劃及藍圖，並妥善地去予以落實施行的。不過，假如連任太久，就可能會出問題。譬如白俄羅斯的總統盧卡申科，由於做總統做得太長時間，再沒有什麼特出的政績，白俄羅斯的人民對他就起反感和厭煩，要他下台。而俄羅斯的普京，可能也有同樣的問題，故此現在已有點江郎才盡的苗頭。其他類似的例子還有很多，篇幅有限，這裏就再不詳談了。不過，中國現今正是在實現第二個百年奮鬥目標的路上，所以中國必須盡快設計出一套讓領導層能平和繼承的機制；其重要性對中國的長治久安來說，不言而喻。

中國特色社會主義制度的優越性

　　2020 年 9 月 8 日的《人民日報》的一篇社論分析指出說：
「2020 年伊始，在滿懷豪情決勝全面小康，決戰脫貧攻堅的關鍵
時刻，我們遭遇了一場突如其來的新冠肺炎疫情。這是新中國成立
以來傳播速度最快、感染範圍最廣、防控難度最大的一次重大突發
公共衛生事件，中國人民開展了一場艱苦卓絕、氣壯山河的偉大抗
疫鬥爭。」(5)。

　　「我們用一個多月的時間初步遏制了疫情蔓延勢頭，用兩個
月左右的時間將本土每日新增病例控制在個位數以內，用三個月
左右的時間取得了武漢保衛戰、湖北保衛戰的決定性成果，全國範
圍的疫情也得到有效控制，書寫了人類同重大傳染病鬥爭史上的
偉大篇章。經過全國上下艱苦努力，我國統籌推進疫情防控和經濟
社會發展工作取得顯著成效，在疫情防控和經濟社會恢復上都走
在世界前列。對我們這樣一個擁有 14 億人口的大國來說，成績來
之不易經驗十分可貴。」(5)

　　該社論強調：「這是中國人民可歌可泣、感天動地的偉大壯
舉。堅持以人民為中心，堅持全國一盤棋，發揮集中力量辦大事的
制度優勢，緊緊依靠人民群眾，動員全社會力量、調動各方資源，
以科技進步為支撐，開展各方位的人力組織戰、物資保衛戰、科技
突擊戰、資源運動戰，迅速形成了抗擊疫情強大合力，彰顯了中國
力量、中國精神、中國效力，展現了出色的領導能力、應對能力、
組織動員能力、貫徹執行能力。這場疫情防控鬥爭實踐再次證明，
中國共產黨領導和我國社會主義制度、我國國家治理體系具有強
大生命力和顯著優越性，能夠戰勝任何艱難險阻，能夠為人類文明
進步作出重大貢獻。」(5)

　　的確中國這次的抗疫戰鬥，不但為國人證明了中國走特色社
會主義的道路是正確的，而更重要的是證明了給世人看，中國制度

的優越性。當然，我們不應自滿，因為在這次抗疫的鬥爭中，我們發現了在我們公共衛生體系中，還存在着好多缺點和短板。

2020 年第 18 期的《求是》雜誌，發表了習近平的一篇題為〈構建起強大的公共衛生體系，為維護人民健康提供有力保障〉的文章。在文章裏，習近平強調指出「人民安全是國家安全的基石。我們要強化底線思維，增強憂患意識，時刻防範衛生健康領域重大風險。只有構建起強大的公共衛生體系，健全預警響應機制，全面提升防控和救治能力，織密防護網、築牢築實隔離墙，才能切實為維護人民健康提供有力保障。」(6)

治國理政的中國化

外來的制度必須中國化

看中國的歷史，我們可以清楚看到，任何外來的制度、文化、宗教信仰等，如果最終要紮根在中國大地，必須「同我國傳承了幾千年的優秀歷史文化和廣大人民日用而不覺的價值觀念融通」(3)，與中國具體實際的民生及發展互相結合，並進行一定程度的同化或中國化，才能成功。

就拿被引入中國的馬克思主義來說，中國「堅持把馬克思主義基本原理同中國具體實踐相結合，把開拓正確道路、發展科學理論、建設有效制度有機統一起來，用中國化的馬克思主義、發展着的馬克思主義指導國家制度和國家治理體系建設，不斷深化對共產黨執政規律、社會主義建設規律、人類社會發展規律的認識，及時把成功的實踐經驗轉化為制度成果，使我國國家制度和國家治理體系既體現了科學社會主義基本原則，又具有鮮明的中國特色、民族特色、時代特色。」(3)

習近平還指出：中國「從來不排斥任何有利於中國發展進步

的他國國家治理經驗，而是堅持以我為主、為我所用、去其糟粕、取其精華。譬如，在社會主義建設時期，我國國家制度和國家治理就借鑒吸收了蘇聯的許多經驗。改革開放以來，我們不斷擴大對外開放，把社會主義制度和市場經濟有機結合起來，既充分發揮市場在資源配置中的決定性作用，又更好發揮政府作用，極大解放和發展了社會生產力，極大解放和增強了社會活力。」(3)

　　「社會主義和空想社會主義的一大區別，就在於它不是一成不變的教條，而是把社會主義看作一個不斷完善和發展的實踐過程。『文化大革命』結束後，鄧小平同志說過：『我們的黨和人民浴血奮鬥多年，建立了社會主義制度。盡管這個制度還不完善，又遭受了破壞，但是無論如何，社會主義制度總比弱肉強食、損人利己的資本主義制度好得多。我們的制度將一天天完善起來，它將吸收我們可以從世界各國吸收的進步因素，成為世界上最好的制度。這是資本主義所絕對不可能做到的。』40多年的改革開放有力推動中國特色社會主義制度和國家治理體系在革除體制機制弊端的過程中不斷走向成熟。」(3)

小　結

　　所以我們必須把社會主義看作為一個可以不斷完善和發展的實踐過程，而在這過程中，必須把任何外來的東西中國化；然後通過中國化的創新思維的融合、轉化和同化，以及精準實踐，來加強中國社會的治理制度建設，逐步「完善黨委領導、政府負責、社會協同、公眾參與、法治保障的社會治理體制，提高社會治理社會化、法治化、智能化、專業化水平」(7)，從而保證中國能長治久安，天下太平。

　　不過對中國來說，現在最為重要的是要怎樣建立一個保障國泰民安的制度。2020年12月13日，習近平在中央政治局第二十

六次集體學習時指出:「做好新時代國家安全工作,要堅持總體國家安全觀,抓住和用好我國發展的重要戰略機遇期,把國家安全貫穿到黨和國家工作各方面全過程,同經濟社會發展一起謀劃、一起部署,堅持系統思維,構建大安全格局,促進國際安全和世界和平,為建設社會主義現代化國家提供堅強保障。把堅持總體國家安全觀納入堅持和發展中國特色社會主義基本方略,從全域和戰略高度對國家安全作出一系列重大決策部署,強化國家安全工作頂層設計,完善各重要領域國家安全政策,健全國家安全法律法規。」(8) 並把各個健全的制度,都一一建立起來。很明顯的,中國只有這樣做,才能有效地應對重大風險挑戰,保持我國國家安全大局的穩定。

在講話中,習近平就貫徹總體國家安全觀,還提出了 10 點要求。在這裏我就不再重複了,我只想指出其中較具特色和跟香港直接有關的一條,那就是:「堅持推進國際共同安全,高舉合作、創新、法治、共贏的旗幟,推動樹立共同、綜合、合作、可持續的全球安全觀,加強國際安全合作,完善全球安全治理體系,共同構建普遍安全的人類命運共同體。」(8)

怎樣保障中國國家安全,構建穩定國際大安全格局,與各國共同構建普遍安全的人類命運共同體,應是中國在建立和優化治國理政制度化、中國化,建設社會主義現代化的過程中,不得不實實在在認真研究考慮,並必須予以妥妥當當解決好的問題。

2020 年 12 月 30 日,習近平在主持召開中央全面深化改革委員會第十七次會議時,指出:中國共產黨「十八屆三中全會以來,黨中央以前所未有的決心和力度衝破思想觀念的束縛,突破利益固化的藩籬,堅決破除各方面體制機制弊端,積極應對外部環境變化帶來的風險挑戰,開啟了氣勢如虹,波瀾壯闊的改革進程。十八屆三中全會確定的目標任務全面推進,各領域基礎性制度框架基本確立,許多領域實現歷史性變革、系統性重塑、整體性重構,為推動形成系統完備、科學規範、運行有效的制度體系,使各方面

制度更加成熟更加定型奠定了堅實基礎。這是一場國家制度和治理體系的深刻變革。我們始終突出制度建設這條主線，不斷健全制度框架，築牢根本制度、完善基本制度、創新重要制度。在抗擊新冠肺炎疫情、決勝全面建成小康社會、決戰脫貧攻堅、『十三五』規劃實施全年經濟工作等進程中，制度建設發揮了重要作用，改革的關鍵一招作用充分彰顯。」(9) 中國通過長期實踐，逐步演化出來的獨特的制度優勢，再加上中國的政治、發展、機遇優勢，對改變許多現今仍處在制度落後的國家，以及優化全球的治理，我認為中國提供了一個非常好和值得其他國家借鑒的，可以推動人類命運進化和可持續發展的範例或模式。

　　習近平在慶祝中國共產黨成立 100 周年大會上的講話指出：「我們實現新中國成立以來黨的歷史上具有深遠意義的偉大轉折，確立黨在社會主義初級階段的基本路線，堅定不移推進改革開放，戰勝來自各方面的風險挑戰，開創、堅持、捍衛、發展中國特色社會主義，實現了從高度集中的計劃經濟體制到充滿活力的社會主義市場經濟體制、從封閉半封閉到全方位開放的歷史性轉變，實現了從生產力相對落後的狀態到經濟總量躍居世界第二的歷史性突破，實現了人民生活從溫飽不足到總體小康、奔向全面小康的歷史性跨越，為實現中華民族偉大復興提供了充滿新的活力體制保證和快速發展的物質條件。中國共產黨和中國人民以英勇頑強的奮鬥向世界莊嚴宣告，改革開放是決定當代中國前途的關鍵一招，中國大踏步趕上了時代！」(10) 現今中國特色社會主義，可以說已進入了一個嶄新的時代。在這新時代，相信中國還會更加努力，「不斷完善中國特色社會主義制度、推進國家治理體系和治理能力現代化，堅持依規治黨形成比較完善的黨內法規體系。」(10) 如果中國能繼續堅持開放，堅持依規治黨，那麼我深信中國一定能戰勝一切新的困難，實現第二個百年奮鬥目標的戰略安排。

參考資料

1. 陳其泰在《人民日報》題為〈不斷彰顯制度史研究的時代價值〉（學術圓桌）的探討交流發言。2020 年 9 月 14 日，《人民日報》。

2. 赫治清在《人民日報》題為〈不斷彰顯制度史研究的時代價值〉（學術圓桌）的探討交流發言。2020 年 9 月 14 日，《人民日報》。

3. 〈堅持和完善中國特色社會主義制度、推進國家治理體系和治理能力現代化〉。2019 年 10 月 31 日，習近平在中共十九屆四中全會第二次全體會議上講話的一部分。《習近平談治國理政》，第三卷。2020 年，外文出版社，第 120、122、124 頁。

4. 鄭永年，《中國方案》。2020 年，開明書店，第 374–375、378 頁。

5. 〈抗疫鬥爭鑄就民族復興新的精神豐碑〉。2020 年 9 月 8 日，《人民日報》，〈社論〉。

6. 習近平在 2020 年 18 期《求是》雜誌發表題為〈構建起強大的公共衛生體系，為維護人民健康提供有力保障〉的文章。見 2020 年 9 月 15 日，《新華網》。

7. 〈決勝全面建成小康社會，奪取新時代中國特色社會主義偉大勝利〉。2017 年 10 月 18 日，習近平在中國共產黨十九次全國代表大會上的報告。《習近平談治國理政》，第三卷。2020 年，外文出版社，第 38 頁。

8. 〈堅持系統思維構建大安全格局為建設社會主義現代化國家提供堅強保障〉。2020 年 12 月 12 日，習近平在中央政治局第二十六次集體學習時的講話。2020 年 12 月 13 日，《人民日報》。

9. 2020 年 12 月 30 日習近平在主持召開中央全面深化改革委員會第十七次會議時的講話。2020 年 12 月 31 日，《人民日報》。

10. 習近平 2021 年 7 月 1 日在慶祝中國共產黨成立 100 周年大會上的講話。2021 年 7 月 2 日，《大公報》。

第 7 章

維護政治、文明、文化的多元化

從歷史我們可以清楚看到，政治、文明、文化是存在着多元化或多樣性的；但可惜的是，這些多樣不同的政治、文明和文化，能否可以和平共存地，繼續得到維護和發展下去，現今誰都無法保證。但假如我們人類要在這地球持續生存下去的話，那麼我們必須先要盡一切努力把政治、文明、文化的多元化，好好的維護和發展下去；其次，就是把它們互為因果的關係和性質等，搞清楚弄明白，最後就是在進入新時代時，我們應該怎樣通過實踐創造，把政治、文明、文化鑄就更多新的創新活力和理念，讓多元的政治、文明、文化可以不斷地得到提升，及持續地發揮新的輝煌。

在這裏我用中國的政治、文明、文化作為例子，來闡述一下我們中國對以上問題的看法和做法，然後再與其他西方國家的看法和做法作比較。這樣我們就可以更理性和理智地，作出判斷和抉擇，到底我們人類的未來，應朝哪個方向走，才是最有利人類的生存和發展。

中國對文明的看法

鄭永年在他所著的《中國方案》一書中指出：「在漫長的中國歷史中，開放是中國文明最主要的特徵。和其他基於宗教之上的文明不同，中國文明的主題是世俗主義。宗教文明的一個最大特點就是排他性（exclusive），而世俗文明的最大特徵就是包容性

（inclusive）。包容性的代名詞就是開放，就是說中國文明向其他文明開放，不排斥其他文明。中國文明在其發展史上已經包容其他很多文明因素，最顯著的當是其成功地吸納了佛教文明。每次外來文明的到來，在最初必然構成挑戰和衝擊，但當成功吸納外來文明的時候，中國文明就會有長足的進步和發展。」[1]

　　「中華文明歷來主張天下大同、協和萬邦。」[2]「自古以來，中華民族就以『天下大同』、『協和萬邦』的寬廣胸懷，自信而又大度地開展同域外民族交往和文化交流，曾經譜寫了萬里駝鈴萬里波的浩浩絲路長歌，也曾經創造了萬國衣冠會長安的盛唐氣象。正是這種『天行健，君子以自強不息』、『地勢坤，君子以厚德載物』的變革和開放精神，使中華文明成為人類歷史上唯一一個綿延五千多年至今未曾中斷的燦爛文明。以數千年大歷史觀之，變革和開放總體上是中國的歷史常態。中華民族以改革開放的姿態繼續走向未來，有着深遠的歷史淵源，深厚的文化根基。」[3]

　　從以上鄭永年和習近平的說話裏，我們可以清楚看到，中國對於多樣文明的存在，是持着互相尊重、互相借鑒、互通融合的態度的。這與西方以亨廷頓為代表所持的「文明衝突論」，以及西方歷史所呈現的「宗教文明」的互相排斥、非要鬥得你死我活，把異教徒置於死地不可的態度，截然不同。（對於這一個問題，我的拙著《人類命運的演進印跡和路程》(修訂版)和《人類命運進化的基石及元素》二書，都有詳盡的討論，這裏就不再重複了。）而更遺憾的是，西方國家的文化歷史，讓西方國家長期持着非常傲慢和充斥着偏見的意識形態，加上根深蒂固的自戀意識，使他們相信西方的制度，是世界上最好及最優秀的。因此，在他們的眼中，所有其他國家的文明體制，只要是與他們不同的，就必定都是劣質的（inferior）、「惡貫滿盈」的（sinful），及應該被淘汰的(should be got rid of)。

　　中國完全不能接受西方國家對文明的這種「自以為是」的看法。因為中國文明的特點是非常「開放」，喜歡「朋友滿天下」，「來

者都是客」，抱着融合共存，跨越「文明衝突」的態度。相對來說，西方的文明，上面已經說過，特點是相當「封閉」、「自我保護意識強烈」，抱着「唯我獨尊」、「孤立自己」的態度。根據這些，我們就可以看到，為什麼在政治經濟發展方面，現今中國喜歡選擇走「多邊主義」的道路，而西方國家則喜歡偏向於選擇走「單邊主義」、「民粹主義」、「結盟主義」、「聯盟戰略」的道路（例如美國所發起的「五眼聯盟」等）。換言之，一個國家在政治經濟方面所作出的選擇，在一定程度上是受着他們固有的歷史文明的影響（influence）、限制（restrict）和定向（orient）的。我們現在正進入新時代，對人類未來的發展，假如我們採取西方式的「文明封閉」的態度或模式（a closed civilization model），我們全人類將必定會墜落入一種我稱為「文明封閉的陷阱」（a closed civilization trap）的死胡同裏。這也就可以解釋，為什麼亨廷頓認為「文明衝突」是不可避免的這樣一種觀點；這是因為他的思路完全被「文明封閉的陷阱」所蒙蔽，其結果是這世界最終只能剩下一種文明，那就是「西方文明」（即一種偏向於具有基督教（或一神教）背景的文明）。

　　但中國是不會陷入這樣的一個陷阱，因為中國的文明，上面已講過，歷來都是開放式的，或是一種可以容納多種文明的開放型文明（a civilization with an open mindset）。（其實中國在這方面也犯過「鎖國」、「排斥外來文化」的錯誤，但能夠很快就把錯誤糾正過來，所以其影響都是短暫的，而且沒有影響到中國的文明基本上是開放的這根基。）從中國的歷史發展，還可以清楚地看到，中華民族和中華文明是一種「多元一體」、「家國一體」的發展過程。中國的文明是樂於見到世界上有多樣文明存在的，這可能就是為什麼張維為稱中國為一個「文明型國家」（civilizational state）的其中一個重要原因吧[4]。

文化對政治多樣性的影響

　　除了文明之外，另一個會影響政治多樣性發展的要素，就是文化。

　　2020 年 9 月 25 日的《人民日報》刊登了一篇題為〈不斷鑄就中華文化新輝煌〉的評論員文章，指出「文化是民族生存和發展的重要力量。中華民族在幾千年的歷史發展進程中遇到了無數艱難困苦，但我們都挺過來、走過來了。其中一個很重要的原因就是世世代代中華兒女培育和發展了獨具特色、博大精深的中華文化，為中華民族克服困難、生生不息提供了強大精神支撐。」(5)

　　在劉鶴主編的《兩次全球大危機的比較研究》一書中，劉鶴等根據對兩次全球大危機的比較研究，指出「最終決定一個國家競爭力的是國民素質和文化。從兩次危機美國的情況看，大蕭條前十年的繁榮時代，對物質『成功』的膜拜大行其道，美國立國之初形成的吃苦耐勞、集腋成裘的古訓已被人們遺忘，取而代之的是追求快富的社會浮躁心態。二戰後美國經濟迸發的活力同其昂揚的企業家精神有關，而 20 世紀 90 年代以來，金融業的迅速發展，使越來越多的企業家和年輕人希望成為金融家、食利者，賺容易錢、賺快錢，企業家精神受到影響，科技人才培養後繼無人，導致技術創新能力削弱，產業轉型升級停滯。南歐國家在這次危機中的境況同西北歐國家的差別，也同這些國家安於現狀、好逸惡勞、不思進取的國民性密切相關。」(6)

　　談到國民文化及國民性，順便說一下，在今年年初美國總統拜登與特朗普在政權交接時，所呈現出來的美國國民文化及國民性，即一般人所說的「美國文化」或「美式文化」。當時美國曝露出來的政治亂象、社會撕裂，以及白人衝擊美國國會山莊的暴力行為，都顯示出美國的文化在「特朗普主義」的影響下，愈來愈走向「白人極端主義」（例如鼓勵 Proud Boys 搞事）和自私自利的個

人主義，而讓美國陷入了一種充斥着欺凌、殘暴、仇恨和非理性的
「美式文化」格局及困境。（特朗普事後也以犯了「煽動叛亂」罪
（incitement of insurrection），被民主黨在國會予以彈劾。）而更
值得注意的是，美國的新媒體企業，如推特、臉書、谷歌、蘋果、
Youtube 等等，都全面封殺了特朗普的發言權和賬號，截斷了他的
資金來源和宣傳及捐款渠道。這說明美國擁有強大資本力量的大
企業，不但能控制輿論、左右美國的政治，並且還能影響着美國及
世界經濟的發展，譬如實行壟斷科技，打壓別國科技企業的發展等
（其實美國與中國開打貿易戰和科技戰，背後就有他們的影子），
形成「輿論霸權」、「科技霸權」、「科網霸權」、「信息霸權」，並合
同其他的美國大企業，以「影子政府」（deep state）的形式出現，
操控着美國的政治和經濟。這種「美式文化」的新興力量和新形態，
實在不容忽視，因為這將會是未來中國與美國這兩個超級大國
（superpower）在政治、經濟和數字科技等方面較量及角力的重
要場所和舞台。

　　　但另一方面，針對衝擊美國國會山莊的暴徒，美國的執法者
則說，自由、人權並非全無界線，因此就對闖入國會者進行大規模
的搜捕，出手是非常的快捷和狠辣。而同樣的事件，當香港的暴徒
在兩年前衝擊香港的立法會時，美國的官員和政客則採取雙重標
準，批評香港政府制止暴亂是限制了港人的自由和違反人權。而更
匪夷所思的是，對美國來說，好像隨時隨意干涉香港的事務、中國
的內政和司法主權是理所當然之事（事實上這是一種「美式霸權主
義」的行徑）。可見「美式文化」所持的是雙重標準，只重視自己
國家的安定，喜歡隨意干預別國的內政，把別的國家搞得愈亂愈
好，性質是多麼的惡劣和邪毒。但從哲學的角度來看，出現這種現
象並不奇怪，因為這是美國實用主義哲學（pragmatism）在那裏
作祟。對美國人來說，什麼自由、民主、人權，都只是一種具實用
價值的自利（purely out of self-interest）工具（instrument）或武
器（weapon），有需要時就抓得緊緊的，不需要時就可以隨時對其

重新定義(redefine)或置之不理(ignore)。所以對付「美式文化」、「美式價值觀」、及「美式人權」，假如要與其長期競爭或鬥爭，得先了解美國的實用主義哲學在美國人心目中所起的作用和影響（包括社會、經濟等各方面的），才能應付自如，最後勝出。

　　此外，還要清楚了解「美式文化」、「美式價值觀」、及「美式人權」的狹隘性和霸道性。因為「美式文化」、「美式價值觀」、及「美式人權」，推崇的都是「利益至上，個人至上」的價值觀。並沒有像中國那樣，把「生命至上，人民至上」的人類的「生存權」和「發展權」視作為最重要的基本人權。(「生存權」包括生命權、身體權、健康權等。「發展權」則包括經濟發展權、政治發展權、社會發展權、文化發展權、生態發展權等。) 而這些人權在不同的國家，基於其發展階段和文化傳統的不同，是有價值差異的。而就現今許多發展中國家來說，保障每一個人的生命和健康，捍衛每一個人的價值和尊嚴，使每一個人不缺衣少食、不挨凍受餓、能安定生活，就是最重要的人權。所以，從人類命運的進化、文明的演進、社會的發展角度來考量，完全沒有必要一定要照美式的人權價值觀來發展和作標準。其次，美國又是一個特別喜歡用雙重標準來衡量人權的國家。(所謂雙重標準，指的是同一件事，有利於我的就是好事，不利於我的就是壞事。) 因為有許多事實告訴我們，美國（ 特別是美國的一些政客和傳媒），經常都會恬不知恥地喜歡把自己幹的、違反人權的壞事說成是好事來欺騙人。而假如美國不喜歡的人（ 譬如中國 ）做了任何人權方面的好事，則會被美國政客和傳媒說成是壞事，予以歪曲、抹黑和詆毀。這就是為什麼我說美國文化是一種雙重標準文化及霸道文化；通俗一點來說，即是「有口話人，無口話自己」、「有我講，無你講」的那種。

　　從美國的歷史文化發展來看，美國建國的初期，其文化（ 當時可以說是一種很有朝氣的新文化)是崇尚一種頗為儉樸誠實、艱苦創業、勤勞奮鬥、正直公正、反對壓迫，朝向較為孤立主義的道路發展和推進的文化。但在二次世界大戰之後，由於客觀形勢的變

化，美國逐步朝着霸權主義超級大國的方向發展。在蘇聯解體和冷戰結束之後，美國變成了世界上唯一的超級大國，這促使美國認為，他的「自由、民主、人權」的美國價值觀，是唯一正確的價值觀或普世價值觀，並主觀地利用其軍事力量，來逼迫所有其他的國家都要跟隨美國的「自由、民主、人權」價值觀模式來發展。實際上，其目的是想要長期鞏固其霸主地位，以及製造有利於支撐美國的資本主義的發展和美國利益佔有率最大化的環境。隨着美國的「自由、民主、人權」價值觀變得愈來愈放任無羈，更促使美國自身不可避免的陷入長期黨爭不休、社會分化、政治撕裂、種族衝突、貧富差距趨烈、國內亂象叢生的困局，而難以自拔。而對外方面，美國則變本加厲，經常動用軍隊、經貿制裁、長臂管轄、發動顏色革命、顛覆別國政權、製造地區動亂，來謀取美國經濟利益的最大化，以及勢力範圍的擴張。美國這種干涉其他國家內政和逼迫其他國家就範的方式，使國際關係長期陷入不穩定性和不可預測性。從二次世界大戰之後，美國的這種做法，不知已造成了多少人間災難！（在這裏我引用了一位作家的話作為例子供參考，見本章末附件一。）故此，最近美國蘭得智庫有一份報告，建議美國應重回現實主義，實行戰略收縮（例如放棄干涉台灣事務及釣魚島），才是美國應採取的策略。因此，如果美國再不改弦易轍，控制其文化侵略的意圖和實行「戰略收縮」，那麼美國國力的嚴重走衰，在不久的將來是很有可能會變成事實的。

　　故此，我可以理解，為什麼劉鶴等要強調「國民文化素質是一國競爭力的內核。在我國發展爬坡過坎的關鍵時期，要充分認識儉樸誠實、艱苦創業、勤勞奮鬥是防範危機的根本，安於享樂、不勞而獲、快速致富是危機孕育的最佳土壤，要在全社會和企業中，倡導持之以恆、敬業勤勉、不驕不躁、積極進取的精神和文化，建立以為他人、為社會創造價值和做貢獻為榮的輿論導向和激勵機制。」[6]（這與「美式文化」的只注重「自利」是迥然不同的。）

　　從以上我們可以看到文化對經濟發展的重要性，而經濟又是

政治的基礎。對中國來說，中國的政經發展走什麼道路，都是會與中國的文化傳承有密切的關係。譬如，就拿中國的現代化來說，經濟學家胡鞍鋼指出，中國的現代化道路可以「概括為三個方面的基本因素。第一個就是現代化的因素。無論是 1953 年毛澤東提出國家工業化，還是到 1956 年黨的八大提出『四個現代化』，以及到後來小平提出的『三步走』戰略構想，主線就是現代化。第二個因素是社會主義因素。我們的經濟制度基本上是從國家工業化變成混合工業化。就是現在看到的社會主義市場經濟體制和社會主義公有制和非公有制的混合經濟。最後一個因素是中國文化因素。這是基於中國的歷史來源的基本因素。」[7]

而「中國道路的含義就是這三個方面的因素不斷加強，不斷擴大。一是不斷增加現代化因素，最大程度的擴大生產、創造財富，最大限度利用現代知識、科技、教育、信息等要素。二是不斷增加社會主義因素，共同發展、共同分享、共同富裕，要發揮社會主義制度的政治優勢。三是不斷增加中國文化因素，對構建中國特色的理想社會有重大創新，如小康社會、和諧社會、學習型社會、安居樂業社會。包括像習近平主席提出的『中國夢』，我出國訪問感受到中國不僅已經開始處在世界經濟的中心舞台，或者是舞台的中心，而且中國領導人在說什麼已經影響世界。如果說中國現代化第一個因素是與美國基本相同，第二個因素、第三個因素就是與美國最大的不同。」[7]

胡鞍鋼從這三個因素，看中國的現代化道路，是很具說服力的。因為中國的現代化道路，有其一定的獨特性，並可簡單概括為三大優勢，即是：

「一是後發優勢；

二是社會主義優勢，中國的現代化之路，不是資本主義道路而是社會主義道路。這是與所有發達國家最大不同之處；

三是中國文化的優勢。中國有着幾千年的文化，要求我們的文化，我們的現代化不是排斥這些文化的，恰恰應該是源於這些文

中國政府高度重視實現脫貧工作。在四川省儀隴縣，政府在新村建設新樓房，
安置老年人入住。(Shutterstock)

化。並且使得它更加開放，更加包容，並且還要同其他國家的文化
相互學習借鑒交流融合，並成為創新中國特色現代化的巨大的文
化優勢。」(7)

　　這就是為什麼習近平，在主持教育文化衛生體育領域專家代
表座談會上的講話中，一再強調中國「要堅定文化自信，推動優秀
傳統文化創造性轉化、創新性發展，繼承革命文化，發展社會主義
先進文化，不斷鑄就中華文化新輝煌，建設社會主義文化強國。要
把文化建設放在全局工作的突出位置，堅持以社會主義核心價值
觀引領文化建設，加強社會主義精神文明建設，繁榮發展文化事業
和文化產業，提高社會文明程度，發揮文化引領風尚、教育人民、
服務社會、推動發展的作用。推動理想信念教育常態化制度化，加
強黨史、新中國史、改革開放史、社會主義發展史教育，加強愛國
主義、集體主義、社會主義教育，引導人們堅定道路自信、理論自
信、制度自信、文化自信。促進全體人民在思想上精神上緊緊團結
在一起。」(8)

中國文化比西方文化在多方面具優越性

從這次中國在抗新冠肺炎疫情的表現，大家都可以清楚看到中國文化和中國制度，在多方面的優越程度，都是遠超過了西方許多發達的國家。西方許多發達的國家，由於文化傳統上過分慫恿個人主義、自由主義，形成國民習慣了散漫不羈，要自由但卻不願意負責任的一種非常自私自利的生活方式和文化。導致這些國家的許多人民，罔顧人類最重要的「生命權」，不懂得怎樣去尊重科學，更不懂得怎樣去尊重他人和其他國家。這種「文化自由主義」的偏激思想在西方發達國家的泛濫，不但使這些國家在抗新冠肺炎疫情方面出現失控，同時也使這些國家的經濟難以恢復正常運行，頻頻陷入把經濟問題政治化、民粹主義化、狹隘民族主義化，因而衝擊這些國家的政治制度和國家的安全穩定，並且還動搖了西方發達國家長期領導世界的地位，使他們無法（因為自顧不暇，或亂了陣腳，或束手無策）平息動盪的全球經濟秩序，無法穩定人心的不安，及無法扭轉他們自己造成的，只會互相推卸責任、甩鍋的惡劣局面。

回看一下中國抗新冠肺炎疫情的情況。2020 年 9 月 8 日，習近平在出席全國抗疫表彰大會上說，抗疫鬥爭的偉大實踐再一次證明，「中國人民所具有的不屈不撓的意志力，是戰勝前進道路上一切艱難險阻的力量源泉；中國特色社會主義制度所具有的顯著優勢，是抵禦風險挑戰、提高國家治理效能的根本保證；新中國成立以來所積累的堅實國力，是從容應對驚濤駭浪的深厚底氣；社會主義核心價值觀、中華優秀傳統文化所具有的強大精神動力，是凝聚人心、匯聚民力的強大力量；構建人類命運共同體所具有的廣泛感召力，是應對人類共同挑戰、建設更加繁榮美好世界的人間正道。」[9]

小　結

　　從上面扼要的論述，可以看到文明、文化對政治的影響力和重要性。胡鞍鋼在他的論文〈中國現代化之路〉中指出：「為什麼我要強調文化？因為中國提出的現代化目標，譬如像小康之家，小康水平，小康社會，英文詞是沒有的，現在又要提出大同世界，翻譯過來確實沒有辦法翻譯，因此他本身提出的目標具有中國文化的那種理念。」(7) 習近平在全國抗疫表彰大會上，更進一步強調：「一個民族之所以偉大，根本就在於在任何困難和風險面前都從來不放棄、不退縮、不止步，百折不撓為自己的前途命運而奮鬥。從五千多年文明發展的苦難輝煌中走來的中國人民和中華民族，必將在新時代的偉大征程上一路向前，任何人任何勢力都不能阻擋中國人民實現更加美好生活的前進步伐。」(9)

　　在抗疫方面，中國的做法和心態，與西方許多發達國家的做法和心態完全不一樣。西方國家在困難和風險面前都採取放棄、退縮、任之由之、不想負責任、不想擔當的策略。對眾多的患者、死者視而不見，麻木不仁，導致在新冠肺炎疫情面前，讓不應該病的人都病了，讓不應該死的人，都被逼走上死亡之路。西方許多國家的想法和做法，與中國所堅持的，把人民生命安全健康放在首位，及與中國所倡導的「生命至上，舉國同心，捨生忘死，尊重科學，命運與共」的文明抗疫精神，完全背道而馳。

　　中國在抗擊新冠肺炎疫情的鬥爭中，可以說是「充分展現了中國人民和中華民族的偉大力量，充分展現了中華文明的深厚底蘊」(9)，充分展現了中國政治制度的優勢，中國民族團結的力量，中國文化的強大韌性，及中國作為一個大國的擔當精神及氣魄。

　　2020 年 9 月 27 日的《人民日報》一篇題為〈為構建人類命運共同體攜手前行〉的報道，引用了一位外國知名人士的話：「自然是豐富多彩的。世界也是多元的。試圖在全球範圍推行某種『萬能』的發展模式是不現實的。國家間不應因為社會文化發展道路差

異而相互排斥，而應相互尊重、求同存異。每一個民族和國家都在為人類社會發展作出自己的貢獻。『只有在百花齊放的環境中，才能孕育各種新思想、新創造，才能推動人類社會向前發展。』」[10] 我很同意這一觀點，譬如，像美國這樣的國家，不論是由共和黨抑或民主黨掌權，都不斷的在吹噓美國的制度是最好的，整天的在想方設法，打壓中國，圍堵中國，改變中國，攻擊中國的文化、文明及政治制度。(本章末附件二的一篇英文評論寫得很客觀，值得大家參考)。美國的這種做法，當然是永遠不會得逞的；他們癡心妄想，要用他們二百多年的文明來否定中國五千多年的文明，也肯定不會成功的。再說，現今已有跡象顯示，美國的綜合實力，已開始在走下坡路，而美國的文化也着實存有太多弱點(譬如過分強調個人的自由，導致人心散漫，為反對而反對的風氣盛行；政治經常被保守的宗教勢力綁架，做出許多不理性、不科學、逆人性之事；白人的傲慢和優越感嚴重，造成對黑人及其他人種的歧視等)，這些都在不斷地拖累着美國的發展。此外，美國的經濟也開始呈現各種頹勢，難以繼續支撐美國歷屆政府的許多劣質的治國理政做法，例如債台高築，到處開展軍事行動，動不動就制裁別的國家，文化侵略其他國家，干涉別國的內政，在他們不喜歡的國家裏搞「顏色革命」，在全球搞霸權主義，破壞國際秩序等。暫且讓我們具體地看一下，當今美國做了哪些威脅全球戰略安全與穩定的壞事，以下是 CCTV 1 綜合台的「新聞聯播」總結出的十項：

1.　痴迷窮兵黷武；　2.　重拾冷戰思維；

3.　奉行單邊主義；　4.　謀求自我鬆綁；

5.　大搞政治操弄；　6.　打破戰略平衡；

7.　阻擋生物軍控；　8.　遲滯化武銷毀；

9.　推動星球大戰；　10.　構建黑客帝國。

美國這樣做的目的非常明顯，就是想用美國的政治文化、經濟文明、價值觀、意識形態、綜合國力來一統天下、獨霸地球。其

結果當然就只能是徹底摧毀世界政治、文明、文化的多樣性和可持續性！

　　遺憾的是，現今西方國家對中國文明的了解很不足夠，不知道中華文明是可以協助發展世界的政治、文明、文化多樣性和可持續性，並且中華文明還對人類文明是可以做出許多有益的貢獻的。所以習近平在 2020 年 9 月 28 日，在中共中央政治局以中國考古最新發現及其意義為題的第二十三次集體學習會上明確指出，中國必須「向國際社會展示博大精深的中華文明，講清楚中華文明的燦爛成就和對人類文明的重大貢獻，讓世界了解中國歷史、了解中華民族精神，從而不斷加深對當今中國的認知和理解，營造良好國際輿論氛圍。」[11] 此外，習近平還強調：「在歷史長河中，中華民族形成偉大民族精神和優秀傳統文化，這是中華民族生生不息、長盛不衰的文化基因，也是實現中華民族偉大復興的精神力量。」[11]

　　2020 年 12 月 1 日，習近平在第 23 期《求是》雜誌發表的，一篇題為〈建設中國特色中國風格中國氣派的考古學，更好認識源遠流長博大精深的中華文明〉的文章中指出：「我國考古發現，展示了中華文明起源和發展的歷史脉絡，實證了我國百萬年的人類歷史、一萬年的文化史、五千多年的文明史；展示了中華文明的燦爛成就，是堅定文化自信的重要源泉；展示了中華文明對世界文明的重大貢獻。」[12] 文章強調：「當今中國正經歷廣泛而深刻的社會變革，也正進行着堅持和發展中國特色社會主義的偉大實踐創新。我們的實踐創新必須建立在歷史發展規律之上，必須行進在歷史正確方向之上。」[12] 而我們中華民族的歷史、中華優秀的傳統文化，正是實現中華民族偉大復興的精神力量。如果我們能夠結合新的實際形勢，借鏡外國有益的文化，秉持中華文化講仁愛、重民本、守誠信、崇正義、尚和合、開放包容、求大同等核心文化道德觀和價值觀；秉持互信、互利、平等、協商、尊重多樣文明、謀求共同發展、與我們的自然地理環境和諧相處的文明觀和世界觀；讓

文明共存、超越文明優越，共同朝着構建各種人類命運共同體的目標努力，我們人類定能為未來世界的文明建設，作出更大的貢獻。

　　此外，我認為在這裏還值得指出的一點是，我們中華民族的優秀文化和長久不衰的文明，就是使我們有能力去抵禦和戰勝西方文明的侵略，不讓西方國家（特別是美國）不斷的在想方設法，摧毀我們的國家和阻擋我們的發展的重要基石。所以我們必須把中華民族的優秀文化和長久不衰的文明這一基石，完整地維護好，並將其發揚光大，使其永遠屹立不倒。

踐行多邊主義維護文化多樣性

　　2021 年 2 月 21 日，楊潔篪在《人民日報》撰文，強調指出中國「堅定支持多邊主義，堅定維護以聯合國國際法為基礎的國際秩序，堅決捍衛國家利益和民族尊嚴，推動多邊主義朝着正確方向發展。當前形勢，堅持維護和踐行多邊主義對於促進世界和平與發展具有特別重要而深遠的意義。冷戰結束後，世界多極化、經濟全球化、社會資訊化、文化多元化深入發展，國際機制不斷建立和完善，多邊主義成為世界各國明確政策取向。為應對 2008 年國際金融危機，二十國集團領導人峰會應運而生，成為討論經濟治理的重要平台，新興市場國家和發展中國家平等參與全球經濟治理決策。過去幾年個別國家奉行單邊主義、保護主義錯誤政策，頻頻『退群』、『毀約』，多邊主義遭受嚴重挫折，國際社會普遍對此表示反對，要求堅持多邊主義、維護國際合作。基於聯合國憲章的多邊主義體現了人類社會從戰爭到和平、從特權到平等、從壟斷到協商的歷史進步。正如習近平總書記在世界經濟論壇『達沃斯議程』對話會特別致辭中所說，『多邊主義的要義是國際上的事由大家共同商量着辦，世界前途由各國共同掌握』，命運共通，責任共擔，利益共用，時艱共克，這既是中華傳統文化價值取向，也是世界各國人

民共同追求。我國宣傳的多邊主義建立在以聯合國為核心的國際體系上，同世界多極化主張、人類命運共同體思想一脈相承。構建人類命運共同體為維護和踐行多邊主義提供了方向引領，維護和踐行多邊主義為構建人類命運共同體提供了國際制度方面的重要保障。這一主張體現時代進步，符合世界各國和各國人民利益。構建人類命運共同體和新型國際關係為目標，以促進世界多極化國際關係民主化為方向，以維護聯合國權威和聯合國憲章宗旨原則為核心，以共商共建共用全球治理觀為引領，以高品質共建『一帶一路』為路徑，積極引導全球治理體系變革和建設，推動建設持久和平、普遍安全、共同繁榮、開放包容、清潔美麗的世界。2021年 1 月，習近平總書記在世界經濟論壇『達沃斯議程』對話會上發表題為〈讓多邊主義的火炬照亮人類前行之路〉的特別致辭，倡導國際社會共同解決好這個時代面臨的四大課題，指明出路是維護和踐行多邊主義，推動構建人類命運共同體，強調要堅持開放包容，不搞封閉排他；要堅持以國際法則為基礎，不搞唯我獨尊；要堅持協商合作不搞衝突對抗；要堅持與時俱進不搞故步自封。習近平總書記指出，在國際上搞『小圈子』人為造成相互隔離至隔絕，只能把世界推向分裂至對抗。一個分裂的世界無法應對人類面臨的共同挑戰。反對由一國包攬國際事務、主宰他國命運、壟斷發展權利。雖然多邊主義面臨新的複雜因素，但合作基礎依然存在，合作空間仍然廣闊。一些國家對多邊主義內涵和重點看法不一，但聯合國憲章宗旨和原則仍是國際社會最大公約數。新冠肺炎疫情肆虐成為世界各國面臨的嚴重挑戰，國際社會呼籲團結抗疫的意願空前強烈。民粹主義和逆全球化思潮上升但經濟全球化仍是大勢所趨，世界大多數國家期待經濟全球化朝更加開放、包容、普惠、平衡、共贏方向發展。面臨疫情流行，經濟衰退、氣候變化等全球性挑戰，沒有一個國家能夠獨善其身，唯有團結合作才是最有力武器，共同走多邊主義道路才是正確選擇。雖然鼓吹意識形態對立的論調抬頭，但是國際社會要求加強團結、超越分岐的呼聲更加高

漲。一些勢力固守零和博奕，在國際上炒作意識和政治制度差異，企圖搞『小圈子』製造分裂，企圖以人權、民主等為藉口干涉別國內政，這些行徑遭到國際社會的普遍反對。構建新型國際關係，要相互尊重不要唯我獨尊，要公平正義不要狹隘偏私，要合作共贏不要以鄰為壑。國際社會普遍認為各國應該走符合自身國情的發展道路，自己首先要辦好自己的事，反對內病外治轉嫁矛盾，反對搞意識形態劃線。世界絕大多數國家希望在相互尊重、平等互利基礎上加強全球治理，共同破解治理、信任、和平、發展重大赤字，共同建設更加開放包容、公平正義、綠色持續、合作共贏的多邊主義和全球治理體系。堅決反對以意識形態劃線，要團結不要分裂，要合作不要對抗，要正和不要零和，要『大家庭』不要『小圈子』。習近平總書記在世界經濟論壇『達沃斯議程』對話會上指出，『各國歷史文化和社會制度各有千秋，沒有高低優劣之分，關鍵在於是否符合本國國情，能否獲得人民擁護和支援，能否帶來政治穩定、社會進步、民生改善，能否為人類進步事業作出貢獻』。各國要在相互尊重、求同存異基礎上實現和平共處、共同發展；要堅持宣傳平等、互鑒、對話、包容的文明觀，促進交流互鑒，為人類文明發展進步注入強勁動力。」(13)

　　楊潔篪以上的話，顯然是說給拜登聽的。因為拜登想用搞「小圈子」的方法，與一些和美國具有同樣價值觀的同盟兄弟，共同來圍堵中國；因為拜登是把中國作為長期的競爭對手，來看待及製訂相應反華政策的。而看來現在拜登及西方的盟國的心情，應該是相當複雜的。一方面他們怕中國的崛起會挑戰他們的價值觀和引領世界的地位，但另一方面他們又不得不面對中國崛起所帶來的影響及挑戰。因此要解決這一個問題，我認為只有堅持踐行多邊主義這一個辦法。因為只有多邊主義才能為構建人類命運共同體，提供到國際制度方面的保障。只有多邊主義才能讓世界(特別是中美)順利進入一個充滿機遇的變革期，一個可以有效避免出現動盪的新時代；只有多邊主義才能為人類帶來一個可以持久和平、共同發

展、繁榮共贏的和諧世界；只有多邊主義才能維護政治、文明、文化的多樣性。

習近平在慶祝中國共產黨成立 100 周年大會上的講話指出：「中華民族是世界上偉大的民族，有着五千多年源遠流長的文明歷史，為人類進步作出了不可磨滅的貢獻。1840 年鴉片戰爭以後，中國逐步成為半殖民地半封建社會，國家蒙辱、人民蒙難、文明蒙塵，中華民族遭受了前所未有的劫難。從那時起，實現中華民族偉大復興，就成為中國人民和中華民族最偉大的夢想。」[14]

中國進行社會主義革命，實現民族復興，發展了中國特色社會主義，創造了人類文明新形態，維護了政治、社會、文化的多元化。中國在這方面的勝利，必將載入中華民族及人類文明發展史冊！

參考資料

1. 鄭永年，《中國方案》。2020 年，開明書店，第 13 頁。

2. 〈開放合作，命運與共〉。2019 年 11 月 5 日，習近平在第二屆中國國際進口博覽會開幕式上的主旨演講。《習近平談治國理政》，第三卷，2020 年，外文出版社，第 213 頁。

3. 〈在慶祝改革開放四十周年大會上的講話〉。2018 年 12 月 18 日，習近平在慶祝改革開放 40 周年大會上的講話。《習近平論堅持全面深化改革》。2018 年，中央文獻出版社，第 523 頁。

4. 張維為，《文明型國家》。2018 年，開明書店，第 3 頁。

5. 《人民日報》評論員文章，〈不斷鑄就中華文化新輝煌〉。2020 年 9 月25 日，《人民日報》，第 1 版。

6. 劉鶴 主編，《兩次全球大危機的比較研究》。2013 年，中國經濟出版社，第 41 頁。

7. 胡鞍鋼，〈中國現代化之路〉(1949–2014)。吳敬璉等 主編，《中國經濟新常態與政策取向》。2015 年，中國經濟出版社，第 335，345–346 頁。

8.　2020 年 9 月 22 日，習近平在京主持「教育文化衛生體育領域專家代表座談會」上的講話。2020 年 9 月 23 日，《文匯報》，A13 版。

9.　〈為保人民生命安全　我們什麼都可豁出來〉。2020 年 9 月 8 日，習近平在出席全國抗疫表彰大會上的講話。2020 年 9 月 9 日，《文匯報》，A1 版。

10.　〈為構建人類命運共同體攜手前行〉。2020 年 9 月 27 日，《人民日報》，第 3 版。

11.　2020 年 9 月 28 日，習近平在中共中央政治局以中國考古最新發現及其意義為題的第二十三次集體學習會上的講話。2020 年 9 月 30 日，《文匯報》，A15 版。

12.　習近平，《建設中國特色中國風格中國氣派的考古學，更好認識源遠流長博大精深的中華文明》。2020 年 12 月 1 日，《求是》雜誌，第 23 期。2020 年 12 月 1 日，《人民日報》，第 01 版。

13.　楊潔篪，〈堅定維護和踐行多邊主義　堅持推動構建人類命運共同體〉。2021 年 2 月 21 日，《人民日報》。

14.　習近平，2021 年 7 月 1 日〈在慶祝中國共產黨成立 100 周年大會上的講話〉。2021 年 7 月 2 日，《大公報》。

附件一

A comment by Arundharti Roy, an Indian author

The United States can do whatever the hell it wants and that's official. Way back in 1988 on the 3rd of July the USS Vincennes, a missile cruiser, stationed in the Persian Gulf accidentally shot down an Iranian airliner and killed 290 civilian passengers and George Bush [Sr.] who was at that time on his presidential campaign was asked to comment on this incident. He said quite subtly, "I'll never apologize for the United States, I don't care what the facts are."

附件二

"In the Name of National Security…"

by Dennis Etler, Professor of Anthropology, UC Berkeley,
8 July 2020
Quoted by Pang Hok Liong, 13 July 2020.

As I see it: When the US invades and occupies other nations, killing and wounding millions it's always done in pursuit of its "national security". It seems the US can do so with impunity.

But when China invokes national security to quell foreign supported insurrections in its own territory it is censured and sanctions are imposed.

When the US bans Chinese apps and social media it is done in the name of national security. When China bans US social media to protect the national security it's an infringement of freedom and free market access.

When the US jails dissidents like Chelsea Manning it's done in the name of national security. When China detains a dissident it's a violation of human rights.

When the US oppresses its minorities it's excused as a flaw that needs to be addressed after centuries of neglect. Any resistance by the oppressed is seen as a threat to national security. When China seeks to alleviate the poverty of its minorities it is called genocide.

When the US spends hundreds of billions of dollars on the war budget it's done in the name of national security. When China builds up its defense forces it's called aggression.

It seems that the US can do as it pleases in the name of its own national security and interests but all the rest of the world have no right to do the same.

第 8 章

生物多樣性、環保及地球環境
的可持續發展

2020 年 9 月 30 日中國在聯合國主持了歷史上首次有關保護「生物多樣性」(biodiversity) 問題的峰會，商討怎樣解決當今世界面臨着的這一重大問題。「習近平在峰會上通過視頻發表重要講話，着眼人類社會可持續發展，倡導人與自然界和諧共生」(1) 的必要性。

習近平指出：「當前全球物種滅絕速度不斷加快，生物多樣性喪失和生態系統退化對人類生存和發展構成重大風險。新冠肺炎疫情告訴我們，人與自然是命運共同體。我們要同心協力，抓緊行動，在發展中保護，在保護中發展，共建萬物和諧的美麗家園。」習近平就此提出四點建議：

「一是堅持生態文明，增強建設美麗世界動力。生物多樣性是人類賴以生存和發展的重要基礎。生態興則文明興。要站在對人類文明負責的高度，尊重自然、順應自然、保護自然，探索人與自然和諧共生之路，促進經濟發展與生態保護協調統一，共建繁榮清潔美麗的世界。

二是堅持多邊主義，凝聚全球環境治理合力。《生物多樣性公約》、《聯合國氣候變化框架公約》及其《巴黎協定》等國際條約是相關環境治理的法律基礎，也是多邊合作的重要成果，得到各方廣泛支持和參與。面對全球環境風險挑戰，各國是同舟共濟的命運共同體，單邊主義不得人心，攜手合作方為正道。要堅定捍衛以聯合

國為核心的國際體系，維護國際規則尊嚴和權威。提升全球環境治理水平。

　　三是保持綠色發展，培育疫後經濟高質量復甦力。要着眼長遠，保持定力，堅持綠色、包容、可持續發展。要從保護自然中尋找發展機遇，實現生態環境保護和經濟高質量發展雙贏。

　　四是增強責任心，提升應對環境挑戰行動力。發達國家和發展中國家處於不同發展階段，在環境問題上的歷史責任和現實能力存在差異。要堅持共同但有區別的責任原則，照顧發展中國家資金、技術、能力建設方面的關切。要切實踐行承諾，抓好目標落實。」[2]

生態文明是地球生命共同體

　　習近平又指出：「中國用生態文明理念指導發展，從道法自然、天人合一的中國傳統智慧，到創新、協調、綠色、開放、共享的新發展理念。中國把生態文明建設放在突出地位，融入中國經濟社會發展各方面全過程，努力建設人與自然和諧共生的現代化。

　　中國採取有力政策行動。中國堅持山水林田湖草生命共同體，協同推進生物多樣性治理。加快國家生物多樣性保護立法步伐，劃定生態保護紅線，建立國家公園體系，實施生物多樣性保護重大工程，提高社會參與和公眾意識。過去十年森林資源增長面積超七千萬公頃，居全球首位。長時間、大規模治理沙化、荒漠化，有效保護修復濕地，生物遺傳資源收集保藏量位居世界前列。90%的陸地生態系統類型和85%的重點野生動物種群得到有效保護。

　　中國積極參與全球環境治理。中國切實履行氣候變化，生物多樣性等環境相關條約義務，已提前完成2020年應對氣候變化和設立自然保護區相關目標。作為世界上最大發展中國家，我們也願承擔與中國發展水平相稱的國際責任，為全球環境治理貢獻力量。

中國將持人類命運共同體理念，繼續作出艱苦卓絕努力，提高國家自主貢獻力度，採取更加有力的政策和措施，二氧化碳排放力爭於 2030 年前達到峯值，努力爭取 2060 年前實現碳中和，為實現應對氣候變化《巴黎協定》確定的目標作出更大努力和貢獻。」[2]

張軍在〈為人與自然和諧共生繪就光明前景〉一文中說：「回顧歷史，人類取得巨大發展進步，但現代化進程向自然索取過度反噬人類進步成果，可持續發展面臨嚴峻挑戰。習近平主席站在對人類文明負責的高度，提出『尊重自然、順應自然、保護自然』，闡釋『生態興則文明興』、『以自然之道，養萬物之生』等重要論斷，引起強烈共鳴。」[1] 習近平「揭示了人與自然相互依存的內在關係，為人類可持續發展指明了方向。應對氣候變化和新冠肺炎疫情挑戰，保護環境和生態平衡，處理好人與自然關係是關鍵。堅持生態文明，增強建設美麗世界動力，探索人與自然和諧之路，這一主張是對人類命運共同體理念的深入闡釋和持續升華。」[1]

處理好人與自然關係，尊重自然，敬畏自然，歷來是中國傳統文化的一個重要組成部分（譬如老子在這方面的貢獻就非常之大，但仍還需要我們好好的去研究怎樣去發揚光大）。所以任何時候我們都不能把這重要傳統拋棄掉，因為這是中國眾多文化軟實力之中的一個非常重要部分。其次，我們還要在這基礎上，順應自然環境的多元化，物種的多樣性，自然規律的規範性等，尋求和作出更多更佳的維護好地球的方法，從而減少人類社會的發展與自然萬物的發展所形成的各種矛盾和衝突。我們還必須盡量避免或減少人類有意無意的，對存在這地球上繁衍的自然萬物（all biological species）、生物食物鏈（food chain）、生態鏈條（ecological chain）、生態小環境（niche area）等，造成各種傷害和破壞。

要防止破壞環境，最重要的當然是要有效地控制環境的被污染，以及控制地球氣候的不斷變暖（我的拙著《人類命運的演進印跡和路程》（修訂版）對此有更詳盡的闡釋），但為什麼又要保護

「生物多樣性」呢？可能很多人對此並不明白，在這裏我簡要地解釋一下。

　　生物的進化是要靠「自然選擇」來驅動的，這是達爾文的進化論所揭示的生物進化機制。但「自然選擇」（natural selection）是需要有龐大的生物群體，才能做到汰弱選優的效果。如果生物群體的種類（variety）愈來愈少、或生物群體的數量愈來愈少，這就會使多樣性減少，把選擇的範圍收窄，而無法做到真正的汰弱選優的效果。正如上面習近平所說：「當前全球物種滅絕速度不斷加快，生物多樣性喪失和生態系統退化對人類生存和發展構成重大風險」[2]。故此，保護好生物的多樣性，不讓全球物種的數量和質量繼續萎縮和下降，可以說是當務之急，因為時間不等人啊！

　　採用一個可能並不太恰當的比喻，再說明一下這一問題帶來的嚴重後果。就像美國選舉總統，由於可供選擇的候選人非常之少（即多樣性太少，too little to choose），這樣就會導致容易出現，像 2020 年美國選舉總統的情況那樣，最後只能推舉兩個風燭殘年的耄耋老人出來競選。這種情況的出現肯定是不健康的，也是對西方所鼓吹的所謂「民主選舉制度」的有力諷刺。從這一個比喻我們可以看到，為什麼在生物界，我們要強調保護生物多樣性的原因。因為只有這樣，我們才能保證生物物種可供選擇的基數足夠大，從而達到自然界可以讓生物，真正汰弱留強地良性進化的效果。

　　其次，生存在地球上的生態環境和生態系統之內的每一種物種，都有其一定的角色和重要性。嘉哲在《人民日報》撰文指出：「人類的生存和發展，離不開健康生態系統。在生態系統中，每個物種依靠食物、競爭與捕獵等關係形成的食物鏈條，彼此交織在一起，構成一個複雜的網絡。網絡中的物種越多，網絡就越穩定堅固。一個物種一旦消失，就不會再生，還會通過鏈條引起連鎖反應，威脅整個生態系統的存在。野生動物是生態系統的重要組成部分，可以說，保護野生動物，就是保護人類自己」[3]。

　　不過，也必須在這裏指出，中國「和世界許多地方一樣，過

度利用、生境喪失與退化、環境污染以及氣候變化、法律意識淡薄、濫捕濫獵等因素，正威脅着我國野生動物的生存。」[3] 其次，現今已有許多證據顯示，人類吃野生動物（即野味），很容易會把存在野生動物身上的病毒等傳染給人類。所以我們必須停止和禁止這種壞的習慣和習俗，防止野生動物的病毒成為危害人類衛生健康的流行病等。為了進一步防止我們濫殺野生動物，現在中國新修訂了《國家重點保護野生動物名錄》，我相信這將有助我們更好的保護地球上的野生動物、自然生態環境以及人民的身體健康。

中國在環保方面的實踐和經驗

2020 年 9 月 22 日，習近平在第七十五屆聯合國大會一般性辯論上的講話，指出新冠肺炎疫情「啟示我們，人類需要一場自我革命，加快形成綠色發展方式和生活方式，建設生態文明和美麗地球。人類不能再忽視大自然一次又一次的警告，沿着只講索取不講投入、只講發展不講保護、只講利用不講修復的老路走下去。」[4] 很明顯的，我們只有保護好大自然，才能讓人類可持續地發展下去（因為我們人類的生存必須依賴大自然）。

此外，中國外交部副部長羅照輝也指出，現今中國已將「『生態文明』寫入憲法，秉持『綠水青山就是金山銀山』的理念，倡導綠色、低碳、循環、可持續的生產生活方式，加強生態保護和修復。中國建立生物多樣性保護國家委員會這一部門協調機制，統籌推進全國生物多樣性工作。完善法律法規和政策體系，立法革除濫食野生動物陋習。中國制定實施生物多樣性保護戰略計劃，將生物多樣性納入經濟社會發展、生態保護修復和國土空間相關規劃，建立生態保護紅線制度，形成佔國土面積18%以上的自然保護地體系。2019 年底，中國單位國內生產總值二氧化碳排放，比 2005 年降低 48.1%，非化石能源佔比達 15.3%，提前完成 2020 年氣候行動

目標。中國可再生能源裝機已佔全球的 30%，在全球增量中佔比 44%，新能源汽車保有量已佔全球一半以上。2000 年以來，全球新增綠化面積的 1/4 來自中國。通過努力，中國生態文明建設進入了快車道，天更藍、山更綠、水更清將不斷展現在世人面前。」[5] 很明顯的，假如中國在生態文明建設方面，能做出成績和做好榜樣，中國一定還能在地球的生態文明建設和可持續發展方面，起到積極的引領和推動作用。

在 2020 年 10 月 29 日，中國共產黨舉行了第十九屆中央委員會第五次全體會議。全會提出，中國在第十四個五年規劃和 2035 年遠景目標的建議中，仍會積極主動地「推動綠色發展，促進人與自然和諧共生」[6]。中國必定會繼續「堅持綠水青山就是金山銀山理念，堅持尊重自然、順應自然、保護自然，堅持節約優先、保護優先、自然恢復為主，守住自然生態安全邊界。深入實施可持續發展戰略，完善生態文明領域統籌協調機制，構建生態文明體系，促進經濟社會發展全面綠色轉型，建設人與自然和諧共生的現代化。要加快推動綠色低碳發展，持續改善環境質量，提升生態系統質量和穩定性，全面提高資源利用效率。」[6] 而我相信，這必定會包括保護生物多樣性。因為保護生物多樣性，是「持續改善環境質量，提升生態系統質量和穩定性，全面提高資源利用效率」的必得配備的先決條件。

總的來說，事實上現今中國在保護生物多樣性方面的工作，做得還是相當積極和有成效的。譬如，「森林消退是生物多樣性面臨的重大威脅」，所以在 2019 年，中國就修訂了《中華人民共和國森林法》，為阻止全球森林退化和非法採伐作出重要的貢獻。據報導，「中國各類自然保護地總面積佔國土陸域面積 18%，提前實現了聯合國《生物多樣性公約》提出的 2020 年保護地面積達到 17%的目標。中國建立和完善生態保護紅線制度，有助於貫通生態廊道、連通保護區群，對生物多樣性保護意義重大。為各國樹立了國土空間開發利用的良好範例。」[7] 又據報導，中國在「十三

五」期間，「全國自然保護地數量增加 700 多個，面積增加 2500 多萬公頃，總數量達到 1.18 萬個，約佔我國陸域國土面積的 18%。」[8] 在這期間，中國「開展大規模國土綠化行動，全面保護天然林，擴大退耕退林還草規模，全國森林覆蓋率達到 23.04%，森林蓄積量超過 175 億立方米，草原綜合植被覆蓋度達到 56%。」[8] 中國自然保護地數量的增加，山水林田湖草一體化保護修復，全面部署長江流域重點水域禁捕[9] 等舉措，對保障生物多樣性都是非常重要和有利的。

習近平還多次指出，中國一定要「保持加強生態文明建設的戰略定力」。而有關「推動經濟高質量發展，決不能再走先污染後治理的老路」，「生態環境保護和經濟發展不是矛盾對立的關係，而是辯證統一的關係。把生態優勢發展出來，才能實現高質量發展。」[10]

2020 年 12 月 30 日，習近平主持召開中央全面深化改革委員會第十七次會議時，強調指出：「建立健全綠色低碳迴圈發展經濟體系，促進經濟社會發展全面綠色轉型，是解決我國資源環境生態問題的基礎之策。要堅定不移貫徹新發展理念，全方位全過程推行綠色規劃、綠色設計、綠色投資、綠色建設、綠色生產、綠色流通、綠色生活、綠色消費，使發展建立在高效利用資源、嚴格保護生態環境有效控制溫室氣體排放的基礎上，統籌推進高品質發展和高水平保護。會議指出，環境資訊依法披露是重要的企業環境管理制度，是生態文明制度體系的基礎性內容。要針對存在的突出問題，聚焦對生態環境、公眾健康和公民利益有重大影響，市場和社會關注高的企業環境行為，落實企業法定義務，健全披露規範要求，建立協同管理機制，健全監督機制，加強法治化建設，形成企業自律、管理有效、監督嚴督、支撐有力的環境資訊強制性披露制度。」[11]

抓環境大保護，不搞大開發

2021 年 1 月 5 日，習近平主持召開了推動長江經濟帶發展座談會。在會上習近平指出：「當前和今後相當長一個時期，要把修復長江生態環境擺在壓到性位置，共抓大保護，不搞大開發。」(12) 會議還指出：「五年來，長江經濟帶生態環境保護發生了轉折性變化」，這是因為中國「把修復長江生態環境擺在壓倒性位置，生態優先綠色發展的理念深入人心並轉化為實踐」(12) 的結果。「大批高污染高耗能企業被關停取締。長江岸線整治全面推進，1361 座非法碼頭徹底整改，兩岸綠色生態廊道逐步形成。長江『十年禁漁』全面實施，生物多樣性退化趨勢初步得到遏制」(12)，「生態補償、多元化投入、水環境品質監測預警等機制加快完善」，「綠色發展試點示範走在全國前列」(12)。而國務院 2021 年 1 月 13 日，還印發了《關於全面推行林長制的意見》，大大加強了保護全中國森林草原的責任(13)。

小　結

治理長江

2021 年 1 月 5 日，國家發展改革委基礎司司長羅國三在一個新聞發布會上指出，從中國治理長江的措施實踐，可以得出以下的經驗：

「一是必須牢牢把握正確方向。把推進長江大保護作為政治任務抓牢抓實抓出成效。

二是必須堅持問題導向。從『挖病根、找病因』着手，直面矛盾問題，敢於較真碰硬，扭住不放，一抓到底，以問題整改促保護、促發展、倒逼整個長江經濟帶生態環境保護修復和質量發展。

　　三是必須強化系統思維。把整個流域作為一個完整系統，綜合考慮山水林田湖草等生態要素，科學運用中醫整體觀，強化源頭治理、綜合治理、系統治理，不斷增強各項措施的關聯性（correlation）和耦合性（coupling），從而達到對症下藥、藥到病除的效果。

　　四是必須推動改革創新。堅決摒棄以犧牲和破壞環境為代價的粗放發展方式，加快形成節約資源和保護環境的空間格局、產業結構、生產方式、生活方式，培育發展新動能，推動長江經濟帶實現質量變革、效率變革、動力變革。

　　五是必須狠抓工作落實。沿江省市和各部門密切協作，以抓鐵有痕、踏石留印的嚴實作風和功成不必在我、功成必有我的擔當精神，一個問題接着一個問題解決，一項任務接着一項任務推進，抓一件成一件，積小勝為大勝。」(14)。

　　但羅國三也同時指出：「要清醒地認識到推動長江經濟帶發展仍存在許多困難，面臨許多新的挑戰。」因為中國的「生態環境保護基礎仍然薄弱，創新能力還需要進一步提升，區域協同有待進一步加強，問題整改責任落實不到位現象還時有發生。」(14) 所以中國還需要繼續努力，加大生態環境的治理力度和規模，與其他的國家一齊共同把生態文明的建設逐步完善。只有這樣做，才能惠澤人民，改善和維護好整個人類的生存環境。

　　而值得注意的是，全國人大常委會於 2020 年 12 月通過了長江保護法，並於 2021 年 3 月 1 日起施行。實施好長江保護法，就能使中國「走出一條生態優先，綠色發展之路，更好發揮長江經濟帶在踐行新發展理念、構建新發展格局、推動高質量發展中的重要作用。」(15) 2021 年 1 月 22 日，全國人大常委會在京召開長江保護法實施座談會，在會上人大委員長栗戰書強調指出：「各地區各部門各方面要全面準確理解這部法律的主要內容各重要制度，切實抓好學習宣傳貫徹工作，確保取得最佳的實施效果。一是堅持生

態優先、綠色發展的戰略定位。長江保護法首先是一部生態環境的保護法，實施中要首先把保護生態環境擺在壓倒性位置，依法嚴格規範各類開發、建設活動；長江保護法也是一部綠色發展的促進法，要全面落實法律規定，把握好生態環境保護和經濟發展辯證統一關係。二是全面履行法定職責，在法治軌道上推進長江保護重點工作。要嚴格執行長江保護的各項規定，用法律破解制約長江保護的熱點、難點、痛點問題。三是堅持系統觀念，增強長江保護的系統性、整體性、協同性。要依法建立長江流域協調機制，統一指導、監督長江保護工作。四是嚴格執法監督問責，切實增強法律的剛性和立法，讓膽敢挑戰法律權威，破壞長江生態環境者付出沉重代價。五是加快推進相關立法修法工作，確保法律制度規範嚴密、銜接有序、協調統一。六是加強對法律的宣傳教育普及，推動全社會增強法治意識和生態文明觀念。」(15)

　　全國人大常委會辦公廳 2021 年 2 月 23 日舉行專題新聞發布會，在會上全國人大環資委法案室一級巡視員王鳳春指出：「長江保護法的實施是依法推動長江流域走出一條生態優先，綠色發展之路。」「長江保護法的立法理念、制度設計和立法工作經驗對其他流域立法包括黃河保護立法，具有重要借鑒意義。目前黃河保護立法已經納入全國人大常委會今年立法計劃。」(16)

加快建立健全綠色低碳迴圈發展經濟體系

　　2021 年 2 月 23 日的《人民日報》，報導國務院近日印發了《關於加快建立健全綠色低碳迴圈發展經濟體系的指導意見》(以下簡稱《指導意見》)。「《指導意見》提出，建立健全綠色低碳迴圈發展經濟體系，促進經濟社會發展全面綠色轉型，是解決我國資源環境生態問題的基礎之策。」(17) 從《指導意見》我們可以看到，中國將全面貫徹落實「生態文明思想，堅定不移貫徹新發展理念，

全方位全過程推行綠色規劃、綠色設計、綠色投資、綠色建設、綠色生產、綠色流通、綠色生活、綠色消費，使發展建立在高效利用資源、嚴格保護生態環境、有效控制溫室氣體排放的基礎上，統籌推進高質量發展和高水平保護，確保實現碳達峰、碳中和目標，推動我國綠色發展邁上新台階。」[17]《指導意見》還從六個方面部署了重點工作任務。「一是健全綠色低碳循環發展的生產體系；二是健全綠色低碳循環發展的流通體系；三是健全綠色低碳循環發展的消費體系；四是加快基礎設施綠色升級；五是構建市場導向的綠色技術創新體系；六是完善法律法規政策體系。」[17]

　　2021 年 3 月 21 日國務院副總理韓正在出席中國發展高層論壇 2021 年大會上發表主旨演講時指出：「中國要建設現代化，是人與自然和諧共生的現代化，必須堅定不移走生態優先、綠色低碳的高質量發展道路。中國要在 2060 年實現碳中和，這是一場硬仗，但中國一定會踐行承諾，確保如期實現目標。」[18] 韓正還指出：「應對氣候變化，各國應遵循共同但有區別的責任的原則。各國應根據國情和能力，最大程度強化行動，形成各盡所能的氣候治理的新體系。同時也要看到發達國家與發展中國家發展階段不同，對氣候變化的歷史責任不同，發展需求和能力適宜客觀上就是存在的差異。發達國家應多做表率，並切實為發展中國家特別是小的島嶼國家提供更多的幫助。」[18] 應對氣候變化是全人類的事，所有國家都必須負起這一責任。

生物多樣性的保護問題

　　2021 年 1 月 19 日鞠立新在《人民網—人民日報海外版》撰文指出：「面對生物多樣性保護問題，中國提出『人類是一榮俱榮、一損俱損的命運共同體』理念，認為生物多樣性保護與應對氣候變化、海洋、森林、濕地保護、公共衛生、食品安全等因素呈正相關。」

「中國還圍繞『生物多樣性』的景觀多樣性、生態系統多樣性、物種多樣性、遺傳多樣性等諸多層次進行部署，將維護生物多樣性作為生態保護與修復的重點，按照山水林田湖草是一個生命共同體的理念，對重要的自然生態系統進行最嚴格、系統的保護，對珍稀的野生動物和植物自然資源進行強化管理監督，打擊亂捕濫獵野生動物行為。」[19]

「為確保生物多樣性保護有法可依、有法必依，中國頒布和修訂了《野生動物保護法》、《自然保護區條例》及《野生植物保護條例》等多部與生物多樣性相關的法律法規。中國積極參與生物多樣性領域國際合作，組織實施了『中國生物多樣性保護戰略與行動計劃（2011–2030 年）』，開展了『聯合國生物多樣性十年中國行動（2011–2020 年）』，是最早簽署和批准《生物多樣性公約》的國家之一。」[19]

而中國作為地球村的一員，當應繼續努力，針對中國大地上存在的生態環境、生物多樣性等問題，提出有效的解決方案和辦法，盡力把中國的生態文明制度建設好，從而全面助力鞏固地球環境的可持續發展，夯實人類生態文明命運共同體，共同構建地球生命共同體。

要知道，豐富多樣的生物資源，是地球經過數十億年演化而來的結果，也是人類賴以生存、發展、進化的最基本物質基礎。寇江澤指出：「令人憂慮的是，當今世界正面臨生物多樣性喪失和環境破壞的生態危機。聯合國發布的一份評估報告顯示，在全世界 800 萬個物種中，有 100 萬個正因人類活動而遭受滅絕威脅。棲息地減少、掠奪式捕殺利用、氣候變化和環境污染是生物多樣性減少的主因，人類活動『比以往任何時候都更威脅到其他物種』。」[20] 因此，「生物多樣性保護，最根本的是要解決人對自然界的壓力、干預等問題，實現人與自然和諧共生。」[20] 為了生物多樣性的保護，國家林業和草原局、農業農村部在今年聯合發布公

告，進一步調整了 1989 年 1 月發布施行的《國家重點保護野生動物名錄》，以作支持(21)。

最後，我殷切的希望，2021 年 11 月在昆明召開的《生物多樣性公約》第十五次締約方大會（題為「生態文明：共建地球生命共同體」），能制定和通過《2020 年後全球生物多樣性框架》，讓地球上所有的國家，都能更好的保護生物多樣性，保存和優化人類的綠色生活環境及生存空間，戰勝所有破壞生態文明、生物多樣性的惡行。

參考資料

1.　張軍，〈為人與自然和諧共生繪就光明前景〉（大使隨筆）。2020 年 10 月 1 日，《人民日報》。（作者為中國常駐聯合國代表、特命全權大使。）

2.　2020 年 9 月 30 日，習近平在聯合國生物多樣性峰會上的講話。2020 年 10 月 1 日，《人民日報》。

3.　嘉哲，〈同在藍天下共享大自然〉。2020 年 10 月 4 日，《人民日報》，第 5 版。

4.　2020 年 9 月 22 日，習近平在第七十五屆聯合國大會一般性辯論上的講話。2020 年 9 月 23 日，《人民日報》。

5.　羅照輝，〈引領全球生態治理　共建人類美好家園〉。2020 年 9 月 28 日，《人民日報》。

6.　2020 年 10 月 29 日，中國共產黨第十九屆中央委員會第五次全體會議的公報。2020 年 10 月 30 日，《人民日報》。

7.　《中國為保護全球生物多樣性作出積極貢獻》。2020 年 12 月 9 日，《人民日報》。

8.　〈「十三五」時期自然保護地增加七百多個〉。2020 年 12 月 18 日，《人民日報》。

9.　〈長江流域水生生物資源及生境狀況公報發布〉。2020 年 12 月 18 日，《人民日報》。

10. 〈綠色發展‧美麗中國邁大步〉。2020 年 12 月 19 日‧《人民日報》。

11. 2020 年 12 月 30 日‧習近平在中央全面深化改革委員會第十七次會議上的講話。2020 年 12 月 31 日‧《人民日報》。

12. 2021 年 1 月 5 日‧習近平主持召開推動長江經濟帶發展座談會。2021 年 1 月 6 日‧《人民日報》。

13. 中共中央辦公廳、國務院辦公廳印發了〈關於全面推行林長制的意見〉‧2021 年 1 月 13 日‧《人民日報》。

14. 發改委‧〈推動長江經濟帶發展以來積累五條經驗〉。2020 年 12 月 19 日‧《人民網》。

15. 2021 年 1 月 22 日‧全國人大常委會在京召開長江保護法實施座談會。2021 年 1 月 24 日‧《人民日報》。

16. 〈長江保護法 3 月 1 日實施〉。全國人大常委會辦公廳 2021 年 2 月 23 日舉行專題新聞發布會會上的講話。2021 年 2 月 24 日‧《人民日報》。

17. 國務院印發的《關於加快建立健全綠色低碳迴圈發展經濟體系的指導意見》。2021 年 2 月 23 日‧《人民日報》。

18. 〈中國實現碳中和是一場硬仗〉。2021 年 3 月 21 日‧國務院副總理韓正出席中國發展高層論壇 2021 年大會上發表的主旨演講。2021 年 3 月 22 日‧《文匯報》。

19. 鞠立新‧〈生物多樣性的中國力量（新時代新步伐）〉。2021 年 1 月 19 日‧《人民網—人民日報海外版》。

20. 寇江澤‧〈共建萬物和諧的美麗家園〉。2021 年 2 月 22 日‧《人民日報》。

21. 國家林業和草原局、農業農村部聯合發布公告‧公布新調整的《國家重點保護野生動物名錄》。2021 年 2 月 24 日‧《人民日報》。

第 9 章

中國政權、「中國模式」的長期穩定及怎樣解決「窰洞之問」？

「1945 年 7 月，民主人士黃炎培訪問延安，和毛澤東談話時說到，希望將來中國共產黨建立的政權，能夠跳出舊政權『其興也勃焉、其亡也忽焉』的周期率。毛澤東說，我們已經找到新的路，我們能跳出這周期率，這條新路就是民主；只有讓人民來監督政府，政府才不敢鬆懈；只有人人起來負責，才不會人亡政息。」[1]

黃炎培與毛澤東的談話，事實上是要解決中國共產黨建立的政權，能否可以永遠執政下去的問題？如要長期執政下去，又會用什麼方法去保證？

當時毛澤東提出兩個方法去解決「周期率」這一個問題，即是：一、實行民主；二、讓人民來監督政府。在之後的歲月裏，就「民主」來說，中國建立了「民主集中制」的體制；而就「人民來監督政府」方面，政府也建立了一套監督政府的制度和機制。大家都可以看到，中國在實踐過程中，對這兩種制度仍然在不斷的加以完善和優化。而這一工作，可以說是一項永無止境，需要與時俱進，不斷自我改革、創新的工作。但是單單靠建立這兩種制度，就想用來解決「周期率」的問題，顯然是不足夠的。現在先讓我們來看看有關「監督政府」的問題。

監督政府

　　就監督政府方面來說，習近平指出，先要「健全黨和國家監督體系，增強自我淨化能力。自我監督是世界性難題，是國家治理的哥德巴赫猜想。我們要通過行動回答『窰洞之問』，練就中國共產黨自我淨化的『絕世武功』。」[1] 從習近平的講話可以看到，要解決這一世界性難題是一件非常困難的事。在同一講話中，習近平又說：「黨的十八大以來全面從嚴治黨的實踐證明，我們黨自我淨化的機制是有效的，我們完全有能力解決自身存在的問題。要構建黨統一指揮、全面覆蓋、權威高效的監督體系，把黨內監督同國家機關監督、民主監督、司法監督、群眾監督、輿論監督貫通起來。」[1] 如要達致以上目的，顯然需要從戰略性的制度安排、執行機制、法律保障、道德要求等多方面着手才行。而這些都不是簡易地可以快速建立起來的，而是需要通過不斷的實踐才能逐步完善的。

　　讓我們再來看看習近平對於這一個問題是怎樣說的。在同一講話中，習近平強調指出，「國家監察體制改革是事關全局的重大政治體制改革，是強化黨和國家自我監督的重大決策部署。要按照黨中央確定的時間表和路線圖，完成國家和省、市、縣監察委員會組建工作，建立黨統一領導的反腐敗工作機構，構建集中統一、權威高效的監察體系。」[1] 換言之，中國最重要和最終必須建立的，是一個要使官員「不敢腐、不能腐、不想腐」的制度。因為從歷史我們可以清楚的看到，任何一個國家的政權走向衰敗，都是從官員的貪腐、腐敗開始而造成的結果，這已是一個鐵的公理（axiom）或公認的定律。

　　不過中國的「監察體系」，看來大概要等到完成「第二個一百年」之後，才能建立起一個初步較為完整的體系。因為這一「監察體系」的建立，「要結合制定監察法，修改完善相關法律，形成巡

視、派駐、監察三個全覆蓋的權力監督格局，把制度優勢轉化為治理效能。」而這些都是需要時間去完成的非常艱難的工作。

其次，如要把這監督治理效能真的發揮得好，更需要一批如習近平說的，可以「踐行忠誠乾淨擔當，建設讓黨放心、人民信賴的紀檢監察幹部隊伍」。而這一「紀律部隊」，因為「幹的就是監督的活、得罪人的活，必須有對黨絕對忠誠的高度自覺和責任擔當。要做到政治強、站位高，謀大局、抓具體，堅守職責定位，強化監督、鐵面執紀、嚴肅問責。」(1) 此外，「執紀者必先守己，律人者必先律己。紀檢監察隊伍權力很大，責任很重，是一些別有用心的人『圍獵』的重點對象。各級紀檢監察機關要以更高的標準、更嚴的紀律要求自己。強化日常監管，提高自身免疫力。廣大紀檢監察幹部要做到忠誠堅定、擔當盡責、尊紀守法、清正廉潔、確保黨和人民賦予的權力不被濫用、懲惡揚善的利劍永不蒙塵。」(1)

從以上我們可以看到「監督政府」的難度，故此對監督政府部門的官員的要求是非常之高的。假如這一監督體系無法解決好自身的問題，就會出現如王岐山所說的，「領導弱化、黨建缺失、從嚴治黨不力的狀況」(5)，那就肯定會導致執政黨的執政能力不斷弱化，政治體制和官員的精神及意志力的渙散和衰敗，因而引發『其亡也忽焉』的周期率的出現。這就是為什麼習近平說要「健全黨和國家監督體系，增強自我淨化能力。自我監督是世界性難題，是國家治理的哥德巴赫猜想。」我認為這一個問題，是「窯洞之問」首要和必須予以妥善解決的問題。(也請看下面進一步的有關討論。)

「民主集中制」體制

至於毛澤東提出的，要解決「周期率」則必須要實行民主來監督政府的問題，中國是採用了「民主集中制」的政治體制。簡單

地說，這一體制主要是靠以下四股力量的賦能和支撐，即是（一）共產黨作為執政黨的治國理政理念和能力；（二）賦予各級「人大」的決策權及立法權；（三）依靠各級「政協」的有效協商和支持；（四）廣大中國人民的擁護和支持。

　　先說（四）廣大中國人民的擁護和支持。2020 年 8 月 6 日，王毅外長在接受新華社專訪時指出，「哈佛大學肯尼迪政府學院在中國進行了 13 年連續調研，他們的調查顯示，中國人民對黨領導下的中國政府滿意度，高達 93%。近年來，不少國際機構民調也顯示，中國民眾對政府的信任度超過九成。」[2]

　　至於上面提到的（二）賦予各級「人大」的決策權及立法權，及（三）依靠各級「政協」的有效協商和支持，我在拙著《中國模式＋話語權 vs 西方模式＋話語權》一書中，已有詳盡的論述，這裏就不再重複。我只是想舉個例子說明一下，中國的「民主集中制」和「協商政治」是怎樣運作的。這中國自己的政治體制（以協商為主）與西方的政治體制（以選舉為主）有許多不一樣的地方，譬如，中國草擬「十四五」規劃的過程，就充分顯現出中國的政治體制，是怎樣利用「民主集中制」及「協商政治」來決策和落實決策的。（換一個說法，就是中國實行的是「協商民主制」，而西方實行的是「選舉民主制」。在下面還有詳細的討論。）

　　大家都知道，我國將於 2021 年開始實施「十四五」規劃。2020 年 8 月 7 日《人民日報》刊登了習近平對「十四五」規劃編制工作作出的重要指示，要「把加強頂層設計和堅持問計於民統一起來，齊心協力把『十四五』規劃編制好」。他強調說：「編制和實施國民經濟和社會發展五年規劃，是我們黨治國理政的重要方式。五年規劃編制涉及經濟和社會發展方方面面，同人民群眾生產生活息息相關，要開門問策、集思廣益，把加強頂層設計和堅持問計於民統一起來，鼓勵廣大人民群眾和社會各界以各種方式為「十四五」規劃建言獻策，切實把社會期盼、群眾智慧、專家意見、基層

經驗充分吸收到『十四五』規劃編制中來，齊心協力把『十四五』規劃編制好。」(3)

　　中國的執政黨這種「協商民主」的治國理政方式，比起西方的所謂「選舉民主」方式是要優越得多。因為中國的方式，採用的是和平、科學、理性的協商方式來做決策（並最後由人大通過，即民主集中後才能執行）；而西方的方式，則涉及你死我活的黨爭、利益團體的操控和爭權奪利，特別是一種被稱為「秘密統治集團」或「暗黑帝國」（Deep State）的一些要人（包括政府官僚、軍事工業複合體、石油商、華爾街和情報機構等）組成的集團。（見 Marc Ambinder 和 David W. Brown 合著的 *Deep State : Inside the Government Secrecy Industry* 一書。）政客們為了各自的私利和選票，會不停地挑起各種殘酷的爭奪戰。因此，我們可以經常見到西方國家在制定政策時，所出現的各種齟齬、無賴、偽善、流氓式的政治操弄及騙局等。這些事在中國是不會發生的。

　　下面重點再談談有關共產黨作為執政黨的治國理政理念和能力。

　　習近平在主持中共十九屆中央政治局第十五次集體學習時指出，中國共產黨「作為百年大黨，如何永保先進性和純潔性、永保青春活力，如何永遠得到人民擁護和支持，如何實現長期執政，是我們必須回答好、解決好的一個根本性問題。」(1) 換言之，這一個問題，是直接關乎中國共產黨會否出現「其亡也忽焉」的周期率的問題。習近平在同一講話中，部分回答了這一個問題；他說中國共產黨「是用馬克思主義武裝起來的政黨，始終把為中國人民謀幸福、為中華民族謀復興作為自己的初心和使命，並一以貫之體現到黨的全部奮鬥之中。忘記這個初心和使命，黨就會改變性質、改變顏色，就會失去人民、失去未來。只要我們黨牢牢堅持立黨為公、執政為民，牢牢堅持為中國人民謀幸福、為中華民族謀復興，不斷檢視自己，不掩飾缺點，不文過飾非，堅決同一切弱化黨的先進性

和純潔性、危害黨的肌體健康的現象作鬥爭，就一定能夠始終立於不敗之地。」(1)

作為一位黨外人士來看這一個問題，我認為只要中國共產黨真能做到這一點，已基本可以解決「其亡也忽焉」的周期率的大部分問題。但另外還有一些問題尚待解決，其中一個就是中國共產黨作為一個執政黨，必須時時刻刻記住，中國共產黨與人民之間的關係，是一種你中有我、我中有你的「命運共同體」。兩者之間的利益是一致的，一損俱損、一榮俱榮。兩者之間的地位是平等的，所以必須平等相待，相互扶持。不能把黨的權力過分擴大化，置於人民應有的權利之上，不然就容易會引起抵觸和反抗情緒的出現。

講到這裏，我們順便比較一下中國的執政黨與西方的執政黨的性質不一樣的地方，以及由此引發出來的一些問題。上面說了，中國的執政政黨的利益與人民的利益是一致的。但西方的執政政黨的利益，卻並不代表他們國家全部人民的利益，而只能代表部分人的利益（或部分選民的利益），這也就是為什麼西方國家的執政黨與民眾容易產生摩擦的原因。而中國的執政黨與民眾之間的利益因為是一致的，所以能容易達致共識及減少出現摩擦的機會。

不過上面說過，中國國家的發展和穩定，除了必須減少種種摩擦之外，更重要的是要解決好導致或引發「其亡也忽焉」的各種問題。而要真正能夠解決好這些問題，中國共產黨還必須要與人民在感情上和思想上能建立互信及願意共患難的意識。如要達致這一目標，單靠執政黨的努力是不夠的，而是要人民從心底裏認同「中國模式」，認同「中國模式」比西方模式是更優越、更適合中國、更能保證中國的長治久安。所以現在是時候，中國要在世界舞台上，通過各種場境把「中國模式」的故事講好和宣揚好，把中國在這方面的「話語權」針鋒相對地與西方的「話語權」理直氣壯地辯論。（我的拙著《中國模式+話語權 vs 西方模式+話語權》一書對此有詳盡的討論。）

不過最終最重要和最主要的仍然是，中國共產黨作為執政

黨，必須依靠自己的努力，才能解決好「黨要管黨，從嚴治黨」的問題。這就是為什麼徐斌等說，要「辦好中國的事情，關鍵在黨，關鍵在黨要管黨，從嚴治黨。中國共產黨是中國特色社會主義事業的開創者和領導者，面對歷史使命和時代要求，黨的十八大以後，以習近平同志為核心的黨中央，以壯士斷腕的氣魄和刮骨療毒的勇氣，頒布了一系列法律法規，堅持制度建黨、從嚴治黨。這是黨的初心的一種回歸，是中國共產黨向人民作出的莊嚴承諾，是新時代黨領導人民實現『兩個一百年』奮鬥目標和中華民族偉大復興中國夢的保證。」(4)

　　而鄭永年也指出，中國在「十八大以來所提出的『四個全面』中，即全面實現小康社會、全面深化改革、全面建設法治社會、全面從嚴治黨，最後一個『全面』即『全面從嚴治黨』是最重要的。」(5) 因為中國共產黨是中國唯一的執政黨，所以它自身的變化，對中國的變化是會起着最重要和最關鍵的作用的。引用鄭永年的觀點，即中國共產黨作為中國唯一的執政黨，它「面臨兩種選擇，即『被革命』和『自我革命』。『被革命』就是由他人來『革命』，而『自我革命』則是自己對自己的革命。十八大以來中共選擇的是『自我革命』，通過『自我革命』，不僅避免『被革命』，更是強化中共的領導力量」(5)，並為中國的崛起，奠定了堅實的基礎。

　　此外，習近平還指出：「回顧黨的歷史，為什麼我們黨在那麼弱小的情況下能逐步發展壯大起來，在腥風血雨中能夠一次次絕境重生，在攻堅克難中能夠從勝利走向勝利，根本原因就在於不管是處於順境還是逆境，我們黨始終堅守為中國人民謀幸福、為中華民族謀復興這個初心和使命，義無反顧向着這個目標前進，從而贏得了人民衷心擁護和堅定支持。革命戰爭時期，為實現民族獨立、人民解放，我們黨百折不撓、浴血奮戰，團結帶領人民奪取了新民主主義革命勝利，建立了新中國實現了人民當家作主。新中國成立後為改變我國一窮二白的落後面貌，我們黨迎難而上，艱苦奮鬥，團結帶領人民確立了社會主義基本制度，取得社會主義重大成就。

改革開放新時期，為推進改革開放和社會主義現代化建設，我們黨解放思想、實事求是、與時俱進，團結帶領人民開闢了中國特色社會主義道路，使中華民族大踏步趕上時代，以嶄新姿態屹立於世界民族之林」[1]，進入民族復興進程「必勝」的歷史不可逆階段。

　　從中國共產黨的奮鬥史，我們可以看到，中國共產黨的戰鬥力，在奪取和建立中國的政權之後這一階段，是處在一個蓬勃快速發展的上升態勢期。但當過了這一快速發展的上升期之後，自然規律使然，就會進入了一個「勵精圖治的建設期」；之後則會進入一個較為低速發展的「常態建設穩定期」（或長期鞏固期）。而這一勵精圖治的建設期，時間上來說，應是從改革開放開始算起，至實現第二個百年奮鬥目標；然後就進入一個頗長時間的長期鞏固期。依我的看法，如無意外的話，這一長期鞏固期，將可持續發展至少三百年，而不需出現具顛覆性的巨大改變。

　　唯一使人擔心的，就是當中國進入這一國家政治、經濟、社會鞏固期時，中國共產黨作為一個長期執政的執政黨，到時其戰鬥力、熱情、「自我革命」的意願和力度，如果不能像之前的勵精圖治期那樣旺盛，那麼「其亡也忽焉」的周期率問題，就很有可能會出現或需要面對。（當今中國的特色社會主義，正處於勵精圖治的復興建設期，「其亡也忽焉」的周期率出現的機會，應該會是相當的低。因為在現今這一時期，其抗禦逆境的能力，「自我革命」的意欲，反擊國內外敵對勢力的力量，都是相當的強勁。再加上台灣還未解放，中國還未統一，所以中國特色社會主義的構建勢頭和力度，是不會緩慢和鬆弛下來的。）所以我上面所提到的（二）賦予各級「人大」的決策權及立法權；（三）依靠各級「政協」的有效協商和支持；以及（四）廣大中國人民的擁護和支持的體制，能否可以有效地克服或敵得過「其亡也忽焉」的周期率的挑戰，確實是一個很值得大家好好的去思考和反思的問題。

　　習近平更提醒大家，並指出：「中國特色社會主義進入新時代，我們比歷史上任何時期都更接近、更有信心和能力實現中華民

族偉大復興。我們取得的成就舉世矚目，這值得我們自豪，但決不能因此而自滿。我講過：『功成名就時做到居安思危、保持創業初期那種勵精圖治的精神狀態不容易，執掌政權後做到節儉內斂、敬終如始不容易，承平時期嚴以治吏、防腐戒奢不容易，重大變革關頭順乎潮流、順應民心不容易』。」(1)

所以，我認為中國共產黨作為一個執政黨，正如在中國共產黨的十九屆四中全會《決定》所指出的，必須「堅持和完善黨和國家監督體系，強化對權力運行的制約和監督」，才能「永保生機活力、勇立時代潮頭」(6)，徹底解決「其亡也忽焉」的周期率問題。

當然這不是一件容易做得到的事。而能否解決這一個問題的關鍵，我認為仍然是與中國共產黨和中華人民共和國的監督體系能否得到有效執行直接有關。

2020 年 8 月 19 日的《人民網—人民日報》刊登了一篇題為〈激濁揚清織密網（中國制度面對面）(15)—黨和國家監督體系如何健全完善？〉的文章，對「黨和國家監督體系如何健全完善」這一問題，分析得頗為深入和具針對性。文章指出：「對權力運行的制約和監督」，中國「必須堅持黨的集中統一領導，推進監督全面覆蓋」才能解決得好。因為中國有「95%以上領導幹部、80%的公務員是共產黨員，他們構成了代表人民行使公權力的中堅」(6)。因此，怎樣「對高級幹部、各級主要領導幹部的監督，完善領導班子內部監督制度，破解對『一把手』監督和同級監督難題，確保『關鍵少數』真正置於有效監督之下」(6)，便成了一個中國共產黨作為一個執政黨，如要在中國長期執政下去，必須妥善解決的問題。

該篇文章指出：「權力是一把雙刃劍，在法治軌道上行使可以造福人民，在法治軌道之外運行，則必然禍害國家和人民。」(6)「歷史一再告誡我們，任何人都不是神仙完人，都有認識和道德的局限性。沒有人能夠保證自己在擁有和運用權力時永遠不出任何差錯。為了減少乃至杜絕權力的『任性』和『撒歡兒』，防止權力的失控，就必須加強對權力的制約和監督。」(6)

　　而與權力被濫用密切有關的，也是最致命的，就是官員貪污腐敗的問題。

　　貪污腐敗是掌權的官員的腐蝕劑，是令執政黨走向衰敗的蛀蟲，是引發「其亡也忽焉」周期率形成的罪魁禍首。在所有國家，不論它採用的是什麼政治制度，這都是真理。這就是為什麼，中國一再強調要做到，讓掌權的官員「不敢腐、不能腐、不想腐」的原因。

　　該篇文章進一步指出，這「三不」是「相互融合、環環相扣的有機整體。不敢腐是前提，指的是紀律、法治、威攝，解決的是腐敗成本問題；不能腐是關鍵，指的是制度、監督、約束，解決的是腐敗機會問題；不想腐是根本，指的是認知、覺悟、文化，解決的是腐敗動機問題。」(6) 很明顯的，中國在這方面「只有堅持標本兼治，鍥而不捨」，才能徹底解決好這一貪污腐敗問題，才能真正鏟除這一形成「其亡也忽焉」的周期率的培植土壤（breeding ground）。

　　其次，我認為如果真的要解決好這一「周期率」問題，單靠中國自身的力量可能還是不足夠的；而是要從現在開始，在全球範圍內，構建一個和平的國際新秩序。對中國來說，這就是不斷地要用「自我革命」的力量來引領及構建一個世界和平，全球穩定的新秩序。而我認為這一新秩序的建立，必須遵循中國所倡導的構建「人類命運共同體」的理念；同時還要讓地球上所有的國家，都認同和接受這一理念。假如中國能長期堅守秉持這一理念去與其它國家合作、交往，這也將有助中國自身的穩定。因為若外部的壞影響和刺激減少了，內部的矛盾也就會減少及易於控制和解決。

　　從時序上來看，上面我提過這一鞏固期，至少會持續發展二百至三百年的時間。故此，對於「窰洞之問」我們也可以用短期、中期、長期、及與時俱進、實事求是的眼光去看待。具體一點來說，像上面所提，就是要看中國能否採取有效的「自我革命」、創新及科學的方式去解決及處理這一個問題。而所謂「短期」是指中國勵

精圖治的復興建設階段；「中期」是指進入一個低速發展的常態建設穩定階段（或鞏固期）；「長期」則是指進入一個長期穩定的「中國模式」與「人類命運共同體」相融合的「大同世界」或「世界新文明」，持續推動和發展「人類文明新形態」的優化進程。

最近，很高興見到三則有關加快治國理政制度建設的報道：第一則是有關中共中央政治局在 2020 年 9 月 29 日制定出台的《中國共產黨中央委員會工作條例》。因為這一「《條例》對黨中央的領導地位、領導體制、領導職權、領導方式、決策部署、自身建設等作出全面規定，為加強中央委員會工作提供了基本遵循」(7)。

第二則報道是有關培養接班人的問題，特別是有關怎樣培養年輕幹部。2020 年 10 月 10 日，習近平在 2020 年秋季學期中央黨校（國家行政學院）中青年幹部培訓班上的講話中，告誡中青年幹部說：「歷史總是在不斷解決問題中前進的。我們黨領導人民幹革命、搞建設、抓改革，都是為了解決我國的實際問題。提高解決實際問題能力是應對當前複雜形勢、完成艱巨任務的迫切需要，也是年輕幹部成長的必然要求。面對複雜形勢和艱巨任務，我們要在危機中育先機、於變局中開新局，幹部特別是年輕幹部要提高政治能力、調查研究能力、科學決策能力、改革攻堅能力、應急處突能力、群眾工作能力、抓落實能力，勇於直面問題，想幹事、能幹事、幹成事，不斷解決問題、破解難題。」(8)

第三則報道是有關全面依法治國的問題。2020 年 11 月 16–17 日，中央全面依法治國工作會議在北京召開，在會上習近平指出：「全面依法治國是要加強和改善黨的領導，健全黨領導全面依法治國的制度和工作機制，推進黨的領導制度化、法治化、通過法治保障黨的路線方針政策有效實施。」(9) 具體一點的，就是「要堅持以人民為中心。要堅持中國特色社會主義法治道路。要堅持依憲治國、依憲執政。要堅持在法治軌道上推進國家治理能力現代化。要堅持建設中國特色社會主義法治體系。要堅持依法治國、依法執政、依法行政，共同推進法治國家、法治政府、法治社會一體

建設。要堅持全面推進科學立法、嚴格執法、公正司法、全民守法。堅持統籌推進國內法治和涉外法治。要堅持建設德才兼備的高素質法治工作隊伍。要堅持抓住領導幹部這個『關鍵少數』。」(9)

　　我認為以上的三則報道非常重要。因為第一則新聞是有關完善和加強「頂層設計」的問題；第二則是有關培養基層接班人的問題；而第三則是有關中國法治思想的建設及堅持全面依法治國的問題。這三件事如果解決得好，將極有利於鞏固執政黨的長治久安，以及解答「窰洞之問」的難題。

小　結

　　但很明顯的，世界上並沒有一種十全十美的制度或辦法，可以簡易地一蹴就成、一勞永逸地全面地解決「窰洞之問」這一大難題的。不過，從中國的發展角度來看，如要解決「窰洞之問」，除了要（一）實行中國式的「協商民主制」及「民主集中制」的管治方法；（二）建立有效監督政府的體制；（三）堅持依憲治國、依憲執政、全面依法治國之外；中國還需要（四）與各國共同構建各種永久性的「人類命運共同體」（請參考我的拙著《人類命運的演進印跡和路程》（修訂版）一書中的有關討論）。不過，如要做到這一點，首要的是中國必須堅持開放及多元發展全球化經濟的政策；並用創新及科技來引領和驅動經濟、社會的全面發展；讓人類可以朝着一個和平、平等、團結、合作、共贏、綠色的世界持續發展下去。

　　此外，中國共產黨的黨員也必須要嚴格「堅持全心全意為人民服務，以人民為中心，為人民執政、靠人民執政」(9)的理念，「堅持組織原則和黨性原則，嚴守政治紀律和政治規矩，按程序辦事、按規則辦事、按集體意志辦事，堅決維護黨的團結統一」(10)；「堅決反對形式主義、官僚主義、享樂主義和奢靡之風，自覺同特權思想和特權現象作鬥爭，始終保持清正廉潔的政治本色」(10)；

堅持「科學執政、民主執政、依法執政」(10)。只有這樣，中國共產黨在中國，作為長期執政的一個政黨，才能真正貫徹落實好「中國模式」的「協商民主制」、「民主集中制」的管治方法，才能真正解決「窰洞之問」，才能把中國建黨的性質(包括所謂的「合法性」、legitimacy)、理念及目的，與西方政黨建黨的性質 (包括所謂「合法性」)、理念及目的區分開來，比他們站得更高更穩。

最後，當然中國必須「堅持全面依法治國，夯實中國之治的制度根基」。「要提高黨依法治國、依法執政能力，用法治保障人民當家作主，堅持和完善中國特色社會主義法治體系」(11)。因為只有這樣做，中國才能建立一個可以被世界各國認可的「公平正義、保障權利、守法誠信、充滿活力、和諧有序的社會主義法治社會」(12) 和獨特的社會主義法治體系、法治政府、法治國家。很高興見到中國在 2020 年 12 月 8 日印發了《法治社會建設實施綱要（ 2020–2025 年)》，要求各地區各部門結合實際貫徹落實(12)。假如中國能加快推進法治社會建設，這對於解決「窰洞之問」這一大難題，將會起到關鍵性的重要作用。

其次，習近平曾指出：「法律是治國理政最大最重要的規矩，法治是國家治理體系和治理能力依托，強調堅持法治軌跡上推進國家治理體系和治理能力現代化。」「強調堅持依法治國首先要堅持依憲治國，堅持依法執政首先要堅持依憲執政；強調中國特色社會主義法治體系是推進全面依法治國的總抓手；強調堅持依法治國、依法執政、依法行政共同推進，法治國家、法治政府、法治社會一體建設；強調堅持全面推進科學立法、嚴格執法、公正司法、全民守法；強調堅持建設德才兼備的高質素質法治工作隊伍；強調堅持抓住領導幹部這個『關鍵少數』。」(13) 如果將來所有的當政者都能做到以上這些，這顯然會是解決「窰洞之問」的一個非常有效的辦法。習近平還說過：「法治建設要為人民、依靠人民、造福人民、保護人民；強調必須牢牢把握社會公平正義這法治價值追求，努力讓人民群眾在每一項法律制度、每一個執法決定、每一宗

司法案件中都感受到公平正義。」[13] 這裏我想再加多一句，就是想要長期執政的執政黨，不但必須做到能維護公平正義，同時還要被見到能維護公平正義。因為只有這樣，才有利於一個執政黨長期執政下去，最終戰勝「窰洞之問」這一大難題。

　　此外，習近平在 2020 年 12 月 24 日主持召開了〈中共中央政治局民主生活會〉（這是中國共產黨管理黨員的一種獨特機制（unique mechanism），如果使用得好，對管控黨員的工作、行為，增進團結、改進工作等，都會非常有效）。他在會上說到，共產黨作為執政黨，如果要長期執政下去，必須「要旗幟鮮明講政治」，而「講政治必須嚴以律己。中央政治局的同志，必須修身律己，慎終如始，時刻自重自省自警自勵，做到慎獨慎初慎微慎友。要像珍惜生命一樣珍惜自己的節操，做一個一塵不染的人。要帶頭廉潔治家，帶頭反對特權。」[14] 在十九屆中央紀委五次全會上，習近平還進一步指出，中國共產黨作為執政黨，必須從嚴治黨，「堅持政治方向，保持政治定力，做到態度不能變、決心不消減、尺度不能鬆」，「以系統施治、標本兼治的理念正風肅紀反腐，不斷增強自我淨化、自我完善、自我革新、自我提高能力。」[15] 我相信如能做到這樣，那麼「窰洞之問」這一大難題，即是說「跳出治亂興衰的歷史周期率」[15] 的問題，就可以得到解決。

　　但除了必須從嚴治黨之外，完善覆蓋全民的社會保障體系，促進社會保障事業高質量發展及可持續發展，也是非常重要的。習近平在中共中央政治局第二十八次集體學習時強調：「社會保障是保障和改善民生、維護社會公平、增進人民福祉的基本制度保障，是促進經濟社會發展、實現廣大人民群眾共用改革發展成果的重要制度安排，是治國安邦的大問題」[16]，所以國家必須把社會保障體系作為頂層設計盡快建立起來。

　　有關「社會保障體系」的概念和實踐，中國是長期借鑒國外的社會保障的經驗。但現今我們已有足夠的條件和經驗，可以在學習借鑒國外社會保障有益的經驗基礎之上，進一步的「立足國情、

積極探索、大膽創新」[16]，建設我們中國自己的，具有鮮明中國特色的社會保障體系。特別的是現今我們已進入了數字化、智能化的高科技時代，我們不應再把「社會保障體系」作為「福利事業」來看待和發展，而是應該把「社會保障體系」作為一種全新的數字化、智能化產業來看待和發展。在這方面，西方也許還是在相對落後的發展階段。所以中國應該利用社會主義的制度優勢，運用集中力量辦大事的能力，把「社會保障體系」打造成為一個全新的產業體系。而在這方面，我希望香港也能夠扮演一個較為積極的角色，和作出更多的貢獻。因為，香港在「社會保障體系」的建立和運作方面，已有一定的基礎。但也必須指出，由於香港的社會福利制度，基本上是模仿西方的模式，所以如果要把這種西式的體系加以轉型，從「福利型」轉變為「智能型」產業是會相當困難的。其次，香港的社會福利制度的從業人員，歷來都是非常的政治化，要讓香港的「社會保障體系」轉型，肯定會設置很多障礙。但假如香港政府能有決心的話，把這種體系予以轉型，從「福利型」轉變為「智能型」產業，是完全可以的。像習近平所說，「社會保障關乎人民最關心最直接最現實的利益問題」[16]，是保證社會能否長期穩定，政權能否長期穩定執政、能否跳出興衰的歷史周期率的最直接最現實的問題。這一問題，我認為任何時候政府都必須認真對待，絕對不能掉以輕心。

　　對中國來說，除了社會保障制度是保障和改善民生，治國安邦的大措施之外，全面推進鄉村振興也是非常非常重要的。2021年 2 月 25 日習近平在全國脫貧攻堅總結表彰大會上莊嚴地宣告，「我國脫貧攻堅戰取得了全面勝利。」[17]（貧困問題在中國的農村是特別的嚴重。）習近平還強調指出，「貧困是人類社會的頑疾。反貧困始終是古今中外治國安邦的一件大事。一部中國史，就是一部中華民族同貧困作鬥爭的歷史。」[17] 我也認為貧困是影響中國朝代興衰的重要原因之一，所以在解決貧困問題（特別是農村的貧困）後，如要解決影響朝代興衰的問題，作為一個執政黨下一步必

須做到的，便是要全面推進中國鄉村的振興。而要全面推進鄉村振興，我認為唯一的辦法，就是要靠科技和善用科技。我很高興見到中國現今已預備把 5G 科技全面地用在農業的發展上，這是全面推進鄉村振興非常關鍵的一步。

最後，最為重要的是要所有黨員和中國人民，都必須學習中國共產黨的黨史、新中國史、改革開放史、社會主義發展史、人類命運進化史，從而從根本上「跳出治亂興衰的歷史周期率」。2021年 2 月 20 日在北京召開的黨史學習教育動員大會上，習近平要求必須把「黨的歷史學習好、總結好，把黨的成功經驗傳承好、發揚好。」[18]。因為對共產黨的黨員來說，「在全黨開展黨史學習教育，是牢記初心使命、推進中華民族偉大復興歷史偉業的必然要求，是堅定信仰信念、在新時代堅持和發展中國特色社會主義的必然要求，是推進黨的自我革命、永保黨的生機活力的必然要求」[18]，是「教育引導全黨通過總結歷史經驗教訓，着眼於解決黨的建設的現實問題，不斷提高黨的領導水準和執政水準、增強拒腐防變和抵禦風險能力」[18]，「保證黨的團結和集中統一」[18]。

習近平還指出：「我們黨的百年歷史，就是一部踐行黨的初心使命的歷史，就是一部黨與人民心連心、同呼吸、共命運的歷史。歷史充分證明，江山就是人民，人民就是江山，人心向背關係黨的生死存亡。贏得人民信任，得到人民支援，黨就能夠克服任何困難，就能夠無往而不勝。」[18] 但要「贏得人民信任，得到人民支援」，我認為共產黨除了要與人民心連心、同呼吸、共命運之外，也必須提高人民對共產黨的認知。但如果要做到這一點，除了黨員要學習黨史之外，對普羅大眾來說，學習中國共產黨的黨史（包括新中國史、改革開放史、社會主義發展史、人類命運進化史）也很重要。因為只有這樣，才能培育人民的「社會主義價值觀，不斷增強各族群眾對偉大祖國、中華民族、中華文化、中國共產黨、中國特色社會主義的認同」[19]。同時要做到讓人民（特別是學生和年輕人）懂得「學史明理、學史增信、學史崇德、學史力行」的重要性，才

能牢固樹立廣大人民群眾的政治意識、大局意識、核心意識、看齊意識。從而堅定廣大人民群眾，對中國特色社會主義的道路自信、理論自信、制度自信、文化自信」。而在這方面的教育和認知，對香港的學生和年輕人來説尤其重要，因為香港的教育長期以來，都不重視這方面的教與學。所以我建議香港與內地的教育部門，首先應編寫一套優良的（最好是具有高質量的普及版和英文版的），有關中國共產黨黨史、新中國史、改革開放史、社會主義發展史、人類命運進化史的書籍(人民出版社和中共黨史出版社已在 2021 年聯合出版了《中國共產黨簡史》一書，有英文版和繁體字版，大家可參考)，讓香港的學生和年輕人可以有系統地學習（最好是在大學作為必修課來學習），幫助他們建立正確的史觀，胸懷中華民族偉大復興的自豪感，對自己國家的熱愛，對人類未來的發展，有更清醒和理性的認知。

　　很明顯的，如要戰勝「窰洞之問」的各種問題，中國必須多方面着手去解決，才易成功。

參考資料

1. 習近平，〈重整行裝再出發，以永遠在路上的執着把全面從嚴治黨引向深入〉;〈牢記初心使命，推進自我革命〉(2018 年 1 月 11 日)。《習近平談治國理政》。2020 年，外文出版社，第 511–512，529–531 頁。

2. 〈有必要為中美關係樹立清晰框架〉。2020 年 8 月 5 日王毅外長接受新華社的專訪。2020 年 8 月 6 日，《人民網—人民日報》。

3. 習近平，〈把加強頂層設計和堅持問計於民統一起來，齊心協力把「十四五」規劃編制好〉。2020 年 8 月 7 日，《人民日報》。

4. 徐斌 等著，《理性的選擇—跨越(1949–2019)》。2019 年，北京聯合出版公司，第 161 頁。

5. 鄭永年著，《大趨勢：中國下一步》。2020 年，三聯書店(香港)有限公司，第 68–69 頁。

6.　〈激濁揚清織密網（中國制度面對面）(15)—黨和國家監督體系如何鍵全完善？〉。2020 年 8 月 19 日，《人民網—人民日報》。

7.　中共中央政治局召開會議，討論擬提請十九屆五中全會審議的文件，包括《中國共產黨中央委員會工作條例》。2020 年 9 月 29 日，《人民網》。

8.　2020 年 10 月 10 日，習近平在 2020 年秋季學期中央黨校（國家行政學院）中青年幹部培訓班上的講話。2020 年 10 月 11 日，《人民日報》。

9.　2020 年 11 月 16–17 日，習近平在中央全面依法治國工作會議上的講話。2020 年 11 月 18 日，《人民日報》。

10.　《中國共產黨中央委員會工作條例》。2020 年 9 月 30 日由中共中央發布。2020 年 10 月 13 日，《人民日報》。

11.　〈推進全面依法治國，發揮法治在國家治理體系和治理能力現代化中的積極作用〉。《求是》雜誌。2020 年 11 月 15 日，《人民日報》。

12.　《法治社會建設實施綱要（2020–2025 年)》。中共中央印發。2020 年 12 月 8 日，《人民日報》。

13.　唐一軍，〈新時代全面依法治國的科學指南〉。2021 年 1 月 6 日，《人民日報》。

14.　2020 年 12 月 24 日，習近平在主持召開「中共中央政治局民主生活會」上的講話。2020 年 12 月 26 日，《人民日報》。

15.　習近平在「十九屆中央紀委五次全會」上的講話。2021 年 1 月 23 日，《人民日報》。

16.　2021 年 2 月 26 日，習近平在中共中央政治局第二十八次集體學習時強調〈完善覆蓋全民的社會保障體系，促進社會保障事業高質量發展可持續發展〉。2021 年 2 月 28 日，《人民日報》。

17.　2021 年 2 月 25 日，習近平在全國脫貧攻堅表彰大會上的講話。2021 年 2 月 26 日，《人民日報》。

18.　2021 年 2 月 20 日，習近平在北京召開的黨史學習教育動員大會上的講話。2021 年 2 月 21 日，《人民日報》。

19.　〈習近平同志《論中國共產黨歷史》主要篇目介紹〉。2021 年 2 月 22 日，《人民日報》。

第 10 章

達致世界大同、天下太平的
理想境界

2020 年 9 月 10 日，中國外交部發布了《中國關於聯合國成立 75 周年立場文件》，「就聯合國作用、國際形勢、可持續發展、抗疫合作等問題闡述中方立場和主張。」[1]

「立場文件指出，國際社會應以紀念聯合國成立 75 周年為重要契機，共同維護世界反法西斯戰爭勝利成果，抵制單邊主義、霸權主義和強權政治，堅定支持多邊主義，堅定捍衛聯合國憲章宗旨和原則，維護以聯合國為核心的國際體系和以國際法為基礎的國際秩序。中國願同世界各國一道，共同構建人類命運共同體。」[1]

「75 年前，世界各國人民以『欲免後世再遭今代人類兩度身歷慘不堪言之戰禍』的決心，建立了聯合國這一最具普遍性、代表性、權威性的國際組織，確立了以聯合國憲章宗旨和原則為核心的國際秩序和國際體系，掀開了世界和平與發展事業的新篇章。」[1]

75 年以來，聯合國以「和平為己任」、「發展為目標」、「公平為要義」與各會員國「共同制定國際規則，共同治理全球事務，共同分享發展成果。」[1]

但現今「世界正經歷百年未有之大變局，新冠肺炎疫情全球大流行使這個大變局加速變化，世界進入動盪變革期。保護主義、單邊主義和霸凌行徑抬頭，個別國家和政治勢力急於「甩鍋」「脫鉤」「退群」，破壞國際合作，企圖挑起意識形態和社會制度對抗，

使世界陷入危險境地。但和平與發展仍是當今時代主題，新興市場國家和發展中國家振興的大勢沒有改變，世界走向多極化的大勢沒有改變，經濟全球化在曲折中前行的大勢也沒有改變。」(1)

　　2020 年 9 月 22 日，習近平在第七十五屆聯合國大會一般性辯論上的講話中說：「人類社會發展史，就是一部戰勝各種挑戰和困難的歷史。新冠肺炎疫情全球大流行和世界百年未有之大變局相互影響，但和平與發展的時代主題沒有變，各國人民和平發展合作共贏的期待更加強烈。新冠肺炎疫情不會是人類面臨的最後一次危機，我們必須做好攜手迎接更多全球性挑戰的準備。」(2)

　　習近平說：「這場疫情啟示我們，我們生活在一個互聯互通、休戚與共的地球村裏。各國緊密相連，人類命運與共。任何國家都不能從別國的困難中謀取利益，從他國的動盪中收獲穩定。如果以鄰為壑、隔岸觀火，別國的威脅遲早會變成自己的挑戰。我們要樹立你中有我、我中有你的命運共同體意識，跳出小圈子和零和博弈思維，樹立大家庭和合作共贏理念，摒棄意識形態爭論，跨越文明衝突陷阱，相互尊重各國自主選擇的發展道路和模式，讓世界多樣性成為人類社會進步的不竭動力、人類文明多姿多彩的天然形態。」(2)

　　「這場疫情啟示我們，經濟全球化是客觀現實和歷史潮流。面對經濟全球化大勢，像鴕鳥一樣把頭埋在沙裏假裝視而不見，或像堂吉訶德一樣揮舞長矛加以抵制，都違背了歷史規律。世界退不回彼此封閉孤立的狀態，更不可能被人為割裂。我們不能迴避經濟全球化帶來的挑戰，必須直面貧富差距、發展鴻溝等重大問題。我們要處理好政府和市場、公平和效率、增長和分配、技術和就業的關係，使發展既平衡又充分，發展成果公平惠及不同國家不同階層不同人群。我們要秉持開放包容理念，堅定不移構建開放型世界經濟，維護以世界貿易組織為基石的多邊貿易體制，旗幟鮮明反對單邊主義、保護主義，維護全球產業鏈供應鏈穩定暢通。」(2)

　　「這場疫情啟示我們，全球治理體系亟待改革和完善。疫情

不僅是對各國執政能力的大考，也是對全球治理體系的檢驗。我們要堅持走多邊主義道路，維護以聯合國為核心的國際體系。全球治理應該秉持共商共建共享原則，推動各國權利平等、機會平等、規則平等，使全球治理體系符合變化了的世界政治經濟，滿足應對全球性挑戰的現實需要，順應和平發展合作共贏的歷史趨勢。國家之間有分歧是正常的，應該通過對話協商妥善化解。國家之間可以有競爭，但必須是積極和良性的。要守住道德底線和國際規範。大國更應該有大國的樣子，要提供更多全球公共產品，承擔大國責任，展現大國擔當。」(2) 而中國作為一個大國，正是這樣做的。

構建人類命運共同體的重要性

對於聯合國，中國認為是時候讓各國人民「重溫聯合國的初心使命，凝聚世界各國的共識，共同構建人類命運共同體，建設持久和平、普遍安全、共同繁榮、開放包容、清潔、美麗的世界」(1)。

至於所謂「人類命運共同體」，習近平指出說：「顧名思義，就是每個民族、每個國家的前途命運都緊緊聯繫在一起，應該風雨同舟，榮辱與共，努力把我們生於斯、長於斯的這個星球建成一個和睦的大家庭，把世界各國人民對美好生活的嚮往變成現實。」(3)

為了達到此目的，習近平建議我們人類必須要努力：

「建設一個遠離恐懼、普遍安全的世界；

建設一個遠離貧困、共同繁榮的世界；

建設一個遠離封閉、開放包容的世界；

建設一個山青水秀、清潔美麗的世界。」(3)

這就需要世界各國人民的普遍參與，才可以讓我們「凝聚不同民族、不同信仰、不同文化、不同地域人民的共識」(3)，達致構建各種人類命運共同體的目標。

事實上，中國根據構建人類命運共同體的理念，已開展了這

方面的實踐，把國家、民族、人類的發展緊密結合在一起，着眼本國和世界，着眼全局和長遠，構建多種形式、多種類別、多種性質、多種功能的人類命運共同體（請參考我的拙著《人類命運的演進印跡和路程》（修訂版）一書中的有關討論）。

習近平指出：「構建人類命運共同體是一個歷史過程，不可能一蹴而就，也不可能一帆風順，需付出長期艱苦的努力。」[3] 但我認為沿着努力構建人類命運共同體的方向和目的，假如我們能夠着重在從實際、科學、理性和發展的 360 度全方位角度去探索，肯定可以更容易及更快達致成功。

依我之見，不論是以聯合國憲章的宗旨和原則為核心建立的國際秩序和國際體系，抑或是中國所倡議的構建人類命運共同體的理念和目的，都是希望各國能夠做世界和平的建設者、全球發展的貢獻者、國際秩序的維護者，為世界創造更多合作共贏機會、推動世界各國共同發展繁榮。具體一點來説，就是我們可以建立以：

[聯合國憲章宗旨和原則] 及 [實踐]+[人類命運共同體的理念] 及 [實踐] = 緊密合作發展共同體。

以上的描述，是一種綜合性的描述（general description），而根據特定的情況和需要，也可以再在這一「共同體」的框架之下，進一步組織更具針對性的架構，例如：

[聯合國世衛組織]+[人類命運共同體理念] = [人類衛生健康命運共同體]。

（「世衛組織」（World Health Organization）是聯合國系統內指導協調健康衛生的機構。）

這樣就進一步豐富了我在拙著《人類命運的演進印跡和路程》（修訂版）中所描述的「人類命運共同體」的框架結構和運作行動模式。當時我在該書中提出「人類命運共同體」是由三種框架結構和運作行動模式組合而成的，即是：一、人類社會發展命運共

同體；二、人類地區性發展命運共同體；三、人類功能性發展命運
共同體。現在我們可以考慮再增加多一個類別，即是：四、與聯合
國組織緊密合作發展命運共同體。

中國永遠做世界和平的建設者

習近平在第七十五屆聯合國大會一般性辯論上的講話中指
出：「中國是世界上最大的發展中國家，走的是和平發展、開放發
展、合作發展、共同發展的道路。我們永不稱霸，不擴張，不謀求
勢力範圍，無意跟任何國家打冷戰熱戰，堅持以對話彌合分歧，以
談判化解爭端。我們不追求一枝獨秀，不搞你輸我贏，也不會關起
門來封閉運行，將逐步形成以國內大循環為主體、國內國際雙循環
相互促進的新發展格局，為中國經濟發展開闢空間，為世界經濟復
甦和增長增添動力。」[2]

「中國將繼續做世界和平的建設者、全球發展的貢獻者、國
際秩序的維護者，為支持聯合國在國際事務中發揮核心作用」[2]，
直至實現人類的共同價值目標，即：和平、發展、公平、正義、民
主、自由、健康、安全、法治、合作、主權平等、多邊主義、天下
太平、世界大同。

而當今中國可以和急切需要做的是，要有系統地（systemat-
ically）先把「中國模式」的特色架構和內涵（content）予以綜合、
整理和夯實，築牢中國在處理世界事務上的話語權及影響力。如果
要做到這一點，當然首先得把自己的事做好；其次是把「中國模式」
的架構及未來應做的事，講清楚和清理出來；而最重要的是把「中
國模式」的故事講好。在這裏我嘗試擬了一張中國在這方面應做的
工作的清單，供大家參考。（也請參考拙著《中國模式+話語權 vs
西方模式+話語權》一書。）

要講好「中國模式」的故事，應包括以下的內容：

1. 具中國的特色的「政治模式」、「經濟模式」、「社會結構和發展模式」；

2. 中國倡議構建的不同類型的「人類命運共同體」及其意義；

3. 具中國特色的「立國」、「治國」和「強國」之道；

4. 中國特色社會主義的道德觀、價值觀、人文觀、文化觀、哲理觀，以及消除貧困、改善民生、實現共同富裕的社會觀和世界觀；

5. 中國文明的特色，包括：物質文明、政治文明、精神文明、社會文明、生態文明的協調發展，以及跨越中國歷史各時期的各種新發現和創新理念；

6. 具中國特色的新基建及數字科技、智能科技、以及創建和提供給世界未來發展的要素、發展觀、願景等。

　　我認為要講好中國的故事，香港的大學在這方面是可以積極參與和做出貢獻的。譬如：建立一些專門的研究機構，專責深入研究和闡釋有關以上的各個課題和培養所需的人才，特別是在香港教育方面的人才，因為香港在這方面好的人才非常缺乏。

　　2020 年 10 月 14 日，習近平在深圳經濟特區建立 40 周年慶祝大會上的講話，指出「廣東、深圳經濟發展水平較高，面臨的資源要素約束更緊，受到來自國際的技術、人才等領域競爭壓力更大，落實新發展理念、推動高質量發展是根本出路。要堅持發展是第一要務、人才是第一資源、創新是第一動力。」(4)。但可惜的是，要香港落實現今的各種新發展理念、推動香港朝高質量的方向發展，並不是一件容易的事。因為現今香港，特別是香港的許多年輕人，非常缺乏深圳那種「『闖』的精神、『創』的勁頭、『幹』的作風」(4)。所以，唯一的解決辦法，就是香港必須盡快進行「改革開放」，特別是思想方面的「改革開放」；必須捨棄用「故步自封」、「劃地為牢」、「不求進取」、「無所作為」的態度來看待香港的「一

國兩制」的發展、所扮演的角色及發揮的作用。而是應該盡量利用「一國兩制」所提供給香港的契機，以及中國內地正在加強力度發展「雙循環」的機會，把「兩制」的「協同配合」、「優勢互補」、「雜交優勢」、「增效作用」、「創新力量」、「深港融合」、「共同發展」、「脫西入中」、「科技創新」、「釋放潛力」等各效益發揮，因而相互促進內地與香港的緊密「共同體」關係，並融入國家發展大局的機遇，同時把香港的特殊對外地位，香港在東方和西方間的政治、經濟、地理位置的優勢等等，發揮好和有效地利用起來，為實現人類的共同價值目標，作出香港的貢獻，努力奮鬥。

首先得把中國自己的事情辦好

　　無論是構建各種類型的「人類命運共同體」，或是發揮好中國特色的社會主義制度，抑或是搞好「一國兩制」的發展，對現今中國的領導來說，立即需要解決的，重中之重的首要治國理政問題，就是要把中國自己的事辦好。從 2020 年舉行的中國共產黨第十九屆中央委員會第五次全體會議中，我們已可以看到中國執政黨在這方面的想法、部署及決心。

　　習近平在中共中央召開的黨外人士座談會上，毫不含糊地指出：「擺在我們面前的歷史性課題是加強頂層設計和科學規劃」(5)。而製定好「十四五」規劃和 2035 年遠景目標，向第二個百年奮鬥目標進軍，就是這次會議要解決的重大問題。

　　在座談會上，習近平進一步指出：「製定好『十四五』規劃建議，首先，必須處理好幾大關係。一是處理好繼承和創新的關係，做好『兩個一百年』奮鬥目標有機銜接。二是處理好政府和市場的關係，更好發揮我國制度優勢。三是處理好開放和自主的關係，更好統籌國內國際兩個大局。四是處理好發展和安全的關係。五是處理好戰略和戰術的關係，製定出一個高瞻遠矚、務實管用的規劃建

議。」[5] 全體會議還「總結『十三五』時期的發展成就和經驗，科學研判發展環境，深入研究總體思路和主要目標，準確把握重大戰略任務，提出深化改革開放重大舉措，前瞻性謀劃重大風險應對預案。」[5]

　　為此，全會為「十四五」規劃部署了 12 項重點工作任務：
「1. 堅持創新在我國現代化建設全局中的核心地位。(本書第 3 章有更詳盡的討論。)

2. 加快發展現代產業體系，推動經濟體系優化升級。

3. 形成強大國內市場，構建新發展格局。

4. 全面深化改革，構建高水平社會主義市場經濟體制。

5. 優先發展農業農村，全面推進鄉村振興。

6. 優化國土空間布局，推進區域協調發展和新型城鎮化。

7. 繁榮發展文化事業和文化產業，提高國家文化軟實力。

8. 推動綠色發展，促進人與自然和諧共生。

9. 實行高水平對外開放，開拓合作共贏新局面。

10. 改善人民生活品質，提高社會建設水平。

11. 統籌發展和安全，建設更高水平的平安中國。

12. 加快國防和軍隊現代化，實現富國和強軍相統一。」[6]

而有關 2035 年遠景目標，《公報》提出了以下目標：
「1. 我國經濟實力、科技實力、綜合國力將大幅躍升，經濟總量和城鄉居民人均收入再邁上新的大台階，關鍵核心技術實現重大突破，進入創新型國家前列。

2. 基本實現新型工業化、信息化、城鎮化、農業現代化，建成現代化經濟體系。

3. 基本實現國家治理體系和治理能力現代化，人民平等參與、平等發展權利得到充分保障，基本建成法治國家、法治政府、法治社會。

4. 建成文化強國、教育強國、人才強國、體育強國、健康

中國，國民素質和社會文明程度達到新高度，國家文化軟實力顯著增強。

5. 廣泛形成綠色生產生活方式，碳排放達峰後穩中有降，生態環境根本好轉，美麗中國建設目標基本實現。

6. 形成對外開放新格局，參與國際經濟合作和競爭新優勢明顯增強。

7. 人均國內生產總值達到中等發達國家水平，中等收入群體顯著擴大，基本公共服務實現均等化，城鄉區域發展差距和居民生活水平差距顯著縮小。

8. 平安中國建設達到更高水平，基本實現國防和軍隊現代化。

9. 人民生活更加美好，人的全面發展、全體人民共同富裕取得更為明顯的實質性進展」[6]。

我認為以上「十四五」規劃所部署的經濟社會發展主要目標，以及 2035 年遠景目標，都是可以達到的實事求是的目標。屆時中國將進入創新型國家前列，更高水平的開放型經濟新體制基本形成，把「中國特色社會主義更加有力地推向前進」，讓「社會主義中國以更加雄偉的身姿屹立於世界東方」[7]。到時中國離開我在拙著《人類命運進化的基石及元素》一書中，首次提出的「實體烏托邦」（ Real-Utopia or Retopia ）的理想世界，已不會太遠了。

不過，必須注意《公報》所指出的我國需要面對的情況：即是「當前和今後一個時期，我國發展仍處於重要戰略機遇期，但機遇和挑戰都有新的發展變化，當今世界正經歷百年未有之大變局，新一輪科技革命和產業變革深入發展，國際力量對比深刻調整，和平與發展仍然是時代主題，人類命運共同體理念深入人心，同時國際環境日趨複雜，不穩定性不確定性明顯增加。我國已轉向高質量發展階段，制度優勢顯著，治理效能提升，經濟長期向好，物質基礎雄厚，人力資源豐富，市場空間廣闊，發展韌性強勁，社會大局

穩定，繼續發展具有多方面優勢和條件，同時我國發展不平衡不充分問題仍然突出，重點領域關鍵環節改革任務仍然艱巨，創新能力不適應高質量發展要求，農業基礎還不穩固，城鄉區域發展和收入分配差距較大，生態環保任重道遠，民生保障存在短板，社會治理還有弱項。全黨要統籌中華民族全局偉大復興戰略全局和世界百年未有之大變局，深刻認識我國社會主義主要矛盾變化帶來的新特徵新要求，深刻認識錯綜複雜的國際環境帶來的新矛盾新挑戰，增強機遇意識和風險意識，立足社會主義初級階段基本國情，保持戰略定力，辦好自己的事，認識和把握發展規律，發揚鬥爭精神，樹立底線思維，準確識變、科學應變、主動求變，善於在危機中育先機、於變局中開新局，抓住機遇，應對挑戰，趨利避害，奮勇前進。」(7)

小　結

　　2020 年 11 月 3 日的《人民日報》的評論員，很具深意和深邃認識地指出：「十九屆五中全會明確提出要加快構建以國內大循環為主體、國內國際雙循環相互促進的新發展格局。」(8) 而這又適逢「十四五」規劃時期，我國將進入新發展階段。「這是全面建設社會主義現代化國家、向第二個百年奮鬥目標進軍的階段。」而國內外環境的深刻變化，又為中國帶來了一系列新機遇新挑戰。所以中國必須「加快形成新發展格局」(8)。「構建新發展格局是事關全局的系統性、深層次變革，是立足當前、着眼長遠的戰略謀劃」(8)。「從根本上說，新發展格局是適應我國發展階段新要求、塑造國際合作和競爭新優勢的必然選擇。」(8) 而構建新發展格局的目的，就是要「不斷增強人民群眾獲得感、幸福感、安全感」。「牢牢守住安全發展這條底線，把安全發展貫穿國家發展各領域和全過程，確保人民安居樂業、社會安定有序、國家長治久安」(8)。

又如《人民日報》評論員（和音）所說：「中國始終是世界和平的建設者、全球發展的貢獻者、國際秩序的維護者，矢志不渝行和平正義之舉。中國誠心誠意同各國攜手合作，堅信和平發展、開放發展、合作發展、共同發展之路能夠越走越寬廣，堅信構建人類命運共同體的努力一定能夠迎來人類和平與發展的美好未來。」[9] 而我也堅信，一定能迎來人類所盼望和憧憬已久的，可以長期太平的大同世界。

中國現今正在多方面努力以達致這一目的。譬如，就中國的改革開放來說，王岐山 2020 年 12 月 4 日在會見清華大學經濟管理學院顧問委員會海外委員和中方企業家委員時指出：「故事勝於邏輯。中國改革開放是一個不斷由小到大，走廣走深、活潑潑的歷史過程。十四億人口的現代化是關乎全人類的大事，對待中國發展改革開放，既要有信心，也要有耐心，中國將堅定不移奉行互利共贏的開放政策，加快形成全方位全領域的全面開放新格局；與世界各國增進相互了解和信任，共同應對全球性挑戰；堅持創新合作，使發展成果更好惠及中國人民，不斷發展的中國必將有益於全人類，繼續擴大教育對外開放，加強國際科技交流，為中國與世界的交流融合發揮獨特作用。」[10]

又譬如就怎樣構建好未來的中美關係，中國駐美國大使崔天凱於 2020 年 12 月 3 日，在華盛頓舉行的中美研究中心 2020 年會上，明確地表示：「沒有健康穩定的中美關係，『後疫情世界』不會穩定，全球治理也不會有效。確保中美關係保持在一個正確的軌道上，就必須摒棄過時思維，站在歷史正確的一邊。」[11] 崔天凱同時指出：「世界正在發生急劇而複雜的變化，中美兩國必須對未來形成共同願景、作出正確選擇。這是我們對兩國人民和國際社會的責任。對中國來說，選擇是明確的。中美合則兩利、鬥則俱傷，合作是兩國唯一的選擇。」[11]「零和遊戲已經過時。企圖煽動不同國家和文明之間的疑慮甚至仇恨是極不負責任的。那些沉迷於大國對立的人已經把腳伸進了陷阱。我們應該清醒認識當今世界

的新現實，攜手構建新型國際關係和人類命運共同體。要站到歷史正確的一邊，第一步就是要摒棄過時的思維。要避免掉入陷阱，最好的辦法是開闢一條新路。這是我們今天必須擁有的視野和完成的歷史使命。」[11]

　　美國的拜登總統，會否願意另闢蹊徑，避免墜入修昔底德陷阱？會否願意接受中國的治國理政理念、中國的發展道路、中國在構建的「中國模式」？會否願意改變「西方中心」論及其價值觀，與中國共同「推動建設相互尊重、公平正義、合作共贏的新型國際關係」[12]？會否願意與中國一齊，堅持世界多極化主張，倡導國際關係民主化，維護世界長期和平，保持各國繁榮穩定？我殷切地希望美國會這樣做，因為那將會是人類之福。

　　2021 年 1 月 1 日，習近平在《求是》雜誌發表題為〈共同構建人類命運共同體〉的文章，強調：「人類正處在大發展大變革大調整時期，也正處在一個挑戰層出不窮、風險日益增多的時代。」[13] 中國方案是「構建人類命運共同體，實現共贏共用」[13]。文章進一步指出：「構建人類命運共同體，關鍵在行動。國際社會要從夥伴關係、安全格局、經濟發展、文明交流、生態建設等方面作出努力。堅持對話協商，建設一個持久和平的世界。堅持共建共用，建設一個普遍安全的世界。堅持合作共贏，建設一個共同繁榮的世界。堅持交流互鑒，建設一個開放包容的世界。堅持綠色低碳，建設一個清潔美麗的世界。」[13]「世界好，中國才能好；世界才更好。面向未來，第一，中國維護世界和平的決心不會改變，第二，中國促進共同發展的決心不會改變，第三，中國打造夥伴關係的決心不會改變，第四，中國支持多邊主義的決心不會改變。構建人類命運共同體是一個美好的目標，也是一個需要一代一代人接力跑才能實現的目標。中國願同聯合國廣大成員國、國際組織和機構一道，共同推進構建人類命運共同體的偉大進程。」[13]

　　我在上面已提過，我在拙著《人類命運的演進印跡和路程》（修訂版）中已概要地描述了「人類命運共同體」的框架結構和運

作行動方式。在這裏我再扼要地總結一下：

一、「人類命運共同體」的框架結構（structural construct）的最上層，是一個由聯合國廣大成員國、國際組織和機構一道，共同構建的人類命運共同體框架結構（包括運作行動模式等）；

二、在聯合國廣大成員國、國際組織和機構之下，分別劃分為四個不同的組織協作類別（organization and coordination sectors），即是：

1. 國家/社會發展命運共同體，例如中老命運共同體（中國與老撾），中緬命運共同體（中國與緬甸），國家民族命運共同體（一個國家內的不同民族）等；

2. 地區性發展命運共同體，例如中非命運共同體（中國與非洲），中歐命運共同體（中國與歐盟），亞太命運共同體等；

3. 功能性發展命運共同體，例如太空命運共同體，數字空間命運共同體，地球氣候變化命運共同體，人類生態文明命運共同體，安全共同體，發展共同體，人文共同體，人與自然命運共同體等；

4. 與聯合國組織緊密合作發展命運共同體，例如人類衛生健康共同體（由 WHO 來負責統籌各有關組織）等。

有了以上的發展架構，就可以把各種不同類型、性質、功能的「人類命運共同體」歸納入這四種組織類別之中，使各種不同類型的「人類命運共同體」，在聯合國及各國的統籌之下，得到各國更好的支持、協調及充分發揮作用。

但在當前如果要各國支持構建各種不同類型的命運共同體，肯定並非一件容易的事，特別是美國。假如美國不支持，當然就難以全面地來構建各種不同類型的命運共同體。（但這並不排除可以先把部分成熟了的「人類命運共同體」架構先建立並運行起來，而中國就是這樣做的。）現今的中美關係，正如王毅在 2020 年 1 月 3 日接受中國官媒聯合採訪時所說：「已經來到新的十字路口，也有望打開新的希望之窗。希望美國新政府重拾理性，重開對話，兩國關係重回正軌，重啟合作。」而「就中方而言，我們對美的政策

保持着連續性和穩定性，願同美方發展以協調、合作、穩定為基調的中美關係。中國從不干涉美國內政，願意同美國和平相處，合作共贏。同樣，美方也應尊重中國人民選擇的社會制度和發展道路，尊重中國人民追求更美好生活的正當權利。我們知道，美方一些人對中國快速發展心存焦慮，但最可持續的領先是不斷提升自我，而不是阻擋別國的發展。」王毅強調說：「未來的世界不應當也不可能讓中國變成美國，而應是美國使自己成為更好的美國。中國則必將成為更好的中國。我們相信，只要美國及時吸取教訓，真正同中方相向而行，中美完全可以通過對話化解矛盾分歧，通過合作擴大共同利益，找到既有利兩國、又造福世界的大國模式，開闢出順應歷史前進方向的發展前景。我們全力服務國家發展戰略，在做好疫情防控的前提下，促進國內市場和國際市場更好聯通，引導國內資源和國際資源更對接，為構建新發展格局和『十四五』規劃開局起步創造有利外部環境。我們將持續構建新型國際關係，以元首外交為引領，推動同主要大國關係穩定發展，厚植同周邊和發展中國家團結友誼。持續深化和地區合作。我們將不斷提升開放合作水平，推進高質量共建『一帶一路』，充分發揮超大規模的市場優勢和內需潛力，以自身發展推動世界經濟復甦，與各國共同分享更多中國紅利。我們將主動參與全球治理改革，繼續踐行多邊主義理念，辦好《生物多樣性公約》第十五次締約方大會，同各方合力應對全球性挑戰，推動建設更公平合理的全球治理體系。我們將積極增進各國相互理解，向世界講好中國共產黨治國理政的故事、中國人民奮鬥圓夢的故事、中國和平發展的故事，推動不同國家求同存異、共同發展，促進不同文明交流互鑒、和諧共生。我們將繼續構建人類命運共同體，着力推動人類衛生健康共同體、亞太命運共同體落地生根，攜手建設持久和平、普遍安全、共同繁榮、開放包容、清潔美麗的世界。」(14) 我認為只有堅持這樣做，人類才能最終達致一個理想的，具有改革、開放、穩定、平衡、包容、自由、自律、理性、安全、和平、不斷創新、道德高尚、尊重法治、尊重科學、有

主權原則、有多樣文明、符合人類命運及社會發展利益的大同世界。人類的終極勝利已在望！

2021 年 1 月 25 日，習近平在世界經濟論壇「達沃斯議程」對話會上致辭時指出：「歷史總在不斷前進，世界回不到從前。我們今天所作的每一個抉擇、採取的每一項行動，都將決定世界的未來。」[15] 而對我們現今的人來說，我們首先「要解決這個時代面臨的四大課題。第一，加強宏觀經濟政策協調，共同推動世界經濟強勁、可持續、平衡、包容增長。第二，摒棄意識形態偏見，共同走和平共處、互利共贏之路。第三，克服發達國家和發展中國家發展鴻溝，共同推動各國發展繁榮。第四，攜手應對全球性挑戰，共同締造人類美好未來。」[15]「世界上的問題錯綜複雜，解決問題的出路是維護和踐行多邊主義，推動構建人類命運共同體。」[15]

我認為我們人類只有搞真正的多邊主義，而不是搞什麼「有選擇的多邊主義」[15]，或是以美國為領導的，只能遵循西方價值觀的多邊主義。因為我們要的是「秉持人類命運共同體理念，堅守和平、發展、公平、正義、民主、自由的全人類共同價值」[15]。只有這樣做，我們人類才能行穩致遠，最終把一個可持久和平、普遍安全、共同繁榮、開放包容、清潔美麗的大同世界或「實體烏托邦」(Real-Utopia or Retopia) 的世界建立起來。

回顧中國的發展路程

2021 年 2 月 15 日《星島日報》的社論，有關中國近代和當今的發展路程，有這樣的幾段話，我認為是非常值得我們中國人，特別是香港人，去認真思考的。該社論指出：「當今世界正經歷百年未有之大變局，『東升西降』是國際趨勢。」[16]「人有人運，國有國運。18 世紀的清朝，GDP 曾佔全球三分之一，領土面積超過一千二百萬平方公里，盛極一時。但進入 19 世紀，西方開始工業

革命，中國仍然是天朝心態，缺乏技術變革、創新，逐漸走下坡路。1840 年的鴉片戰爭之後，內憂外患，疆土大片喪失，中國陷入了長期被列強侵略和內鬥的混亂局面。」(16)「一部中國近代史就是屈辱史，中國『失足』整整一百多年，四分五裂，民不聊生。1949 年中華人民共和國成立，跨進自強新時代，但由於政治運動頻繁，仍是貧窮落後，直至 1978 年推行改革開放，抓住全球化的浪潮，中國才『旺足』40 多年，實現了經濟快速發展奇跡，成為世界第二大經濟體、製造業第一大國、貨物貿易第一大國、商品消費第二大國。」(16) 正如習近平所説，回首過去「既有驚心動魄的風雲突變，又有豪情萬丈的砥礪前行」(17)。「我黨團結帶領全國各族人民眾志成城、迎難而上、戰疫情、抗洪澇、促改革、推開放、抓脱貧、惠民生、促增長、穩大局，在世界上率先控制住疫情蔓延，在全球主要經濟體中率先實現經濟正增長，全面建成小康社會取得偉大歷史性成就，重大科技創新成果捷報頻傳，共建『一帶一路』紮實推進，『十三五』規劃圓滿收官，構建人類命運共同體得到國際社會廣泛認同，各項事業取得新的重大成就！」(17) 實踐證明「中國特色社會主義制度具有無比強大的生命力和創造力！中國人民和中華民族具有無比強大的凝聚力和向心力！」(17) 我相信，如果中國共產黨能繼續堅持實事求是，採用中國化的創新、改革、開放路線和政策，帶領中國人民穩步走中國特色社會主義的發展道路，「就沒有任何力量能夠阻擋中華民族實現偉大復興的鏗鏘步伐」(17)。最終，把中國夢變為現實，達致世界大同、天下太平的理想境界。中國必勝、正義必勝、和平必勝、人民必勝！

參考資料

1.　中國關於聯合國成立 75 周年的立場文件。2020 年 9 月 11 日，《人民日報》。

2. 2020 年 9 月 22 日，習近平在第七十五屆聯合國大會一般性辯論上的講話。2020 年 9 月 23 日，《人民日報》，第 3 版。

3. 習近平，〈把世界各國人民對美好生活的嚮往變成現實〉。《習近平談治國理政》，第三卷。2020 年，外文出版社，第 433–438 頁。

4. 2020 年 10 月 14 日，習近平在深圳經濟特區建立 40 周年慶祝大會上的講話。2020 年 10 月 15 日，《大公報》，A8 版。

5. 2020 年 10 月 30 日，習近平在中共中央召開黨外人士座談會上的講話。2020 年 10 月 31 日，《人民日報》。

6. 〈中國 15 年目標〉。2020 年 10 月 30 日，《文匯報》，A1 版。

7. 《中國共產黨第十九屆中央委員會第五次全體會議公報》(2020 年 10 月 29 日)。2020 年 10 月 30 日，《人民日報》。

8. 〈加快構建新發展格局〉。2020 年 11 月 3 日，《人民日報》評論員文章。

9. 〈正義必勝、和平必勝、人民必勝〉(和音)。2020 年 10 月 31 日，《人民日報》。

10. 2020 年 12 月 4 日，王岐山在會見清華大學經濟管理學院顧問委員會海外委員和中方企業家委員時的視頻談活。2020 年 12 月 5 日，《人民日報》。

11. 2020 年 12 月 3 日，崔天凱在華盛頓舉行的中美研究中心 2020 年會上的講話。2020 年 12 月 5 日，《文匯報》。

12. 楊潔篪，〈積極營造良好外部環境〉。2020 年 11 月 30 日，《人民日報》。

13. 2021 年 1 月 1 日，習近平在《求是》雜誌發表題為〈共同構建人類命運共同體〉的文章。2021 年 1 月 1 日，《人民網》。

14. 2021 年 1 月 2 日，王毅在接受中國官媒聯合採訪時的發言。2021 年 1 月 3 日，《大公報》。

15. 〈讓多邊主義的火炬照亮人類前行之路〉。2021 年 1 月 25 日，習近平在世界經濟論壇〈達沃斯議程〉對話會上的致辭。2021 年 1 月 26 日，《人民日報》。

16. 〈「東升西降」國運隆 「時勢在我」港可倚〉。2021 年 2 月 15 日，《星島日報》，〈社論〉。

17. 2021 年 2 月 10 日，習近平在春節團拜會上的講話。2021 年 2 月 11 日，《人民日報》。

第 11 章

國民經濟和社會發展第十四個五年規劃和 2035 年遠景目標對今後「中國之治」的影響

2021 年 3 月 4–11 日十三屆全國人大四次會議在京召開，李克強總理宣讀了工作報告。3 月 6 日的《星島日報》社論指出：「今年報告的一大特色是『穩』字當頭，經濟增長目標亦不貪功，只定在百分之六以上，不求快只求穩，努力保持國家穩中前進，實現科技自立自強，擴大內需的戰略，並解決民生、環保等挑戰，為十四五規劃與全面建設社會主義現代化開啟良好的開始。」[1] 該社論還指出：「中國有兩大階段發展目標，一是 2020 年建成小康社會任務，二是 2050 年建成社會主義現代化強國。中國去年完成建設全面小康社會任務，並消除了全國貧窮人口，2021 年的總理報告有特殊意義，因是建立社會主義現代化強國的 30 年長征的開動年，亦是第十四個五年規劃的首年，這一年重點是打好國家發展新階段的基礎，不在求快而在求穩。」[1]

我非常同意該社論的分析和觀點。中國政府的目標，顯然是要保證從成功建設全面小康社會到建立社會主義現代化強國，能保持中國的經濟的長期健康發展，進一步完善「中國之治」。具體的做法是要做到「(一) 把經濟運行保持在合理區間，全員勞動生產率增長高於國內生產總值的增長，城鎮失業率控制在 5.5% 以內。(二) 堅持創新驅動發展加快發展現代產業體系，打好關鍵核

心技術攻堅戰,制定實施基礎研究十年行動方案,全社會研發經費投入年均增長 7% 以上,力爭投入強度高於『十三五』時期實際。(三)形成強大國內市場,構建新發展格局。建立擴大內需的有效制度全面促進消費拓展投資空間加快培育完整內需體系。(四)全面推進鄉村振興完善新型城鎮化戰略。嚴守 18 億畝耕地紅線,實施高標準農田建設工程、黑土地保護工程,確保種源安全,加快農業轉移人口市民化,常住人口城鎮化率提高到 65%。(五)優化區域經濟布局促進區域協調發展。紮實推動京津冀協同發展、長江經濟帶發展、粵港澳大灣區建設、長三角一體化發展、黃河流域生態保護和高質量發展,高標準、高質量建設雄安新區。(六)全面深化改革開放持續增強發展動力和活力。加快國有經濟布局優化和結構調整優化民營經濟環境。建設更高水平開放型經濟新體制,推動共建『一帶一路』高質量發展,構建面向全球的高標準自由貿易區網絡。(七)推動綠色發展,促進人與自然和諧共生。構建以國家公園為主體的自然保護地體系,森林覆蓋率達到 24.1%;基本消除重污染天氣和黑臭水體;落實 2030 年應對氣候變化國家自主貢獻目標;單位國內生產總值能耗和二氧化碳排放分別降低

綠水青山——桂林陽朔灕江的湖光山色。(Shutterstock)

13.5%，18%。（八）持續增進民生福祉，紮實推動共同富裕。制定促進共同富裕行動綱要，居民人均可支配收入增長與國內生產總值增長基本同步。勞動年齡人口平均受教育年限提高到 11.3 年。全面推進健康中國建設人均預期人壽再提高 1 歲。逐步延遲法定退休年齡，基本養老保險參保率提高到 95%。（九）統籌發展和安全，建設更高水平的平安中國。堅持總體國家安全觀，加強國家安全體系和能力建設。強化國家經濟安全保障，實施糧食、能源資源、金融安全戰略，糧食綜合生產能力保持在 1.3 萬億斤以上，提高能源綜合生產能力。」[2]

高質量發展是「十四五」的主題

中國在全國人民代表大會開會期間，除了審議通過政府工作報告以及其他各種報告之外，國家主席和副主席等都會分別參加一些全國政協和人大代表的小組會議，共同來審議各種報告。而在這些小組會議審議時，主席等一般都會發言。而在發言中，他們都經常會就一些重要的國策、政策、想法、需要完成的任務等，提出他們的看法。他們的這些意見和建議，對了解「中國之治」的短期和長遠目標，非常有用。下面我引錄了一些他們今年在會期內的發言，供大家參考。

高質量發展是「十四五」乃至更長時期的
我國經濟社會發展的主題

2021 年 3 月 7 日，習近平在參加十三屆全國人大四次會議青海代表團審議時強調：「高質量的發展是『十四五』乃至更長時期我國經濟社會發展的主題，關係我國社會主義現代化建設全局。

高質量發展不只是一個經濟要求，而是對經濟社會發展方方面面的總要求；不是一時一事的要求，而是必須長期堅持的要求。各地區要結合實際情況，因地制宜、揚長補短，走出適合本地區實際的高質量發展之路。要始終把最廣大人民利益放在心上，堅定不移增進民生福祉，把高質量發展同滿足人民美好生活需要緊密結合起來，推動堅持生態優先、推動高質量發展、創造高品質生活有機結合、相得益彰。」[3] 習近平又同時指出：「要着力補齊民生短板，破解民生難題，兜牢民生底線，辦好就業、教育、社保、醫療、養老、托幼、住房等民生實事，提高公共服務可及性和均等化水平。要推進城鄉區域協調發展，全面實施鄉村振興戰略，實現鞏固拓展脫貧攻堅成果同鄉村振興有效銜接，改善城鄉居民生產生活條件，加強農村人居環境整治，培育文明鄉風，建設美麗宜人、業興人和的社會主義新鄉村。」[3]

　　和音在《人民日報》發表的一篇評論文章裏指出，中國的目標是要「準確把握新發展階段，深入貫徹新發展理念，加快構建新發展格局，推動高質量發展，為全面建設社會主義現代化國家開好局起好步。世界有理由相信，堅持實行高水平對外開放、促進外貿外資穩中提質的中國，必將為世界經濟發展不斷注入新動能。」[4] 我贊成要建設社會主義現代化國家，中國必須走高質量發展之路，因為只有這樣，才能為人民創造高品質生活，為人類社會的未來發展作出更多的貢獻，為人類文明逐步地創造更多新的形態。

建設社會主義現代化國家需要注意的事項

(1) 貫徹落實好中國化政策

　　2021 年 3 月 6 日，王岐山在參加湖南代表團審議時指出：「今年是中國共產黨百年華誕，黨的百年歷程就是一部不斷馬克

思主義中國化、以黨的創新理論成果指引中華民族偉大復興的奮鬥史。我們黨堅持馬克思主義基本原理同中國具體實際相結合，與中華傳統文化相融合，在新形勢新挑戰面前不懈探索、實踐、總結，在接續奮鬥中不斷繼承、發展、創新，為黨完成不同階段歷史任務提供了強大思想武器和行動指南。從嘉興南湖、井崗山、延安、西柏坡，一步步走出了一個嶄新的共和國，今天又走進了中國特色社會主義新時代。」(5) 王岐山強調說：「新時代催生新思想，新思想引領新征程」。在中國要讓「馬克斯主義中國化得到新的豐富和發展，彰顯出強大的真理力量、實踐力量。全面建設社會主義現代化國家，不斷鞏固『富起來』。但要實現『強起來』還有很長的路要走，是一次新的長征。」(5)

　　長期以來，西方國家都喜歡把中國的經濟社會發展意識形態（或「中國模式」），局限在馬克斯主義範圍之內來看待，而不理解中國的經濟社會發展意識形態，是一種經「中國化」的特色社會主義意識形態和發展模式。如果不了解這一點，就難以了解為什麼「中國之治」會成功，為什麼馬克斯主義在蘇聯會失敗（有關「中國模式」和「中國之治」為什麼會成功，我在拙著《中國模式+話語權 vs 西方模式+話語權》中已有詳細的討論，這裏不贅）。

(2) 堅持發展為人民

　　2021 年 3 月 8 日，任仲平在《人民日報》撰文指出：「如果說現代化是一場整體性的文明演進，那麼中國現代化之路，每個環節，每個方面、每個階段都緊緊圍繞着『人民』這一中心點。」而「只有堅持以人民為中心的發展思想，堅持發展為人民、發展依靠人民、發展成果由人民共享」(6)，才是最正確的發展觀、現代化觀；才是搞好「中國之治」的辦法和目的。

(3) 鑄牢中華民族共同體意識，鞏固發展民族團結大局

2021 年 3 月 5 日，習近平參加內蒙古代表團審議時指出，「中華民族是一家親」，「要圍繞共同團結奮鬥、共同發展繁榮，牢記漢族離不開少數民族、少數民族離不開漢族、各少數民族之間也相互離不開，在促進民族團結方面把工作做細做實，增強各族群眾對偉大祖國、中華民族、中華文化、中國共產黨、中國特色社會主義的認同」[7]，而「文化認同是最深層次的認同，是民族團結之根、民族和睦之魂」[7]。所以我認為，學習和深入認識中國文化，了解中華民族史，對每一個中國人來說，都是非常的重要；尤其是香港的年輕人，他們在這方面的知識是非常的欠缺，所以我們必須把這一短板盡快補上。但在另一方面，由於香港是一個非常國際化的城市，所以我認為，香港的愛國愛港人士，有責任而且也有足夠的條件，可以負起向西方弘揚中國文化和宣傳「中國之治」的工作。但可惜的是，回歸之後的香港精英並沒有把這一工作做好。所以，我希望這次人大在完善香港選舉制度之後（中央為了完善香港選舉制度、落實「愛國者治港」，已把有關《決定》於 2021 年 3 月 11 日在人大通過），能夠徹底解決香港這一政治問題。港澳辦常務副主任張曉明明確指出，「香港的政治問題，並非要不要民主，而是『奪權和反奪權、顛覆與反顛覆、滲透與反滲透的較量』。」[8] 現今人大完善了香港的選舉制度，保證了愛國者治港，香港的精英理應能安定下來，不要再化費時間和精力去搞那些毫無價值的政治爭拗，而應好好的利用香港「一國兩制」的獨特優勢，把「一國兩制」、中國文化、「中國之治」和「中國模式」的優點，大力予以弘揚，希望可以改變中國被西方國家長期抹黑、受「捱罵」的被動局面。港人還必須想方設法，扭轉現今許多西方國家不停的，給中國製造的各種不友善的國際輿論壓力、軍事圍堵和侵犯。香港廣大的愛國人士（特別是那些治港者），更應團結起來，加強對外宣傳「一國兩制」、中華文化、「中國模式」、中國文明的力量，提升港人在

這方面的話語權，壓制所有膽敢詆毀、污蔑和蓄意挑釁我們國家治權的壞人和敵人的氣焰。

(4) 把保障人民健康放在優先發展的戰略位置，着力構建優質均衡的基本公共教育服務體系

2021 年 3 月 7 日，習近平在看望參加政協會議的醫藥衛生界教育界委員時強調：「要把保障人民健康放在優先發展的戰略位置，堅持基本醫療衛生事業的公益性，聚焦影響人民健康的重大疾病和主要問題，加快實施健康中國行動，織牢國家公共衛生防護網，推動公立醫院高質量發展，為人民提供全方位全周期的健康服務。人民健康是社會文明進步的基礎，是民族昌盛和國家富強的重要標誌。這次抗擊新冠肺炎疫情的實踐再次證明，預防是最經濟最有效的健康策略。要總結經驗、吸取教訓，在做好常態化疫情防控的同時，立足更精準更有效預防，推動預防關口前移，改革完善疾病預防控制體系，完善公共衛生重大風險評估、研判、決策機制，創新醫防協同機制，健全聯防聯控機制和重大疫情救治機制，增強早期監測預警能力、快速檢測能力、應急處置能力、綜合救治能力，深入開展愛國衛生運動，從源頭上預防和控制重大疾病」[9] 我認為從長遠來看，未來從源頭上預防和控制重大疾病，必須先集中力量解決老年人的疾病問題，因為我們人類現今已開始進入老人化時代。所以在預防和控制重大疾病問題方面，中國應朝研究解決老人疾病的方向發展；把老年人的醫療和未來的高科技、創新科技發展緊密地結合起來，形成一種新的產業融合體和建立一種創新的醫療體系，催生更多原創性、顛覆性的解決老人化的思維方式和治理方式。

在同一個會議上，習近平指出，中國還「要全面貫徹黨的教育方針，堅持社會主義辦學方向，堅持教育公益性原則，着力構建優質均衡的基本公共教育服務體系，建設高質量教育體系，辦好人

習近平在 2020 年 10 月南巡時訪問潮州，與當地民眾親切交談。（亞新社）

民滿意的教育，培養德智體美勞全面發展的社會主義建設者和接班人。教育是國之大計、黨之大計。要從黨和國家事業發展全局的高度，堅守為黨育人，為國育才，把立德樹人融入思想道德教育、文化知識教育、社會實踐教育各環節，貫穿基礎教育、職業教育、高等教育各領域，體現到學科體系、教學體系、教材體系、管理體系建設各方面，培根鑄魂、啟智潤心。要從我國改革發展實踐中提出新觀點、構建新理論，努力構建具有中國特色、中國風格、中國氣派的學科體系、學術體系話語體系。要圍繞建設高質量教育體系，以教育評價改革為牽引，統籌推進育人方式、辦學模式、管理體制、保障機制改革。要增強教育服務創新發展能力，培養更多適應高質量發展、高水平自立自強的各類人才。對群眾反映強烈的突出問題，對打着教育旗號侵害群眾利益的行為，要緊盯不放，堅決改到位，改徹底。」(9) 自從中國實行改革開放以來，中國在擴大和優化教育方面化了很大的力氣，但距離把中國變成為教育強國，

看來還有很長的一段路要走。幸運的是，現今我們正進入第四次工業革命和數字化時代，假如我們能抓緊科技創新這一環節，同時把我們的教育與第四次工業革命和數字化的發展緊密地結合起來，那麼把中國變成為一個教育強國，應該不會是一件太難的事（請見下面的有關討論）。

(5) 發揮創新引領和科技創新推動高質量發展

習近平指出：「全面建設社會主義現代化國家，必須堅持科技為先，發揮科技創新的關鍵和中堅作用。」[10] 故此，我們看到「十四五」和 2035 年遠景目標綱要都強調必須「1. 堅持創新在我國現代化建設全局中的核心地位；2. 把科技自立自強作為國家發展的戰略支撐；3. 完善國家創新體系；4. 加快構建以國家實驗室為引領的戰略科技力量；5. 打好關鍵核心技術攻堅戰；6. 全社會研發經費投入年均增長 7%以上，力爭投入強度高於『十三五』時期實際；7. 加快數字化發展，打造數字經濟新優勢，推進網絡強國建設，加快建設數字社會、數字政府、數字中國，以數字化轉型整體驅動生產方式、生活方式和治理方式變革；8. 2025 年數字經濟核心產業增加值佔 GDP 比重提高到 10%；9. 戰略性新興產業增加值佔 GDP 比重超過 17%；10. 加強關鍵數字技術創新應用，包括：半導體領域、基礎理論科研、開源應用服務、前沿科技開拓。」[10, 11]。

完善香港特別行政區選舉制度的決定

順便一提，這次人大會議還通過了《全國人民代表大會關於完善香港特別行政區選舉制度的決定》。至於為什麼要通過這一決定呢？香港特別行政區特首林鄭月娥指出，這是因為「香港現行選

舉制度有漏洞，甚至會危害到國家的安全、主權、發展利益以至香港的長期穩定。」(12) 香港的一名政治評論員説得好，《決定》通過後，「人們對政治熱情應會急降，香港可以重回一個經濟城市。特區政府也不用再花時間和精力去應付各種各類無休止的政治鬥爭」(13)，而可以一心一意的把香港的經濟、民生問題解決好，把「一國兩制」的 [M+H] 的無限潛力、各自的優勢和「雜交優勢」發揮出來，而不再讓香港人在 [M ‖ H]、[M>H]、[M<H] 中糾纏(M = Mainland，H = Hong Kong)(請參考我的拙著《中國模式+話語權 vs 西方模式+話語權》內有關的討論和分析)，在這三者之間不停地，作各種極端無聊、徘徊搖擺、自損自殘、惡性循環式和毫無建設性的政治爭論和鬥爭，而落入難以自拔的境地和陷入使香港走向衰落的困境。現今雖然有了「香港國安法」和進一步完善了香港特別行政區選舉制度，但仍有人指出，長遠來説，如要達致香港的「良政善治」，還必須保證「愛國者治港」的官員和議員等，具備六大能力：「政治判斷能力、把握大局能力、體察民情能力、推陳創新能力、前瞻跨界能力、協同作戰能力」(14)。我認為如果要培養這些具高素質的政治人物，一定要先從改革香港的教育及有系統地培訓教師和公務員着手。而現今香港政府在這些方面所做的修補工作，可説是難以達此目的。所以在這方面，中央還需要繼續關注和協助特區政府作出合適的安排。

　　2021 年 7 月 1 日，習近平在《求是》雜誌發表了一篇題為〈學史明理、學史增信、學史崇德、學史力行〉的文章。雖然這篇文章針對的是內地的青年，但對香港的青年來説，學習好中國歷史，對了解新中國成立後創造的事業和取得的成就都很重要。所以我建議香港政府或大學教育資助委員會（UGC）應撥款給香港的大學，為香港的大學生編寫一系列中、英文的新中國成立後的歷史教材，供他們選修，也可給其他的青少年作為參考。

小　结

　　第十三屆全國人民代表大會財政經濟委員會關於國民經濟和社會發展第十四個五年規劃和 2035 年遠景目標的綱要報告指出：《國民經濟和社會發展第十四個五年規劃和 2035 年遠景目標》「提出的目標和要求，體現了立足新發展階段、貫徹新發展理念、構建新發展格局、推動高質量發展的要求，符合經濟社會發展實際，安排總體可行。」(15)「十四五時期是我國全面建成小康社會、實現第一個百年奮鬥目標進軍之後，乘勢而上開啓全面建設社會主義現代化國家新征程、向第二個百年奮鬥目標進軍的第一個五年，做好十四五時期經濟社會發展工作意義重大。」(15)「統籌推進經濟建設、政治建設、文化建設、社會建設、生態文明建設的總體布局，協調推進全面建設社會主義現代化國家，全面深化改革、全面依法治國、全面從嚴治黨的戰略布局。」(15)「堅定不移貫徹創新、協調、綠色、開放、共享的新發展理念，堅持穩中求進工作總基調，以推動高質量發展為主題，以深化供給側結構性改革為主線，以改革創新為根本動力，以滿足人民日益增長的美好生活需要為根本目的，統籌發展和安全，加快建設現代化經濟體系，加快構建國內大循環為主體、國內國際雙循環相互促進的新發展格局，推進國家治理體系和治理能力現代化，實際經濟行穩致遠、社會安定和諧，為全面建設社會主義現代化國家開好局起好步。（一）堅持創新驅動發展戰略，發展現代化產業體系。（二）形成強大國內市場，加快構建新發展格局。（三）促進城鄉區域協調發展，提升新城鎮化質量。（四）推動綠色低碳發展，加強生態文明建設。（五）全面深化改革，推進高水平對外開放。（六）增進民生福祉，紮實推動共同富裕。（七）統籌發展和安全，實現安全發展。」(15)

　　《報告》還特別地指出：「當前和今後一個時期，我國仍處於重要戰略機遇期，機遇和挑戰都有新的發展變化。國際環境日趨複

雜，不穩定性不確定性明顯增加。我國發展不平衡不充分問題仍然
比較突出，重點領域關鍵環節改革任務仍然比較艱巨，創新能力亟
待增強，農業基礎還不穩固，城鄉區域發展不平衡，收入分配差距
較大，生態環保任重道遠，民生保障尚存短板，社會治理還有弱項。
要增強憂患意識，保持戰略定力，堅定必勝信心，集中力量辦好自
己的事情，善於在危機中育先機、於變局中開新局，推動經濟社會
高質量發展。」(15)

樹欲靜而風不止

　　上面提到的人大報告指出：「國際環境日趨複雜，不穩定性不
確定性明顯增加」，所以中國必須「集中力量辦好自己的事情」，這
是至關重要之事。而特別的是自美國拜登政府執政以來，一再強調
中國是美國「唯一一個有可能將其經濟、外交、軍事和技術力量結
合起來，對穩定和開放的國際體系提出持續挑戰的競爭對手」(16)。
而在 2021 年 3 月 3 日拜登更發表了他上任以來最具分量的《美
國國家安全戰略臨時指南》(16)。該《指南》強調美國今後會「一、
將中國的位置大大前移。中國已超越俄羅斯，成為美國最大的競爭
對手。二、『視國內安全和國際安全為一個整體』。若國內問題解決
得不好，容易被『威權國家』利用。三、團結盟友，建立有效的國
際規則，確保美國而不是中國制定國際議程。四、強調民主價值的
重要性。五、競爭合作並存是中美關係的新常態。」(16) 從該《指
南》可以清楚的看到，拜登政府對中國的定位已愈來愈明朗，對中
國的針對性也愈來愈強烈。而中國對自己未來的定位，也在人大通
過的《第十三屆全國人民代表大會第四次會議關於國民經濟和社
會發展第十四個五年規劃和 2035 年遠景目標綱要的決議》中，表
達得非常清楚。即是要「統籌推進經濟建設、政治建設、文化建設、

社會建設、生態文明建設的總體布局，協調推進全面建設社會主義現代化國家、全面深化改革、全面依法治國、全面從嚴治黨的戰略布局，堅持穩中求進工作總基調，準確把握新發展階段，深入貫徹新發展理念，加快構建發展格局，推動高品質發展，統籌發展和安全，推進國家治理體系和治理能力現代化，實現經濟行穩致遠、社會安定和諧，為全面建設社會主義現代化國家開好局起好步。」(17)

　　陳甦在《人民日報》撰文指出，據習近平的分析認為，「中國從形成更加成熟更加定型的制度看，我國社會主義實踐的前半程已經走過了，前半程我們的主要歷史任務是建立社會主義基本制度，並在這個基礎上進行改革，現在已經有了很好的基礎。後半程，我們的主要歷史任務是完善和發展中國特色社會主義制度，為黨和國家事業發展、為人民幸福安康、為社會和諧穩定、為國家長治久安提供一整套更完備、更穩定、更管用的制度體系。」(18)

百年大變局對中國的影響及啟示

　　放眼「十四五」規劃和 2035 年遠景目標，有一點是特別值得注意的，那就是現今我們正進入第四次工業革命時代（或「智能化時代」，又被稱為「工業 4.0」，包括人工智能、人機聯接互動、3D 打印、5G、6G（第五代、六代移動通信技術）、量子信息技術、虛擬現實以及生物科技等高新技術的研發與應用）。因此，正如余建斌所說，「創新發展便成為中國發展的『重中之重』，尤其是科技創新對實體經濟的支撐和賦能，將進入更深層更廣範圍，兩者的深度融合，將全方位推動科技成果進入經濟社會主戰場，進一步形成澎湃有力的高質量發展『新動能』。促進科技創新和實體經濟深度融合，既要立足發展『剛需』，也要着眼長遠的大計。我國經濟發展對科技的需求從來沒有像今天這樣重要而迫切，無論是向科學技術要解決方案還是要答案，都反映出科技創新這個關鍵變數的

重要性。科技創新和實體經濟的深度融合，離不開高水準的科技自立自強。補上重點領域的技術短板，離不開關鍵核心技術的突破，傳統產業的數位化改造和智慧化水準提升，離不開數字技術的蓬勃發展。為此，要打好關鍵核心技術攻堅戰，完善共性基礎技術供應體系，特別是要加快健全以企業為主體的創新體系，鼓勵企業加大投入，催生更多原創性，顛覆性的技術。」[19] 但同時我們也必須注意，當今中國在科技創新方面，正面臨着一些「卡脖子」技術問題，及遭遇到以美國為首的一些國家，要全面圍堵和遏制中國在科技方面的發展，並且積極地籌組「科技民主國家」來對抗中國，打科技戰。

習近平 2021 年 3 月 16 日在《求是》雜誌發表文章，強調「科學技術從來沒有像今天這樣深刻影響着國家前途命運，從來沒有像今天這樣深刻影響着人民生活福祉。中國要強盛、要復興，就一定要大力發展科學技術，努力成為世界主要科學中心和創新高地。形勢逼人，挑戰逼人，使命逼人。我們比歷史上任何時期都更需要建設世界科技強國！我國廣大科技工作者要把握大勢、搶佔先機，直面問題、迎難而上，瞄準世界科技前沿，引領科技發展方向，肩負起歷史賦予的重任，勇做新時代科技創新的排頭兵。」[20] 可見中國要努力成為世界主要科學中心和創新高地的決心，是多麼的強烈。

但假如我們回顧一下中國科技的發展史，我們就知道，中國在古代科技是很發達的，只是到了近代國家太弱，使科技無法興旺起來。到了中國實行改革開放，中國的科技才有飛躍式的發展。現今世界進入了第四次工業革命時期，中國已充分認識到「中國要強盛、要復興，就一定要大力發展科學技術」。而更為重要的，是中國還認識到，要發展科技就要學懂怎樣去創新，因為創新是第一動力。所以要中國的科技能跨越式地更上一層樓，引領世界科技的發展，就必須先要大力增強自主創新的能力和和基礎研究的能力，盡快突破核心技術，把核心技術牢牢的掌握在自己手中，用好中國特

色社會主義這一載體，把中國建設成為世界主要科學中心和創新高地。

　　為了支持中國在與美國挑起的科技戰中能勝出，我認為香港也應該全力發展創新科技，為國家在這方面出一分力。我很高興聽到香港創新科技局局長薛永恒最近說：「國家剛通過的《十四五規劃綱要》，當中涉港內容首次指出支持香港建設國際創新中心，並把香港河套納入粵港澳四個重大合作平台之一，反映中央對香港創科的重視。香港會全力配合『十四五』規劃的有關工作計劃，並會全力參與並推動與內地創科合作，積極參與雙循環，貢獻於大灣區國際創科中心的建設工作。」[21] 我認為這是香港應做之事，責無旁貸。

　　另一方面，我們也必須注意，中國正面臨着百年未有之大變局。世界秩序和國際關係正在重整及發生巨變，經濟全球化正遭受着逆流和民粹主義的衝擊，「西方中心主義」國家正在不斷地走衰，因此，他們將很有可能會做出許多對中國不利和不友善的舉動。為了支持中國在這些方面能勝出，我認為香港最少有兩件事是可以做的：一、協助中國在香港和國際舞台奪回中國的話語權，二、講好「一國兩制」和「中國之治」的故事。

奪回中國的話語權，講好中國的故事

　　有關這一個問題，我在拙著《中國模式+話語權 vs 西方模式+話語權》已有較為詳盡的討論，這裏就不再重複了。我只是想指出，在香港有一種很不健康和屬於歪理的說法，就是假如要維護香港的言論自由、民主和新聞自由，就要罵共產黨、罵政府、反對政府的政策、搞各種對抗性和粗暴的競選策略和活動。這種不理性、不和平、不民主、無建設性和暴戾的思維方式，長期被在港的反華及激進勢力用來左右和綁架民意、奪取治港的權力，令香港的管治

長期陷入政治內鬥的惡性循環，使政府的治權愈來愈弱化及困於「被攬炒式」的鬥爭之中，而無法抽出時間和精力去處理和解決各種經濟民生及社會的深層次問題。2021 年 3 月 15 日《星島日報》的〈社論〉，把這一畸形的政治生態作出了這樣的總結：「面對來自激進陣營和利益勢力的明槍暗箭，官員做事動輒得咎，為迴避壓力，唯有不做不錯，息事寧人；結果『避難』成了官場主流文化，不少公職人員情願故步自封，不敢硬闖創新，以致施政效率每況愈下，士氣也日漸低落，部分能幹官員因而萌生離心。」[22] 現今人大通過了《全國人民代表大會關於完善香港特別行政區選舉制度的決定》[23] 之後，相信香港的政治生態和中國在香港的話語權，可以得到更充分的發揮和重上正軌。「政府管治的效率與質素可望提高，香港將進入以民生經濟為本的嶄新的時代。」[22] 中國奪回在香港的話語權，還有另一層意義，那就是中國在香港可以徹底地摒棄破壞性民主，回復建設性民主，並可以有效地遏制激進派與外來勢力的滲透侵蝕。這樣香港便可以抓住國家的發展機遇，用好中央政策、融入國家的發展，充分發揮香港特區及「中國之治」的獨特優勢，把「一國兩制」建設好，把「中國之治」的故事講好。

　　張蘊嶺在《百年大變局》一書中指出：「20 世紀對中國來說，既是悲慘的百年，又是奮爭的世紀。一般認為，中國近代衰落的一個轉折點是 1894 年，時年，中日甲午一戰，北洋水師全軍覆沒，大清朝不得不簽訂《馬關條約》，向日本賠款和割讓台灣島。若從中國與世界關聯的大視角看，1900 年更具深刻的含義；八國聯軍打進北京，大清朝統治者倉皇出逃，最後不得不簽訂了屈辱的《辛丑條約》，向列強賠款本息高達 9.8 億兩白銀（庚子賠款）；從此，中國的衰落加速。」[24]

　　中國的衰落引發了一連串中國國內的革命爆發，這一段歷史相信大家都熟悉，這裏不贅了。我只想在這裏指出，中國的衰落，對這一時期的知識分子來說，打擊是非常非常之大的。大多數知識分子都認為，假如要救國自強，中國必須從西方引入「德先生」和

「賽先生」。有關「德先生」和「賽先生」對中國以後發展的影響，起着哪些重要的作用，我在本書第 3 章已有詳盡的討論，這裏就不再重複了。我只想強調一點，就是中國經過長期的實踐，明確顯示出要真正體現民主（即德先生），是不需要局限於「一人一票」的選舉形式和程序的。在中國，人民通過 [某種形式的選舉+人民內部各方面的協商]，就共同關心的問題達成共識，這比單獨用選舉的方式來決定重大的政策或領導人等，是更為民主（即是能夠讓人民可以更多地體現自己作主的權利和要求）。這一種民主形式，被通稱為「民主政治協商制」，它是「中國之治」的重要內容和特色。這種中國式的民主，就是使「中國模式」比「西方模式」更為優越的其中一個原因。而香港也是用 [某種形式的選舉+人民內部各方面的協商] 這一種新方式，來選舉特首和立法會議員的(23)。所以香港的新政制，也有其一定的優點和特色，因為它一方面非常適合香港「一國兩制」的穩定發展，另一方面它也是一種創新。所以香港是完全沒有必要把西方的政制模式（現今已被證明是頗為落後的一種政制模式）照搬過來，因為這樣它會水土不服的；而對進一步完善和優化「中國之治」方面，也不會有什麼好處。

　　另一方面，大家也必須注意，自美國總統拜登上台執政以來，美國政府就頻頻利用「民主」、「人權」作為武器來打壓中國。先就「民主」來說，我們一定要認識到「民主」是全人類的共同價值，不是美國專有的價值。但遺憾的是美國因為要維護其霸權主義的地位，要求所有的國家都要遵循他的「民主」價值觀來行事；任何國家不遵循他的「民主」價值觀來行事的，就是他的敵人。由於中國沒有遵循美國的「民主」價值觀來行事，所以美國不但把中國看成為美國的敵人，而且還是「首號敵人」或首要競爭對手。（此外，美國還特別是不能容忍中國的強大。）大家都清楚知道，「民主」雖然是全人類共同價值，但由於每個國家自己的文化、歷史、國情、和實際需要等不同的原因，都會發展適合自己國家、能創造人民美好生活、紮根人民、服務人民、維護人民利益、推動人類政治文明

進步的「民主」模式的。故此，「民主」的模式，客觀上必定是以多樣性的形式存在的，更是沒有獨一無二的標準答案。所以看不到有什麼理由，要每一個國家都非得遵循美國或西方的所謂民主模式不可。再說現今已有很多事實證明（譬如美國處理新冠疫情的過程等），美國的民主模式正在走衰，朝着混沌和混亂、「民粹主義」的方向發展，離真正的民主愈走愈遠。而中國所實行的民主，則更能把各政黨和無黨派人士緊密團結起來，為着共同的目標而奮鬥，因而能有效地避免了一黨缺乏監督或者多黨輪流坐莊、惡性競爭的弊端，避免了像西方民主國家那樣，囿於黨派利益、階級利益、區域和集團利益的決策施政，導致社會撕裂、內鬥、內耗的弊端。

　　「中國之治」想做到的，只是要「不斷超越自我，成為更好的中國」[25]，同時讓中國人民的生活愈來愈美好和幸福。中國強國的目的，也不是如拜登所説的「要超越美國」。（拜登曾説過：「在他治下不會讓中國超越美國成為全球最強大的國家。」[25]）故此大家都可以明白，為什麼中國的政治制度建設，完全沒有必要採用美式的民主制度，因為（我在上面已經講過）美式的民主制度是一種劣質的民主制度，沒有太多好的東西，值得中國去學習和採用。

　　除了「民主」之外，美國還喜歡用「人權」來作為武器打壓中國。和音在《人民日報》撰文指出：「以人民為中心，是中國人權事業的鮮明特徵。人權之本在人，民主之義在民，人民的利益是人權事業的重要出發點和落腳點，增加人民的獲得感、幸福感、安全感應是人權事業的重要追求。」[26]「人權保障沒有最好，只有更好，各國理應本着公正、公平、開放、包容的精神，堅持不懈以合作促發展、以發展促人權，共同構建人類命運共同體。」[26] 但可惜的是美國卻不理會「人權之本在人」的道理，而是非常不理性地，硬把「人權之本在人」說成是「人權之本在『神』」（基督教的『神』）的這樣一種虛無飄渺的概念內。而更離譜的是，美國還經常用雙重標準的話語權來製造輿論壓力，壓制反對它的所謂「人權

觀」的國家。所以中國必須把在人權方面的話語權搶回來，不然，
這個世界將永無寧日，世界大同也就無法實現。

結　語

　　最後，讓我用習近平 2020 年 9 月 22 日在第七十五屆聯合
國大會上的一句說話，作為此書的結束語，他說：「人類社會發展
史，就是一部戰勝各種挑戰和困難的歷史。」而對人類命運的演進
來說，人類命運的進化，不也就是一部戰勝各種挑戰和困難的歷史
嗎！

參考資料

1.　〈務實應對內外挑戰　中國求穩不求快〉。2021 年 3 月 6 日，《星島日
　　報》，〈社論〉。

2.　〈「十四五」主要目標和重大任務〉。2021 年 3 月 6 日，《文匯網》。

3.　2021 年 3 月 7 日，習近平參加了十三屆全國人大四次會議青海代表團
　　審議。2021 年 3 月 8 日，《人民日報》。

4.　和音，〈傳遞信心和希望〉。2021 年 3 月 9 日，《人民日報》。

5.　2021 年 3 月 6 日，王岐山參加了十三屆全國人大四次會議湖南代表團
　　審議。2021 年 3 月 7 日，《人民日報》。

6.　任仲平，〈風雨無阻的奮進征程〉。2021 年 3 月 8 日，《人民日報》。

7.　2021 年 3 月 5 日，習近平參加內蒙古代表團審議時的講話。2021 年 3
　　月 7 日，《人民日報》。

8.　張曉明，〈完善選舉制度　確保「一國兩制」的「香港號」破浪遠航〉。
　　2021 年 3 月 12 日，《文匯報》。

9.　習近平，〈把保障人民健康放在優先發展的戰略位置　着力構建優質均
　　衡的基本公共教育服務體系〉。2021 年 3 月 7 日，《人民日報》。

10.　〈創新引領　發展動力更強勁〉。2021 年 3 月 9 日，《人民日報》。

11.　《大公報》，2021 年 3 月 6 日，A15 版。

12.　2021 年 3 月 9 日，《星島日報》。

13.　〈巴士的點評〉。2021 年 3 月 6 日，《頭條日報》。

14.　〈熱議兩會「愛國者治港」話題　治港六大能力　愛國者具備了嗎？〉。2021 年 3 月 10 日，《文匯報》。

15.　《第十三屆全國人民代表大會財政經濟委員會關於國民經濟和社會發展第十四個五年規劃和 2035 年遠景目標綱要報告》。2021 年 3 月 10 日，《人民日報》。

16.　〈拜登政府對中國的定位越來越明朗〉。2021 年 3 月 6 日，《大公報》，A24 版。

17.　《第十三屆全國人民代表大會第四次會議關於國民經濟和社會發展第十四個五年規劃和 2035 年遠景目標綱要的決議》（於 2021 年 3 月 11 日第十三屆全國人民代表大會第四次會議通過）。2021 年 3 月 12 日，《人民日報》。

18.　陳甦，〈在守正創新中堅定制度自信〉。2021 年 3 月 12 日，《人民日報》。

19.　余建斌，〈讓科技創新和實體經濟融合得更深〉。2021 年 3 月 12 日，《人民日報》。

20.　習近平，〈努力成為世界主要科學中心和創新高地〉。2021 年 3 月 16 日，《求是》雜誌，第 6 期。2021 年 3 月 15 日，《人民網—人民日報》。

21.　2021 年 3 月 14 日，《星島日報》。

22.　2021 年 3 月 15 日，《星島日報》，〈社論〉。

23.　《全國人民代表大會關於完善香港特別行政區選舉制度的決定》。於 2021 年 3 月 11 日第十三屆全國人民代表大會第四次會議通過。

24.　張蘊岭，《百年大變局—世界與中國》。2019 年，中共中央黨校出版社，〈序言〉，第 13 頁。

25.　〈對華政策「競爭不對抗」　拜登：決不讓中國超美〉。2021 年 3 月 27 日，《星島日報》。

26.　〈堅持以人民為中心的人權理念〉（和音）。2021 年 3 月 17 日，《人民日報》。

後 記

　　從美國奧巴馬總統到特朗普總統到現今拜登總統，美國要遏制中國崛起的戰略目的從來沒有改變過。這幾位美國總統在遏制中國崛起的手法上及戰術上，可能有所不同，但他們（特別是美國的兩大政黨，即共和黨和民主黨）絕對不能容忍中國有朝一日可以挑戰或代替美國長期在世界上佔有的「老大」地位，這已是眾所周知的；而奧巴馬、特朗普、拜登三位美國總統自己，也在各種場合上都清楚表達過這一觀點。由於這一個原因，所以中國在過去 40 多年的復興之路上，就遇到許多來自美國方面的刁難，包括各種圍堵、制裁、污衊和抹黑等的打壓及打擊。因而使中美之間的關係，漸漸陷入一種「新冷戰」的陷阱以及充滿冷戰意識的鬥爭格局。

　　2021 年 6 月 11 日楊潔篪與美國國務卿布林肯通電話時，又一次表示了對中美關係發展不正常的關切（見 2021 年 6 月 12 日《大公報》）。楊潔篪指出：「對話合作應當是中美關係的主流。合作應雙向互利，平衡解決彼此關切。中方致力於同美方實現不衝突不對抗、相互尊重、合作共贏，同時堅定維護自身主權、安全、發展利益。我們敦促美方按照兩國元首除夕通話精神，同中方一道努力，推動中美關係重回正確發展軌道。台灣問題事關中國主權和領土完整，涉及中方核心利益。世界上只有一個中國，台灣是中國不可分割的一部分。中方堅定不移捍衛國家主權和領土完整。我們敦促美方堅守一個中國原則，重信守諾，慎重妥善處理涉台問題，以實際行動維護中美關係大局和台海和平穩定。」楊潔篪強調：「世界上只有一個體系、一種秩序，那就是以聯合國為核心的國際體系和以國際法為基礎的國際秩序，而不是少數國家主張的所謂體系和秩序；只有一套規則，那就是以聯合國憲章宗旨和原則為基礎的

國際關係基本準則，而不是少數國家制定的所謂規則；只有一種多邊主義，那就是以聯合國憲章宗旨和原則、國際法為基礎，平等相待、合作共贏、真正的多邊主義，而不是基於『小圈子』利益、『集團政治』的偽多邊主義，更不能以多邊之名行單邊之實。和平發展、公平正義、民主自由是全人類共同價值。尊重主權是實現人權的前提，《聯合國憲章》《世界人權宣言》都確認了這一原則。美方應該解決好自己國內的嚴重侵犯人權問題，而不是以所謂人權問題為藉口任意干涉別國內政。」楊潔篪指出：「中方積極參與和支持國際抗疫合作，堅決反對任何借疫情對中國污衊抹黑和甩鍋推責的惡劣行徑。美方一些人編造散布『武漢實驗室洩漏新冠病毒』的荒謬故事，中方對此表示嚴重關切。我們敦促美方尊重事實和科學，不要將溯源問題政治化，把精力集中在國際合作抗疫上。」

從楊潔篪的說話可以清楚地看到，中國一再強調中美關係應該建立在合作和良性競爭上，而不是在惡性競爭（disruptive competition）、對抗（confrontation）和衝突（conflict）之上。但遺憾的是，在拜登上台之後，美國仍然不願意與中國全面合作。所以中國必須做好準備，繼續動用一切力量、方法、手段和措施，來對付美國所挑起的，這一場充滿「新冷戰」意識的鬥爭。而這一場鬥爭，很有可能會持續很長的一段時間！

那麼中國怎樣才能在這一場由美國（及其一些盟友）所謀劃的，充滿新冷戰意識的鬥爭中勝出呢？

我認為中國如要在這一場鬥爭中勝出，首先必須要把自己國家的事情辦好。因為與美國這種傲慢和強勢的國家博弈和較量，我們自己必須要有足夠的實力。而這實力的建立，至少得做到：一、到 2035 年基本實現社會主義現代化，到本世紀中葉把我國建成富強民主文明和諧美麗的社會主義現代化強國；二、把影響我國未來發展的，一些如我在本書中所指出的「國之大者」的問題，基本處理好和解決好。假如我們能夠把以上這兩件事情紮實地做穩妥，那麼中國與美國在這場長期的博弈和較量中，中國將必勝無疑。

　　其次我認為，從長遠考慮，中國還必須盡快與歐洲諸國（特別是德、法、意這些大國）共同合作，用統戰之法，破解美國的圍攻戰略、經濟民族主義和貿易戰等。同時，還要進一步加強和歐洲諸國構建更密切、平等、互利、務實和積極的發展全球經濟的關係。並且要與歐洲各國以及歐洲的大企業、跨國公司，共同協助非洲和南美洲快速走上現代化發展的道路。我認為中國只有這樣做，才能戰勝這一場鬥爭和有效鞏固勝利的成果，並推動人類文明的發展和進程，達致新的更高境界。而有關這一個問題，我將在我正在編寫的《中華新文明》一書中，作進一步的探討，這裏不贅。

徐是雄

2021 年 8 月

徐是雄教授五本力作

「有關人類命運的演變和進化」系列：

1. 《人類命運演進的動力—選擇和抉擇》
2. 《人類命運的演進印跡和路程》(修訂版)
3. 《人類命運進化的基石及元素》
4. 《誰是驅動人類命運演進的未來力量：中國模式＋話語權 vs 西方模式＋話語權》
5. 《人類命運演進的終極目標：中國必勝》

為了解決達爾文的「生物進化論」(The Theory of Evolution) 裏，沒有詳細解決的，有關人類這最高等動物的命運，在進化過程中所依循的軌跡、規律和機制等問題，徐是雄教授撰寫了這五本大作，以系列形式出版。

在系列的各本大作中，徐教授對一些仍具爭議性的問題，作出了回應和評論，同時也提出了不同的觀點，分析，獨到的看法、見解和預測。

由於要講清楚這一個問題，徐教授大量引用了擁有世界人類總人口五分之一的，中華民族的命運的演變和進化過程作為例子，試圖說明其中所涉及的各種問題，特別是在中華人民共和國自改革開放至今，這 40 年間之內所涉及的問題。因為在這 40 年的時間內，中國經歷了翻天覆地的演變和進步，不但大大的改變了中國及中國人民的面貌和命運，同時還影響了全世界人類的進化步伐和未來的發展方向等。

對有興趣研究有關人類歷史和人類命運演化的讀者來說，這系列是很值得閱讀和參考的。

《人類命運演進的終極目標：中國必勝》

編　著：　徐是雄

編　輯：　馮溢江

封面設計：　徐是雄

出　版：　灼見名家傳媒有限公司

　　　　　香港黃竹坑道 21 號環匯廣場 10 樓 1002 室

電　話：　2818 3011

傳　真：　2818 3022

電　郵：　contact@master-insight.com

網　址：　www.master-insight.com

FB 專頁：　http://www.facebook.com/masterinsight.com

發　行：　香港聯合書刊物流有限公司

　　　　　香港荃灣德士古道 220–248 號荃灣工業中心 16 樓

印　刷：　利高印刷有限公司

　　　　　香港葵涌大連排道 192–200 號偉倫中心二期 11 樓

出版日期：　2021 年 10 月

定　價：　港幣$80

國際書號 ISBN：　978-988-75361-1-6

圖書分類：　文化、歷史、政治